김주완이 만난

열두 명의
고집 인생

김주완이 만난 **열두 명의 고집 인생**

초판 1쇄 발행 2014년 3월 15일

지은이   김주완
펴낸이   구주모
펴낸곳   도서출판 피플파워
사진   김구연, 박일호
표지·편집 서정인
교열   이진형
주소   (우)630-811 경상남도 창원시 마산회원구 삼호로38(양덕동)
전화   (055)250-0100
홈페이지 www.idomin.com

ISBN   979-11-950969-5-4(03190)

이 책의 저작권은 **도서출판 피플파워**에 있습니다.
이 책 내용의 전부 또는 일부를 사용하려면 반드시 허락을 받아야 합니다.

이 도서의 국립중앙도서관 출판시도서목록(CIP)은 서지정보유통지원시스템(http://seoji.nl.go.kr)과
국가자료공동목록시스템(http://www.nl.go.kr/kolisnet)에서 이용하실 수 있습니다. (CIP제어번호: CIP2014005000)

김주완이 만난

열두 명의
고집 인생

유명하기에 오히려 잘 몰랐던
그들의 인생 비하인드 스토리

머리말

월간 〈피플파워〉에 '김주완이 만난 사람' 연재를 시작한 건 솔직히 새로 창간되는 인물 잡지에 콘텐츠를 채우기 위해서였다. 그런데 인터뷰 대상을 정한 후 해당 인물에 대한 사전 자료조사를 하는 과정에서 한 가지 공통점을 발견했다. 다들 꽤 유명한 공적 인물임에도 의외로 그들의 삶은 알려진 게 없더라는 것이다. 기존의 인터뷰들은 대개 그가 맡고 있는 공직에 관련된 딱딱한 질문에 뻔한 답변 일색이었고, 그가 어떤 환경에서 태어나 어떻게 살아왔으며 어떻게 지금의 자리에 이르게 되었는지 '스토리'가 없었다.

그래서 생각했다. 그런 의례적인 인터뷰 말고 그의 삶과 철학을 담아내고 싶었다. 결국 세상을 움직이는 건 사람이고, 이들 인터뷰이(interviewee)가 우리 지역을 움직여온 중요한 인물이라면 그가 어떤 삶을 살아왔는지 기록해둘 가치는 충분할 터였다.

그때부터 인터뷰이에 대한 사전 조사와 질문 준비는 더 꼼꼼해져야 했다. '당신은 어떤 삶을 살아왔나요?' 식의 멍청한 질문을 던질 수는 없으니까. 질문이 구체적이지 않으면 생생한 대답을 얻을 수 없는 법. 이전의 인터뷰나 관련기사를 모두 찾아 읽어야 함은 기본이고, 저서나 관련 서적까지 독파하지 않으면 제대로 된 질문을 준비할 수 없었다. 그런 자료가 없는 사람이라면 그를 잘 알 만한 다른 사람에게 물어서 정보를 얻었다.

그렇게 하여 강기갑, 강민아, 강병중, 고영진, 김오영, 박영빈, 박완수, 송정문, 이재욱, 조순자, 최충경, 홍준표의 '살아온 삶의 이야기'를 인터뷰 형식으로 담을 수 있었다. 그리고 이런 과분한 독자의 피드백도 받았다.

"이렇게 감동적인 인터뷰는 처음이다. 나약한 여성 장애인에서 당당한 생활인으로, 그리고 활동가로의 변화 성장과정을 그리고 있다. 한 사람의 성장과정과 현재의 모습이 뚜렷이 머릿속에 그려진다." (진주의 독자 황규민 씨가 송정문 씨 인터뷰를 읽고 자신의 페이스북에 올린 글)

이번에 이들의 이야기를 단행본으로 묶어 내고자 용기를 낸 것도 이런 독자들의 반응에 힘입은 것이다. 이 책에 담긴 이들 중에는 정치·행정·시민단체·문화예술계 등 현직에서 활발히 활동 중인 분도 있고, 전직 정치인·은행가·기업인도 있다. 그러나 전직이든 현직이든 우리 사회에서 중요한 역할을 해왔고 또 해나갈 인물들이다. 따라서 우리는 마땅히 그들의 삶을 알 필요가 있다고 생각했다.

농부로 시작하여 가톨릭 수도사와 농민운동가, 국회의원을 거쳐 다시 농부로 돌아온 강기갑.

의사의 딸로 태어나 여고시절 전교조 교사들의 강제 해직 사태를 보고 노동운동에 뛰어들었던 강민아 진주시의원.

법관이 되고자 법대에 진학했으나 아르바이트로 운수회사에서 일한 경험이 계기가 되어 직접 운수업을 시작했고, 지금은 매출액 1조 7000억 원에 이르는 자동차 타이어 업체의 회장이 된 강병중.

정치인이 꿈이었으나 아버지의 권유로 교사가 되었고, 그 꿈을 버리지 않은 결과 경남도교육감에 두 번이나 오른 고영진.

레슬링 선수로 시작하여 시의원, 도의원을 거치며 20년 지방자치의 산 증인이 된 김오영 경남도의회 의장.

행정고시 1차 시험에 합격했으나 공무원을 마다하고 금융업체에 들어가 경남은행장까지 지낸 박영빈.

가난한 농부의 막내아들로 태어나 공고를 졸업하고 좋은 직장을 얻었지만, 만족하지 못하고 행정고시에 도전했던 박완수 전 창원시장.

세 살 때 장애인이 되어 열여덟 살까지 '은둔형 외톨이'로 살았으나 우연히 본 TV 프로그램을 계기로 세상에 눈을 뜨고 인권운동가가 된 송정문.

함경도 북청에서 태어나 어릴 때 아버지를 여의고 홀어머니 아래서 고학으로 공부해 연 매출 3조 7000억 원 기업의 대표가 된 이재욱 전 노키아티엠씨 회장.

서울 출신으로 생면부지의 마산으로 시집와 유네스코 인류무형유산 가곡의 전승·보급에 평생을 바치고 있는 인간문화재 조순자.

차갑고 강한 철강을 다루는 기업의 대표이면서도 부드럽고 따뜻한 음악과 요리를 즐기며 매년 기업 이익의 10%를 사회에 환원하는 최충경 창원상의 회장.

찢어지게 가난한 집안에서 정말 독하게 공부해 검사가 되었고, 이를 발판으로 정치인이 되어 4선 국회의원과 여당 대표를 거쳐 경남도지사가 된 홍준표.

이 책은 이들 열두 명의 고집스러운 인생 이야기를 담고 있다.

1000명 이상을 인터뷰한 것으로 유명한 김명수 인터뷰 전문기자는 이렇게 말한 바 있다.

"성공한 사람 10명을 인터뷰하면 성공한 사람 10명의 머리로 움직이는 사람이 된다. 10명의 성공 노하우가 담긴 책을 읽으면 그들의 성공 노하우가 나의 경쟁력이 된다."

물론 이 책에 실린 열두 명에 대한 인터뷰가 그들의 성공 노하우를 가장 잘 뽑아냈다고 할 순 없다. 하지만 이들 열두 명에 관한 한 이보다 더 깊이 그들의 삶을 드러낸 인터뷰는 없었다고 자부한다. 개인적으로 이들을 좋아하거나 싫어하거나 혹은 맞서 싸워야 할 사람일지라도 알고 싸우는 게 훨씬 유리하다. 그런 차원에서라도 이 책이 조금이나마 도움이 되길 바란다.

2014년 편집국에서 봄을 기다리며…

김주완이 만난

가톨릭 수도사가 되려 했던 청년, 결혼을 선택한 까닭

강기갑 전 국회의원

그는 여러모로 특이한 사람이다. 조선시대 사람처럼 수염을 기른다. 외출할 때는 한복만 입는다. 신발은 고무신이다. 뼈만 앙상한 체구지만, 다부진 인상이다. 갓만 안 썼다 뿐이지 영락없이 꼬장꼬장한 조선시대 선비다.

게다가 걸핏하면 단식을 한다. 양치질도 치약 대신 죽염을 쓴다. 식사 전후 두 시간 동안은 절대 물을 마시지 않는 '밥 따로, 물 따로' 식사법을 철저히 지킨다. 강기갑(1953년 6월 7일생, 실제로는 1951년생) 전 국회의원 이야기다.

그가 살고 있는 경남 사천시 사천읍 장전2리 흙사랑농장은 행정구역만 읍(邑)일 뿐 두메산골이나 마찬가지였다. 읍사무소에서 5.6km나 떨어진 시골마을 안에서도 외딴 산 밑에 위치해 있었다.

농장은 꽤 넓었다. 아내와 3남 1녀 가족이 함께 사는 2층 집과 함께 황토방 별채가 있었고, 100여 마리의 소를 키울 수 있는 축사와 농자재 창고, '흙사랑 영농조합법인'이라는 간판을 단 농산물 창고도 있었다. 그 뒤로는 3만 평이 넘는 임야와 과수원이 있다.

그는 커다란 함지박 같은 철판을 옆으로 세워 두고 용접을 하고 있었다. 그게 뭐냐고 물었더니 "세멘(시멘트) 비비는 것"이라는 대답이 돌아왔다. 농장에 공사를 좀 하려는데 레미콘을 부르려니 너무 돈이 많이 들어 직접 비벼서 하겠다는 것이다. 용접을 마친 그는 포클레인을 직접 운전해 농장 한쪽에 있는 자갈을 능숙하게 트랙터에 실었다. 이윽고 일을 마친 그가 다가왔다.

농사꾼으로 되돌아온 정치인

"(집으로 안내하며) 들어가입시더. 집이 좀 누추합니다."

축사가 비어 있네요? 젖소는 없는 겁니까?
"없습니다. 국회 있는 동안 다 들어내 버리고….'

집 안에는 별로 넓지 않은 거실에 좌식 탁자가 놓여 있고, 혼자 공부를 막 마친 막내아들 금필(초등 4학년)이가 책을 챙겨 일어나는 참이었다. 그가 명함을 내밀었다. 녹색 매실 사진과 함께 '생명사랑을 실천하는 흙사랑농장 대표 강기갑'이라 적혀 있었다.

매실농장인가요?
"주작목이 매실입니다. 여기 뒤로 보이는 산이 다 과수원입니다."

부인 박영옥(1966년생) 씨가 매실음료 두 잔과 과일을 내왔다. 나와 사진기자의 몫이었다. 강 전 의원 몫은 없느냐고 물었더니 "아직 마실 시간이 아니다"라는 답이 돌아왔다. 그 사이 그가 휴대전화를 만지작거렸다. 팬택 베가레이서였다. 2012년 초부터 이걸 썼다고 했다.

요즘 하루 일과는 어떻게 되십니까?
"뭐, 일입니다. 그냥."

지금은 젖소도 없는데 일이 많나요?
"그러니까 8~9년 동안 농장이 방치상태가 되어 가지고, 겨우 매실과수원 관리만 되고…. 태풍에 산이 무너진 곳도 좀 있고, 여기 임도와 농로가 많은데 거기도 파손이 많이 됐고, 이런 저런 축대도 많이 무너지고…. 그거 복구하고 정비하느라고…."

매실 말고 벼농사나 다른 농사는 없습니까?

"벼농사를 좀 많이 짓다가 제가 이 농장을 구입하면서 축사 짓고 하는 바람에 논을 팔아버렸습니다. 재정문제 때문에…. 지금은 과수원하고 임야 좀 하고…. 임야도 다 과수원인데, 감나무는 도저히 뭐 타산이 안 나와서 방치상태고…. 어쨌든 축산과 과수가 제 주작목이었는데, 축산은 내가 국회 가고 나서 도저히 감당이 안 되어서 싹 처분을 했고, 지금은 매실만 하고 있죠. 지금 드시는 게 매실효소입니다."

그냥 매실주스가 아니고 효소라는 건 뭡니까?

"설탕과 매실을 재어가지고 1~2년 숙성한 뒤 3년이 되면 효소음료로 내는 거죠. 우리 매실 제품이 몇 개 됩니다. 매실 장아찌, 고추장, 그리고 매실 엑기스(진액)라고 완전히 농축을 하여 고약처럼 내는 게 있는데, 이건 식중독이나 간, 배탈, 숙취 해소, 이런데 상당히 효과가 있죠."

그런 제품은 어디서 파나요?

"가톨릭농민회, 우리농촌살리기(운동본부) 그런 데에 주로 나갑니다. 우리가 이걸 한 지 20년이 넘었습니다. 고정 고객들이 좀 있어서 택배로 공급하기도 하고 그러는데, 제가 국회 가고 난 뒤에는 명맥만 유지하고 있는 정도죠. 지금 돌아와서는 매실 잼을 하나 개발하여 마지막 판매허가 절차만 남아 있습니다. 매실이 아무래도 강알칼리성 식품이기 때문에 산성 체질을 알칼리성 체질로 전환시키는 데는 최고의 효능이 있거든요. 그런 매실을 이용한 여러 가지 제품을 개발해볼까 합니다."

매실나무가 몇 그루나 됩니까?

"1000여 그루 심었는데, 지금 아마 800~900그루 정도 되지 싶습니다. 산은 넓은데 아직 다 개간을 못하고 있죠."

평수로 치면 얼마나?

"한 3만 평이 조금 넘는데, 문제는 축사를 저렇게 대대적으로 만들어놨는데, 다시

소를 입식하려고 하니 엄두가 안 납니다. 사료 값이 너무 비싸고⋯. 소를 넣으려 해도 돈이 상당히 많이 들어가야 하는데, 재정상황이 그렇게 안 되어 가지고⋯. 하긴 축대 쌓고 길 손 보고 하는 이것도 거의 힘듭니다. 그래서 진흥자금을 좀 신청해놨는데, 그게 반영이 되면 모를까."

포클레인과 트랙터도 있던데?
"포클레인은 아는 사람에게 중고로 샀습니다. 트랙터는 빌려온 겁니다. 논농사를 많이 짓는 농민인데, 봄 농사철까지 쓰라고 해서 수송 수단으로 쓰고 있죠. 저것도 새로 사려면 3000만~4000만 원, 중고로 사도 1000만~1500만 원은 줘야 하니까. 참, 농기계 값도 많이 올랐어요."

(왼 손에 붕대를 감고 있는 것을 보고) 손은 다치신 겁니까?
"작업 중에 사다리에서 떨어져 가지고, 왼쪽 팔목을 짚었는데, 퉁퉁 붓기에 진주 한 일병원까지 가서 검사해보니 골절은 아니더라고. 한 보름 됐는데, 침과 뜸으로 다스리고 있습니다. 많이 좋아진 겁니다."

지난 총선 때도 돈을 제법 썼을 것 아닙니까?
"그나마 작년 선거 땐 펀드라는 게 있어서 18대 때보다는 훨씬 수월했죠. 나중에 선거비용 보전 받아서 다 돌려드렸죠."

국회의원 중 가장 단식을 많이 한 까닭

어쩔 겁니까? 다음 선거 때는?
"어허허허! 저는 뭐 국회에서 제가 할 일은 다 했다고 봅니다."

정치는 이제 접었다는 말씀인가요?

"그렇죠. 뭐. 원래 내가 계획적으로 나갔던 것도 아니고, 농사꾼이 농사짓다가 농민운동 차원에서 8년 동안 (국회에) 파견 나가 있다가 이제 뭐 유권자 선택에 의해서 파견이 끝나고 원대복귀한 거죠. 다시 농사꾼으로서 농사에 전념하고 있는 겁니다."

앞으로 정치는 안 할 거란 말씀입니까?

"지금 이렇게 편하고 좋은데 뭐. 농사라는 게 그렇습니다. 마약 하는 사람들이 그런가 모르겠는데, 농사, 노동이라는 게 하다 보면 그런 맛이 있거든요. 지금 심정으로는 다시 그 시절로 갖다 놔도 내가 그렇게 할 수 있겠나 하는 생각이 듭니다."

정치하는 게 그렇게 힘들었나요?

"저는 제가 하는 일을 힘들다, 어렵다 이렇게 생각하는 사람은 아닙니다. 언제든 주어지는 그 일과 그 순간에 모든 것을 꼬라박아라 하는 걸 제 좌우명으로 삼고 살아왔기 때문에 힘이 안 들었다고 할 순 없겠지만, 힘들다고 생각하진 않았습니다. 하지만 돌이켜보면 또다시 온 몸을 던져서 그렇게 할 수 있겠나 하는 생각이 들죠. 제가 17대 때 여러 차례 합쳐서 86일을 단식했으니까…. 지금 또 그런 상황이 오면 그럴 수 있을까 싶습니다."

국회의원 중에 단식을 가장 많이 하셨죠?

"그렇죠. 저만큼 단식한 사람은 아마 세계적으로도 없을 겁니다."

왜 그렇게 단식을 많이 하셨습니까?

"허~ 허허. 우리가 힘이 있으면 단식을 안 하고도 관철할 방법이 있었겠지만, 진보정당이 숫자도 적고 약하잖습니까? 그런 상황에서 노동자 농민, 서민들의 절규는 큰데, 다수당이 힘으로 밀어붙이니까, 그 다수결에 순응하거나 아니면 싸워야 하는데, 싸움을 해도 힘이 약하니까 단식이라는 수단으로 국민들에게 호소할 수밖에 없었죠. 그렇게 해서 국민의 여론이나 민심을 받아서 다수당이 그렇게 밀어붙이지 못하도록 하려면 그 수밖에 없었죠. 또 통과시켜선 안 될 일을 (다수당이) 해버렸을 때도 단식을 안 하고는 견딜 수가 없었어요. 노동자 농민을 대변하라고 우리가 국회에 왔는데, 그걸 저지하지 못했으니까 그 부당성을 국민들에게 알리기 위해서라도 (단식)할 수밖에 없었죠."

단식을 대체 몇 번이나 한 거죠?
"17대 때만 네댓 번 했을 겁니다. 제일 길게 한 게 31일간 했고요. 쌀 협상 관련해가지고…. 그 외엔 일주일 한 것도 있고 보름 한 것도 있고…."

그렇게 단식을 자주 하면 건강에 무리가 오거나 하진 않습니까?
"단식 자체는 건강에 오히려 좋을 수도 있고, 병도 낫게 할 수 있다는데, 정치적 단식은 건강단식과 좀 달라지고…. 사실 단식보다는 회복식을 잘해야 하거든요. 그런데 회복식을 잘할 수가 없죠. 단식 끝나면 바로 정치 일정으로 돌아가야 하니까. 제가 건강을 좀 많이 해쳤죠. 제가 원래 많이 나가는 체중이 아닌데도 지금도 4kg 정도가 회복이 안 되고 있습니다. 영원히 안 된답니다."

지금 몇 kg인데요?
"이번에 또 당 문제로 소금도 안 먹고 무리하게 단식을 해가지고 그때 몸이 좀 많이 망가졌어요. 53kg까지 회복이 되었었는데, 이번 단식 때문에 지금 51~52kg밖에 안 나갑니다."

키가 몇인데요?
"167cm."

그렇다면 정말 체중이 적게 나가는군요. 그 정도면 보통 60kg은 되는데….
"그렇죠."

단식이나 공중부양뿐 아니라, '곤충산업의 육성 및 지원에 관한 법률'을 제정하는 등 농업·

농민 문제와 관련해 국회에서 많은 일들을 하셨는데, 주변 사람들 이야기를 들어보니 보좌관들에게 아주 빡세게 일을 시켰다더군요.

"그런 이야기를 많이 듣습니다."

거의 '일 중독자'라는 말도 있던데, 그런 성격은 어떻게 형성된 걸까요?

"어여. 민주노동당은 국회의원 세비도 모두 당에 납부하고, 180만 원만 받다가 나중엔 230만 원으로 올랐지만, 퇴직금도 없고 그것밖에 못 받아 가는데 사명감으로 하지 않을 수 없는 상황이었죠. 다른 당은 의원들이 많기 때문에 이것저것 역할 분담도 할 수 있지만, 저 같은 경우는 사면초가가 아니라 팔면초가였어요. 그런 상황에서 '농민들의 현장 목소리들을 내가 놓치면 다 놓치는 거다'라고 우리 보좌관들에게 이야기했죠. 실제 보좌관을 채용할 때 언약을 다 받았어요. 독립투사들이 운동했던 각오로 일할 수 있겠느냐, 그게 안 되면 아예 같이하지 말자. 나 역시도 그런 각오로 하고 있다. 그렇게 할 수 있겠느냐. 이렇게 약속을 받고 채용했어요. 그래서인지 국회에서 '강기갑 의원실 보좌관들 본 좀 받아라'는 이야기들이 많아 다른 의원실 보좌관들이 많이 피곤했다 하데요."

자연스레 농민의 길을 선택하다

(벽에 걸려 있는 사진을 가리키며) 이 분이 아버지신가요?

"네. 그렇습니다."

언제 돌아가셨습니까?

"2006년도에 돌아가셨네요."

아버지도 원래 농민이셨습니까?

"네. 제가 아버지의 영향을 엄청 많이 받았는데, 아홉 살 때부터 남의 집 머슴살이를 가셨고, 92세에 돌아가셨는데, 돌아가실 때까지 꿈속에서 농사를 지으시다 돌아가셨으니까…."

아주 성실한 분이셨군요.
"아홉 살 때부터 한 20년을 남의 집 머슴살이를 하셨죠. 이후 구루마(수레)를 사서 끌다가, 가마니를 이런 걸로…."

아버지 고향도 원래 사천인가요?
"예. 아버지도 이 마을에서 태어나셨죠. 할아버지도 여기서 나서서 여기서 돌아가셨고…."

어머니는요?
"어머니는 진양군(현 진주시) 금곡면 출신인데, 제가 1971년 고등학교 졸업하고 농사 막 지을 때, 1978년도에 돌아가셨죠."

고등학교 졸업 후 대학에 가지 않고 농사를 짓겠다고 하신 건 아버지의 영향 때문이었나요?
"그렇죠. 우리 형제가 4남 4녀, 팔 남매인데, 제가 그 중에서 일곱째입니다. 제 큰형님은 저에게 농대를 가라고 권유했는데, 제가 해군사관학교에 응시해 떨어졌어요. 그 후 집에서는 공무원이나 상업 쪽으로 나가보라 했지만, 제가 농사를 짓겠다고 했어요. 그렇게 결심하면서 산을 하나 구입을 했죠."

그때 무슨 돈으로요?
"그때는 우리가 논도 있었고, 정미소를 하고 있었죠. 아버지가 그땐 자수성가를 하셨을 때죠. 아버지는 결혼 후에도 계속 머슴살이를 하셨는데, 어머니가 누님들 낳으시고 혼자서 애들 키우고 사시다가 도저히 안 되어서 (머슴살이를) 그만두시고 가마니를 사서 죽자 사자 일을 하셨죠. 그걸로 어느 정도 성공하시고 구루마를 사셨어요. 옛날에는 구루마에 소 한 마리 있으면 그게 아주 큰 경제수단이었죠. 새벽 세

시에 일어나 아침 먹고 구루마에 나무 싣고 쌀 싣고 고성 통영 진주 하동까지 다니셨어요. 소는 싸움소와 부랑한 소만 사서서…. 그런 소가 힘이 좋거든요. 새벽에 나가서 밤 열한 시, 열두 시에 집에 돌아오실 정도로 정말 성실하게 일을 하셨죠. 그렇게 돈을 벌어가지고, 보리타작할 때 쓰는 발동기를 샀어요. 당시까지만 해도 도리깨로 보리타작을 할 땐데, 그런 기계로 하니까 엄청나게 인기가 좋았어요.”

그걸로 또 돈을 버셨군요.
“그렇게 돈을 벌어 정미소를 이 마을에다 차렸어요. 정미소로 또 돈을 벌어 논을 열마지기인가 샀어요. 그리고 그 전에 아버지가 머슴살이를 정리할 때 700평쯤 되는 산을 세경으로 받아온 게 있었죠. 그걸 아버지랑 형님이랑 온 집안 식구들이 나서서 논으로 개간을 했는데, 그것까지 다 팔아서 새로운 논을 샀고, 내가 농사를 짓겠다고 했을 때 다시 산을 하나 사서 내가 개간에 나선 거죠.”

고등학교 졸업할 나이 때면 대개 좀 폼 나는 일을 하고 싶어 했을 텐데, 왜 농사를 짓겠다고 했나요?
“아버지 영향이죠. 농업이라는 게 냄새 배듯이 저한테 배었던 것 같아요.”

혹시 공부를 못해서 그랬던 건 아닙니까?
“해군사관학교 시험 쳐서 떨어졌으니까 공부를 잘하진 못했겠죠.”

초등학교, 중학교는 어디 나오셨습니까?
“사동초등학교라고 바로 두량리 쪽에 있었는데, 여기서 2km 정도 됩니다. 지금은 폐교됐습니다. 중학교는 사천중학교 나왔죠.”

학창 시절은 어땠나요? 공부가 재미있었나요?
“중학교 땐 그냥 평균 정도였는데요. 사실 공부보다는 좀 난하게 학교를 다닌 편이었죠.”

난하다는 뜻은? 불량학생이었다는 겁니까?

"음. 친구들 좋아하고, 놀기 좋아하고 신해원이라고 고아원 아이들과도 자주 어울리고…. 읍에 좀 껄렁한 애들이 있었지만 그 애들과 뭉쳐 다니진 않았어요."

인터넷 검색하다 보니 중학교 친구라는 분이 강 의원님에 대해 올려놓은 글이 있더군요. 싸움을 잘하는 아이는 아니었지만, 깡다구가 있었다고 써놨더군요.

"(웃음) 그 친구가 보건복지부 기획실장까지 했던 친굽니다. 중학교 동기죠. 촌에서 농사짓고 컸으니까 깡다구는 다들 있죠."

8남매 형제들은 지금 다들 뭐하고 계십니까?

"큰형님은 돌아가셨고, 큰누님도 돌아가셨고, 둘째 셋째 넷째 누님은 살아계셔요. 둘째 누님은 사남면에서 농사짓고 계시고, 셋째 누님은 제갑생 전 사천시의원의 아내로 계시고, 막내 누님은 수녀로 계시죠. 제 위의 형님 한 분은 대구에서 주물공장을 착실하게 하고 계십니다. 동생은 바로 내 농장 옆에서 사슴 사육과 감나무 농사를 하고 있습니다."

아버지를 존경하신다던데, 성실함 말고 또 어떤 면을 존경하시나요?

"아버지는 아홉 살 때부터 머슴살이를 하셨으니 초등학교도 못 가셨죠. 다들 법 없이도 살 분이라고 했습니다. 술 한 방울도 못 마셨고, 콜라 한 잔 마시면 업혀서 오실 정도였으니까. 다른 사람에 대해서는 나쁜 말을 절대 안 하시는 분이었죠. 그러나 한 번 어떤 목표를 세우면 어떤 일이 있어도 관철하는 분이셨어요. 당시만 해도 곡괭이와 삽으로 논을 개간할 때인데, 그런 논을 엄청나게 개간했으니까요. 제가 가르멜수도원이라고 거기서 수도생활을 7년 몇 개월 했는데, 봉쇄수도원처럼 엄격했어요. 영하 9도 이하로 내려가지 않으면 보일러를 때지 않는 곳이었으니까. 그때 조금 마음이 나태해지더라도 우리 아버지 생각하면 벌떡 일어나 마음을 다잡을 정도였으니까. 아직까지 우리 아버지만큼 존경하고 본받아야겠다는 사람을 만나지 못했어요."

강 의원님도 술은 잘 못하시죠?

"한두 잔이죠. 요즘은 많이 늘었다는 게 두세 잔."

가톨릭은 바로 위 누나 영향으로?

"네 그렇습니다. 경상대학교 김수업 교수님이 제 이종형님인데, 누님이 그 교수님 영향을 받아서 가톨릭을 알게 되고 영세를 받고 수녀원에 가시게 됐죠."

누나가 수녀원 가실 때 아버지는 반대 안했습니까?

"반대 많이 하셨죠. 난리가 났었습니다. 좋은 혼처도 많이 들어왔는데 다 뿌리치고 가셨죠. 그런데 그 후 아버지도 영세를 받으셨죠."

강 의원님은 1973년에 세례를 받으셨죠?

"저보다도 더 잘 알고 계시네요. 저는 연도까진 잘 기억 못하는데…(웃음)"

한국의 진보, 비판할 자격 잃었다

그러고 나서 76년부터 가톨릭농민회 활동을 하셨는데.

"그렇습니다. 그 당시 임상엽 신부님이라고 그 신부님이 사천본당에 와 계시면서 마산교구 경남지도신부를 하셨어요. 그 신부님에게 교육을 받고…."

가톨릭농민회 제12차 전국 대의원 총회.

저는 의원님이 농민운동 하실 때 연단에서 연설하는 걸 보고 알게 됐는데, 상당히 어렵고 복잡하고 관념적일 수도 있는 이야기를 굉장히 쉽고 단순하게 풀어서 하신다는 느낌을 받았거든요. 그렇게 어려운 걸 쉽게 풀어 이야기하려면 공부를 굉장히 많이 하셔야 하지 않나요?

"학문을 하시는 분들은 이론을 통해서 현실을 보게 되지 않습니까? 그런데 우리는 이론보다는 실제 현실을 통해서 먼저 알고 있잖아요. 특히 농업 농민의 현실은 그렇죠. 그래서 그렇겠죠."

농사짓는 사람이라고 해서 다 의원님처럼 그렇게 조리 있게 이야기하진 못하잖아요.

"허허허. 모르겠어요. 학교 다닐 때 소설이나 만화를 많이 봤는데, 그런 영향인가?"

가톨릭농민회 활동하면서 거기서 체계적인 공부가 있었나요?

"가농에서도 공부 많이 하죠. 유인물도 써야 하고, 그때 신문에 칼럼도 썼는데…."

우리 경남도민일보에 칼럼 쓰셨잖아요.

"아. 그랬었죠."

지금도 농민운동과는 계속 관계를 하고 있나요?

"네. 제가 경남도연맹 의장을 했으니까 며칠 전에도 지도위원들과 집행부 간에 간담회가 있었는데, 거기도 가고, 한 달에 한 번 정도씩은 그런 모임들을 하고 있습니다."

권영길 전 의원은 '평등 평화 통일 운동'을 다시 하겠다면서 새로운 단체를 만들고 계시던데, 의원님도 다시 본격적인 운동을 해보실 생각은 없습니까?

"국회의원도 사실은 농민운동의 연장에서 한 것이고, 이제 다시 농촌으로 왔으니까 내가 해야 할 역할이 있다면 뭐든지 해야겠죠."

국회의원을 두 번 하셨는데, 한국 국회의 문제가 무엇이던가요?

"대한민국 국회의 가장 큰 문제는 물이 아래로 흐르듯이 밑바닥의 절박한 사람들을 위하고 양극화를 해소하는 게 국회의 역할인데, 이 양반들은 당선만 되고 나면 재벌들, 부자들 옆에 붙어서 양극화를 오히려 심화 확대하는 데 앞장서 왔지 않습니까. 이게 국회의 문제거든요. 선거 때는 다들 서민들을 위해 일하겠다고 하지만, 막상 국회에 들어가 보면 화장실 갈 때 마음하고 나올 때 마음이 다르다고 그게 국회의원의 몹쓸 병이라고 하죠. 사실 국회의원이 되면 장·차관들도 모두 머리 조아리고 모두들 떠받들기 때문에 거기에 도취되면 시기 수상이 다 옳고 자기 말이 최고인 것처럼 착각하게 되죠. 자기 모순이나 잘못을 누가 지적해주는 사람도 없죠. 우리야 고달픈 인생을 살아왔지만, 국회의원들이 대부분 풍족한 사람들이잖아요. 심지어 우리처럼 운동하던 사람도 정신 똑바로 차리지 않으면 벽이 딱 생겨버려요. 그게 문제죠."

저희 신문에 칼럼도 다시 좀 쓰시죠.

"허허허. 할 말은 많지만, 자칫하면 그게 주제 넘는 주장이 될 수 있고…. 그리고 이번에 당 사태를 겪으면서 참 부끄럽더라고요. 진보라는 사람들이 정작 자기 문제에 있어서는 내편이냐 아니냐에 따라서 적을 만들고, 이게 과연 진보냐 이런 반성을 참 많이 했어요. 정파적 패권주의가 문제죠. 정파라는 게 진보일수록 좀 강할 수는 있는데, 그게 상식과 인격을 벗어나면 독이 되는 거거든요. 그런 모습을 국민에게 너무나 적나라하게 보여준 것 아닙니까? 그래서 이젠 바깥을 향해서 이게 옳다 그르다 하는 이야기 자체를 부끄러워서 할 수도 없어요. 그런 자격을 잃어버렸죠. 제가 좀 그런 심정입니다. 그 이전엔 제가 누구보다 이명박 비판을 많이 했는데, 우리 당 사태 난 뒤에는 그런 문건이 올라오면 다 내가 잘라버렸어요. 지금도 마찬가집니다. 그럴만한 자격이나 명분이 있느냐. 지금은 근신하고 자기쇄신 쪽으로 집중해야 하지 않느냐 그렇게 생각합니다."

노총각, 14살 연하와 사랑에 빠지다

88년인가? 농촌총각 결혼대책위원회(결대위)는 왜 만들었던 겁니까?

제4회 전국농촌총각처녀만남의자리.

"오늘 인터뷰가 찐하네.(웃음) 당시 제가 가톨릭농민회 경남연합회장을 맡고 있을 때였는데, 군사독재 시절이었어요. 당시 미국 기초농산물 수입 선포를 했어요. 그래서 각 도연합회에서 몇 사람씩 차출해서 몇 년씩 감옥 갈 각오를 하고 미 대사관 앞에 쌀 조 고추 등 농산물을 갖고 가서 뿌리고 시위를 했어요. 군사정권 시절이었으니까 15분 만에 다 경찰에 잡혀갔어요. 유치장에 들어가서 보니까 잡혀온 사람들이 대부분 결혼을 안 한 사람들이었죠. 정광훈 의장만 제외하고 다 총각이었죠. 당시 장가 못간 농촌 총각들이 자살도 많이 했는데, 그 문제를 유치장에서 논의했어요. 이건 개인의 문제가 아니라 농업 농촌 농민문제이고 사회적 문제다. 조직화를 하자. 감옥 살고 나가면 사회적 문제를 이슈화해서 풀어보자. 그렇게 언약을 한 거죠. 그런데 당시 야당 의원들이 나서서 우리가 훈방이 되었어요. 나오자마자 대전 가톨릭회관에 모여서 바로 대책위를 만들자 했어요. 그래서 결대위를 만들면서 '결혼하기 전에는 머리와 수염을 깎지 않는다'고 결의하여 그때부터 수염을 기르게 됐죠."

그때가 30대 후반이었죠. 38세쯤 되었겠네요.
"그럴 겁니다."

결대위 사무실은 어디에 두었나요?
"당시 이부영 씨 등이 주도하던 전민련 광화문 사무실 지하에 전농련이라고 전국농민운동연합 사무실이 있었어요. 처음엔 거기에 방 하나를 빌려가지고…. 거기 있다가 결대위가 커지니까 대치동 쪽으로 갔다가 나중엔 신림동 쪽으로 이사를 했죠.
순식간에 총각 회원들이 500명이 모였으니까."

그러면 당시 결대위원장으로서 거의 서울에 상주했겠네요.
"그랬죠. 거의 서울에서 상근을 했죠."

운동을 전업으로 했다는 얘긴데, 뭘로 먹고살았습니까?
"회원들이 회비를 냈고, 거기서 상근하면서 밥을 해먹었죠. 밥을 다 해먹을 수 있는
사무실 구조였어요."

총각 회원들이 회비를?
"후원회원도 모집했죠. 당시 정치인들도 후원회원으로 많이 가입했는데, 노무현 대
통령도 거기서 만났죠. 후원회원으로서 결대위를 방문했었죠."

부인도 거기서 만난 거죠.
"당시 총각들이 전화를 받으니까 아가씨들이 부끄러워서 끊어버리더라고. 그래서
여자 간사를 구해야겠다 싶었죠. 그러나 구할 수가 없었죠. 그러던 중 지금의 아내
가 선배언니를 통해 우연히 전농련 사무실에 왔다가 우리 결대위에 합류하게 됐죠."

그때 부인이 몇 살이었죠?
"20대 땐데, 나와 나이 차이가 많이 납니다."

몇 년생인데요?
"내가 53년생으로 되어 있지만 실제론 51년생이니까 나와 열네 살 차이인가?"
결국 부인 박영옥 씨를 불렀다. 결대위에 합류하게 된 계기와 둘이 결혼하게 된 과
정을 확인해야 했기 때문이다.

제15회 전국농촌총각처녀만남의자리.

혹시 처음 결대위에 합류할 때 강 의원님을 마음에 두고 있었던 건 아닙니까?

"(웃으며) 아니요."(박영옥)

"그때 나를 아버지처럼 대했는데 뭐. 지금보다 수염도 훨씬 길었고…."(강기갑)

어떻게 해서 결대위에 합류하게 되었나요?

"당시 저는 컴퓨터 회사에 다니고 있었는데, 제 선배언니의 신랑될 분과 아는 분이 전민련에 있었고, 컴퓨터가 고장 났다고 해서 고쳐주러 갔다가 그런 곳(결대위)이 있다는 걸 처음 알았고, 농촌 총각들이 너무 불쌍해보여서….(웃음) 그래서 후원회원으로 가입했죠."

그랬다가 간사로 들어가게 된 계기는?

"농번기가 되니까 다들 농촌 총각들이 농사지으러 가야 하고, 그래서 사람 구한다고 해서…. 흐흐흐흐."

그래서 잘나가던 컴퓨터 회사도 그만두고?

"(웃음) 집에선 쫓겨날 뻔했죠."

원래 고향도 서울인가요?

"네."

그러다가 강 의원과 눈이 맞으신 건?

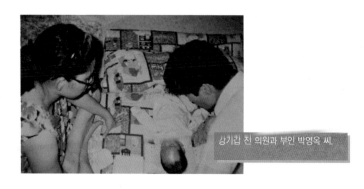
강기갑 친 의원과 부인 박영옥 씨.

"활동을 하다가 2년쯤 되었을 거예요. 여성이 호감을 가질 만한 인상이 아니었거든요. 머리도 길고 수염도 그렇고, 청학동에서나 볼 만한 사람을 여자들이 누가 좋아하겠습니까? 그런데 같이 생활하다 보니 배울 점도 많고, 아 저런 사람도 있구나 싶더라고요. 저도 그때 가톨릭이었거든요. 꼭 예수님 보는 그런 느낌이었어요. 그래서 관심이 갔고, 또 푸근하고 자상하고…. 지금은 안 그런데….(웃음)"

누가 먼저 접근한 겁니까?
"누가 먼저라고 할 것도 없지만 말은 우리 아저씨가 먼저 꺼냈죠. 그런데 이 분은 로마로 들어갈 분이었거든요. 그때 2월에 수사로 들어가야 하는데, 본인은 고민이 많았겠죠. 저는 간사니까 아침에 성경공부도 같이 하고 미사도 함께 다니고 하면서 그게 사랑인지 뭔지는 모르지만 하여튼 이상한 감정을 느꼈던 것 같아요."

그 감정을 확인한 계기는?
"책상을 정리하던 중 무슨 노트에 글을 써놓은 걸 봤는데, 어떤 여자 분을 사모한다는 내용이 있었어요. 주님! 제 길을 어쩌고 저쩌고 그런 게 적혀 있었는데, 그게 저라고는 전혀 생각하지 못했죠. 그런데 비오는 어느 날 서울대 근처 우리 집까지 데려다 준다고 하면서 따라왔어요. 그날도 라디오방송 인터뷰가 잡혀 있었는데 시간이 좀 남는다고 차를 마시자고 하데요. 그런데 나이 많은 사람하고 뭐 할 얘기가 있나요? 그때 뭔 이상한 말씀들을 하시더라고요. 그 후 제가 의논할 일이 있어 전화를

하여 서울대 캠퍼스 벤치에 앉았는데, '박 간사. 내가 니를 사랑하는 줄 몰랐더나' 하
더라고요. 그때가 처음 고백이었죠.(웃음)"

그래서 자연스레 연애를?
"일반적인 연애 그런 건 못했고…. 이 사람도 수사로 로마에 가기로 되어 있고, 우리
집에서도 거의 도둑놈 취급을 하면서 반대했고 참 힘든 일이 많았죠."

지금은 그때 선택을 잘했다고 생각하십니까?
"아이, 그럼요."

몇 년도에 결혼하신 거죠?
"91년 5월."

그 때문에 '강기갑이가 결혼대책위 만들어서 자기만 결혼해버렸다'는 말도 나왔잖아요. 그걸
노무현 전 대통령이 이야기했죠?
"그건 그 분이 모르시고 이야기한 거죠. 저희가 서른두 번째 쌍이었어요. 우리 결혼
하고 나서 우리 집에도 오셨는데."

다시 강기갑 전 의원이 끼어들었다.

"대통령 되고 난 뒤 경남에 간담회 하러 오셔서 농담으로 한 말을 사람들이 진짜
처럼 받아들여서…. 원래 결혼을 하면 위원장직을 그만두도록 되어 있었어요. 회칙
에 결혼한 사람은 바로 현장으로 가서 농사를 짓도록 되어 있었으니까 갈 수밖에
없었죠."

그랬군요. 결대위가 몇 년 동안이나 존속했나요?
"그 뒤에도 계속했죠. 제가 준비위원장과 초대 위원장을 맡아 했고, 제가 결혼한 후

에도 계속 활동을 해서 121쌍인가 결혼을 성사시켰어요. 나중엔 사단법인으로 등록도 했죠. 그런데 총각은 500명 넘게 회원이 있는데, 갈수록 아가씨 회원이 줄어드는 거예요. 만남 행사를 하면 총각은 40~50명이 오고 아가씨는 10명 남짓⋯. 그것도 갈수록 줄어들어 결국 자동 해산이 되어버렸죠."

특별한 '밥 따로 국 따로 음양식사법'

(다시 부인에게) 친정은 어떤 집안이었나요?
"저는 아버지가 사업하시고 어머니는 살림하시고⋯."

비교적 유복한 집안이었네요? 친정의 반대를 어떻게 극복하셨습니까?
"집을 나왔지예.(크게 웃음) 그렇게 안 하면 도저히 답이 없었으니까."

(다시 강 전 의원에게) 81년에 가르멜 수도원에 들어가셨잖아요? 약 7년 동안 수도원에 계셨는데, 그때도 종신서원인가 그걸 하시려고 했다면서요?

"종신서원을 조금 앞두고 나왔죠."

거기선 왜 나오신 거죠?
"나가라 해서 나온 거지 뭐. 무조건 순명을 해야 하는데, 아닌 건 아니다 하는 고집이 있어서…."

그런데 결혼할 무렵에 다시 로마로 가는 걸 고민하셨다고요?
"같은 가르멜인데 신부님이 다시 길을 열어준다고 하셔서 가기로 되어 있었는데, 이 사람과 그렇게 되면서 결혼성소를 택하게 된 거죠."

어쨌든 91년 결혼과 수도의 길을 두고 많은 고민을 하신 거네요?
"그랬죠. 그때도 한 보름 단식을 하면서 수도성소냐 결혼성소냐를 놓고 어떤 게 더 위타적 삶이냐를 고민했죠. 보름을 굶고 고민을 해도 쉽게 판단이 안 서더라고요."

이타성이 아니고 위타성?
"다른 사람을 위하는 삶을 말하죠. 위타성이란 사랑인데, 가족을 사랑하고 이웃을 사랑하고, 지역을 사랑하고 인류를 사랑하고, 그걸 넘어서면 우주 만물을 사랑하고, 그게 상생이죠. 상생이란 인간만을 사랑하는 게 아니라 전 생명체를 사랑하는 것이죠. 거기에 얼마나 자기 삶을 헌신적으로 하느냐가 중요하죠."

수도원에서 생활할 당시.

정치도 그걸 바탕에 두고 해야 한다?

"그렇죠. 부모가 자식들 중에 잘살고 똑똑한 자식보다는 못살고 약한 자식에게 더 사랑을 주는 것처럼 정치도 그대야 하는 기고. 우리 사회의 기장 밑바다에서 못 살고 어려운 사람을 챙기는 게 정치여야 하거든요. 부자들, 재벌들만 챙기는 정치는 배신정치죠. 총부리를 거꾸로 들이대는 거죠."

지금 자녀가 3남 1녀죠? 큰아들 주원이는 군대 갔나요?

"지금 여기서 상근 현역으로 근무하고 있어요. 축동면 예비군 중대에서 행정병으로 일하고 있습니다."

간디학교 졸업했죠?

"네. 졸업하고 임동창 국악피아니스트 선생님 밑에서 문하생으로 있다가 입대했죠."

둘째 주호는요?

"간디학교 2학년 마치고 나와서 역시 임동창 선생님 밑에 있어요."

셋째 소화는요?

"사천여중 2학년 다니다가 학교를 관두고 싶다고 해서 검정고시를 마쳤어요."

막내 금필이는 몇 학년인가요?

"지금 초등학교 4학년."

자녀교육에 대한 특별한 철학이 있나요?

"그냥 자기들 인생이 행복한 게 중요하죠. 간디학교 보낸 것도 제도권 학교에서 그냥 끌려가기보다는 자기들 자율성을 더 키워주고 싶어서…."

한복을 원래부터 좋아하십니까?

"양복이 없습니다. 결혼할 때 해준 양복이 딱 한 벌 있는데 몇 번 입어보지도 못했어요. 결혼도 한복 입고 했죠."

한복은 몇 벌이나 있나요?
"계절별로 두세 벌은 있습니다."

한복이 불편하진 않나요? 화장실에서 볼일 볼 때도 그렇고.
"조금 그런 면은 있지만 한복이 정말 편합니다. 용변 볼 때도 입다 보면 요령이 늘게 돼 있습니다. 이렇게 탁 해가지고 요렇게 탁 하면….(웃음)"

양치질도 죽염으로 하신다고?
"치약에 계면활성제가 들어 있습니다. 그게 굉장히 안 좋아요. 죽염으로 양치질을 하면 잇몸병이 있는 것도 치료가 됩니다. 나는 잇몸병 전혀 없습니다. 김 국장도 해보세요. 죽염으로 하고 나서 물로 헹구지 말고, 그 자체로 치료가 되니까."(그가 입을 벌려 치아를 보여줬다. 과연 상태가 아주 좋았다.)

물 따로 밥 따로 식사법을 고수하신다고?
"사실 위액이 음식물을 소화시켜야 하는데, 물과 음식물을 함께 먹으면 그게 잘 안 되죠. 음양식사법을 창시한 이상문 선생에게 배운 건데, 그렇게 하면 몸이 정말 달라집니다."

인터뷰를 마치고 돌아와 이상문 씨가 쓴 〈밥 따로 물 따로 음양식사법〉(정신세계사)이라는 책을 찾아봤다. 거기에는 '식사를 된음식으로만 했을 때 얻는 효과'를 이렇게 설명하고 있었다.

· 강한 침샘의 작용으로 소화력이 향상된다.
· 위액의 분비가 촉진돼 섭취한 음식의 영양분이 완전 흡수, 소화된다.

・저절로 과식하는 일이 없어진다. 설령 과식을 한다 해도 위액이 강하게 작용하므로 소화불량이나 체증으로 고생하지 않게 된다. 음양식사법을 하면 호흡이 자연적으로 깊어져 단전호흡을 하지 않아도 그 이상의 효과를 얻을 수 있다.

・다소 변질된 음식을 먹더라도 입 안에서 분비된 침의 살균력과 위에서 분비된 강한 위액의 멸균력이 이를 간단하게 처리한다.

즉 음식을 먹을 때 국이나 찌개, 물 등을 같이 먹게 되면 우선은 배가 부르고 좋은 것 같으나 상체는 호흡이 잘 되는 반면 배꼽 밑 하체는 반대로 호흡조절이 잘 되지 않으며, 이에 따라 심장박동이 잠시도 쉴 수 없어 결국 기혈순환 부족 현상이 일어난다는 것이다.

그의 남은 꿈 "4억 빚 갚는 게 급선무"

의원님은 술도 못하고 담배도 안 피우고, 일하는 게 재밌다고는 하지만 제가 볼 땐 무슨 재미로 살까 하는 생각도 듭니다.(부인 박영옥 씨가 말을 받았다.)

"제가 이 사람 일과를 이야기해드려야겠네요. 요즘은 아이들과 함께 놀아준다고 좀 늦게 주무시지만, 그 전에는 저녁 아홉 시 반에 주무시면 새벽 세 시 반에 일어나서 풍욕이라고 있어요. 30분 동안 옷을 벗고 피부호흡을 시키는 거죠. 그 다음에 기도를 한 시간 반에서 두 시간 정도 합니다. 그러면 여섯 시 정도 되는데, 그때부터 트위터나 책 보고, 그리고 아침 드시고, 밥 먹자마자 일을 하죠. 나쁘게 말하면 일중독이죠. 좋게 말하면 굉장히 성실한 거고 한시를 가만히 있지 못해요. 어릴 때부터 아버님, 어머님 영향을 받아서 그런 것 같아요. 저는 서울에서 그런 환경에 살지 않았기 때문에 처음엔 불만이 많았죠. 하루 종일 같이 이야기할 시간이 없으니."

이런 일과가 결혼할 당시부터 그랬단 말입니까?

"계속 그랬죠. 국회의원 할 때도 집에 오면 일이 하고 싶어 근질근질하던 사람이니까."

텔레비전이나 영화도 안 봅니까?

"영화는 좋아합니다. 그것도 일을 다 해놓고 보죠. 비가 오거나 해서 일을 할 수 없으면 누워서 영화도 봅니다."

극장에 찾아가서 보진 않고?

"결혼하고 극장에 간 게 다섯 손가락 안에 꼽을 정도니까. 영화 보러 가고 싶어도 갈 틈이 없지.(웃음)"

집에선 어떤 영화를 골라 보십니까?

"요즘은 텔레비전 영화채널에서 보죠. 어제 저녁엔 인도영화 〈세 얼간이〉를 봤는데 너무 재미있어요. 그거 한 번 보세요. 참 좋습디다."

취미는 없나요?

"등산도 좋아하고 여행도 좋아합니다. 그런데 그럴 시간이 없죠. 지금은 농장이 8~9년 동안 관리가 안 되어 가지고 수습하고 정리한다고 여유가 없어요."

정치는 그만한다고 했지만, 진보정의당 행사에는 가끔 가신다면서요?

"그렇죠. 정치 일선에서 총대를 메고 싶은 생각은 없지만, 진보는 필요하잖아요. 애정은 가지고 있죠."

앞으로 남은 인생에서 반드시 이루고 싶은 꿈이 있나요?

"뭐 특별한 게 있습니까? 나는 그냥 농사꾼이니까 농사짓고, 농업 농촌 농민의 소중함, 의미, 가치, 자연 속에서 상생을 가르치는 그런 데서 내가 뭘 할 수 있는 게 있을까 그런 거죠. 그리고 제가 정치생활을 하면서 깡패 국회의원, 싸움꾼, 공중부양, 호통 강기갑, 뭐 그렇게 국민들에게 알려져 있는데, 물론 강달프라는 좋은 별명도 있지만, 그건 재야 쪽에서 그렇게 봐주는 거고 일반 국민들에게는 굉장히 부랑한 정치인으로 알려져 있지 않습니까? 제가 국회에서 왜 그렇게 할 수밖에 없었고, 국회가 실제 해야 할 역할과 기능이 어떤 것인데 지금까지 어떻게 해왔는지, 앞으로 국회가 어떻게 가야 하는지 그런 내용을 자서전 형태로 내고 싶은 욕심이랄까 그런 생각도 갖고 있고. 그런데 당장 빚이 너무 많아서 이 빚 다 갚고 나면 죽을 때가 될 것 같아요. 허허허."

빚이 얼마나 되는데요?
"4억 정도 됩니다."

영농 부채입니까?
"영농 부채는 얼마 안 되죠. 이 산을 빚을 내서 샀거든요. 그때만 해도 이자가 11%가 넘었는데, 당시만 해도 감 가격이 좋았거든요. 그런데 우리가 이 산을 사자마자 감 가격이 떨어졌어요. 그때 7억 원 넘는 빚으로 시작했죠."

2004년 처음 국회 들어가실 때 젖소가 100마리 정도 되었다면서요?
"120마리 정도였죠. 그때 정말 좋을 때였어요. 한 2년만 더 고생하면 빚도 다 갚을 수 있는 상황이었는데, 국회에 가는 바람에…."

오히려 국회로 가는 바람에 경제적으로는 더 어렵게 됐군요.
"그렇게 된 셈이죠."

혹시 옛날 젊을 때 사진 좀 볼 수 있나요?

그가 2층으로 올라가더니 낡은 앨범을 몇 권 갖고 왔다. 이때부터 사진 찾기 작업이 시작됐다. 부부도 그동안 꺼내 볼 기회가 없었던지 사진을 한 장 한 장 보며 신기해했다.

"결대위 때 사진이 더러 있네?"

강기갑 전 의원 젊은 시절.

"이건 그때 머리 기르고 수염 길렀을 때지. 완전 예수 모습이야. 하하."
"이건 결혼사진이네. 사진 정리를 좀 해야 하는데, 오늘에야 꺼내 보게 되네."
"참. 새롭네. 여보! 이게 우리 처음 만날 때 광화문에서 그 사진이다."

인터뷰를 마치고 나오는데 마침 상근 현역으로 근무 중인 맏아들 주원이가 퇴근해왔다. 소화만 빠진 가족사진을 찍었다. 행복해보였다. 그러고 보니 인터뷰 내내 그는 행복한 표정이었다. 다만 이 말을 할 때 그의 표정이 가장 어둡고 슬퍼 보였다.

"진보진영이 국민들에게 보여준 그런 여러 가지 실망스러운 모습들 속에서, 이제는 진보로서 호통치고 바른 소리 하고 그런 자격을 상실했다고 봐야죠. 지금은 자중하고 스스로 성찰하고 반성할 때라는 생각이 듭니다."

헤어지면서 그는 서해성 작가가 기획하고 강기갑·공선옥의 대담을 기록한 〈강씨공씨네 꿈〉(돌아온 산)이라는 책과 흙사랑농장에서 만든 매실 잼 한 병을 선물로 줬다. 책은 돌아오자마자 다 읽었지만, 매실 잼은 아직 맛보지 못했다. 앞으론 나도 죽염으로 양치질을 해볼까 생각 중이다.

김
주
완
이

만
난

그녀는 왜 왕따 시의원이 되었나

강민아 진주시의원

무릇 시민운동·사회운동·민중운동·통일운동 등에서 말하는 '운동'이란 '우리의 뜻에 동의하는 사람을 한 명이라도 더 많이 만들어나가는 과정'이다. 그래서 나는 진보정치·진보정당운동이 성공하려면 풀뿌리 지방의회서부터 실력을 인정받는 게 무엇보다 중요하다는 입장을 견지해왔다. 총선에서 국회의원 몇 석을 더 얻는 것보다 생활정치 현장에서 직접 대중의 신뢰를 구축해나가는 게 진보의 대의에 더 부합하는 길이라는 뜻이다.

그러나 불행히도 우리나라 진보정당들은 2012년 국회의원 총선을 앞두고 소위 '중앙정치권력' 획득에 과한 욕심을 부린 탓인지 정치공학적 계산에 따른 이합집산을 거듭하다 이제는 회복하기 어려운 내상을 입고 말았다. 국민의 신뢰도 뚝 떨어졌다. 이로써 2002년부터 10여 년간 풀뿌리 현장에서 어렵사리 다져온 민주노동당 지방의원들의 성과도 물거품이 될 위기에 처해 있다.

그런 지방의원 중에 강민아(姜敏娥·1971년생) 진주시의원(기획경제위원장)이 있다. 그는 1997년 국민승리21 시절부터 함께해 온 진보정당에서 탈당했다. 현재 그는 무소속이다. 그러나 진보정치의 꿈마저 버린 건 아니다. 그가 '정당 없는 진보정치인'으로 홀로서기에 성공할 수 있을지는 오롯이 그가 지금까지 쌓아온 내공과 의지에 달려 있다. 이 시점에 그의 43년 삶을 기록해둬야 할 이유다.

진주시의회 기획경제위원장실에서 만난 그는 밝고 명랑했다. 내심 비장한 모습을 상상했던 내 선입견은 빗나갔다. 그런 상상은 동료 시의원들로부터 왕따를 두려워하지 않는 싸움닭 이미지 때문이었던 것 같다.

2006년 5·31 지방선거에서 비례대표로 당선돼 진주시의회에 등원하자마자 자신의 '한미FTA' 관련 5분 발언을 제지한 의장에 맞서 갈등을 빚었고, 학교급식 지원 조례가 보류되자 찬반 동료의원의 실명을 밝힌 신문 기고로 마찰을 빚기도 했다.

또 2009년 당시 한나라당 나경원 국회의원이 진주시청 강연에서 "1등 신붓감은 예쁜 여자 선생님, 2등 신붓감은 못생긴 여자 선생님, 3등 신붓감은 이혼한 여자 선생님, 4등 신붓감은 애 딸린 여자 선생님"이라고 한 여성비하 발언을 폭로하고 비판해 이 강연을 주최한 경남여성지도자협의회와 불편한 관계가 되기도 했다.

싸움닭은 아니지만 '왕따'도 두렵지 않다

나는 당시 강 의원에 대한 이런 보도를 인상 깊게 봤고, 그때부터 그를 주목하기 시작한 것 같다. 지극히 개인적인 기준이긴 하지만, 서로 얼굴 맞대고 일하는 공간에서, 때로는 도움도 받아야 할 상대에게 왕따를 감수할 수 있는 용기야말로 진보정치인이 가져야 할 첫 번째 덕목이라 생각하기 때문이다. 그런 왕따는 털어도 먼지 날게 없는 도덕적 자신감과 일에서 드러나는 실력으로 쉽게 극복된다. 그게 없다면 대개 '좋은 게 좋다'는 식의 타협으로 흐를 수 있다.

시의원이 되기 전 '자연인 강민아'를 알 수 있는 자료는 인터넷에서 거의 찾아볼 수 없었다. 생년월일과 사는 곳, 출신학교, 그리고 '새노리'라는 노동자 문화패의 대표를 했다는 정도가 고작이었다. 뒷조사까진 아니지만, 그를 알 만한 몇몇 사람을 통해 탐문해본 결과 경상대학교 심리학과 재학 시절 풍물패 활동과 함께 아주 열심히 학생운동을 했고, 졸업 후 마산자유무역지역 등 제조업 노동현장에 위장 취업했으며, 지금도 활발히 활동 중인 새노리 대표를 맡아 경남의 대표적인 노동자 문화패로 키워냈다고 했다. 또 학생운동 시절 알게 된 남편과 결혼해 딸을 두었으나 헤어져 지금은 딸과 둘이 '싱글맘'으로 살고 있으며, 성장 과정에서도 가족의 불운으로 힘든 시절을 겪었지만 '어떻게 저리 밝고 반듯하게 살고 있는지 신기할 정도'라는 말도 들었다.

밝은 건 사실이었지만 눈물도 많은 듯했다. 어머니와 아버지, 남동생에 대한 이야기를 할 땐 금세 눈가가 붉어지는 걸 숨기지 못했다.

아버지가 의사였지만 가난을 벗어나지 못했다

"그런데, 도민일보에 나오는 거예요? 아니면…."

피플파워 인터뷰입니다.
"워메~. 그만한 내용이 안 나올 건데요? 피플파워는 엄청 긴 내용이잖아요."

강민아 의원을 궁금해하는 사람들이 많아서요.
"다 알고 나면 실망할 텐데. 큰일이다 정말. (웃음) 예상 질문은 안 보여주나요?"

이거 한번 보세요.
(찬찬히 질문지를 읽더니) "우와. 이렇게 많이 연구를 하셨어요?"

찾아봤지만 의외로 정보가 없더라고요.
"음, 이거…. 임대아파트…. 지금은 집 샀는데, 하우스푸어…."

그는 2006년 10월 자신의 블로그에 스페인의 협동조합 몬드라곤을 소개하면서 이런 글을 올린 바 있다.

"저는 2200만 원 전세에 살고 있습니다. 그 중 1540만 원은 저소득층 전세자금 대출을 받은 돈입니다. 얼마 전 가좌그린빌 임대아파트에 예비입주자 신청을 해 27번으로 순서를 기다리고 있습니다. 저는 이런 제 환경이 시의원이라는 자질에서 오히려 높은 점수를 줄 수 있는 조건이라고 생각합니다. 임대아파트 분양전환가격에 제 자신이 절박한 이해를 가지고 있고 고단한 삶 속에서 꼬박꼬박 세금 내는 서민들의 심정과 다름없이 그 세금이 100원짜리 하나 제대로 쓰이지 않을 때 진심으로 화가 납니다."

그러나 자신에게 순서는 돌아오지 않았고, 결국 5년 전에 대출을 받아 18평 아파트를 샀다.

얼마에 구입했나요?

"7700만 원."

어. 싸네요? 1억도 안 되는 아파트가 있나?

"하대동에는 서민아파트가 많고, 그런 아파트가 좀 있어요. 10년도 넘은 아파트에요."

얼마나 대출 받았는데요?

"거의 한도까지 받았죠. 70%니까."

5000만 원 정도?

"네. 한 달에 이자하고 원금 합쳐 가지고 거의 100만 원씩 들어가요."

진주 강씨죠? 선대가 쭈욱 진주에서 살아오셨나 봐요?

"아뇨. 저희 아버지 고향이 전남 광양이거든요. 제가 여섯 살 때 진주로 왔어요. 아버지가 군의관이셨는데 발령이 진주 도립병원, 지금 진주의료원 내과로 났거든요. 그때 와서 초등학교, 중고등학교, 대학 다 진주에서 나왔죠."

배영초교를 나왔던데, 집은 어디에 있었나요?

"중안동. 경찰서 근처였어요."

군의관이면 의사였네요. 그러면 부자였군요.

"보통 의사라 하면 다들 부자로 생각하시는데, 저희 할머니가 10남매를 두셨거든요. 아버지가 둘째, 차남이셨는데, 원래는 큰아버지를 전남대 의대로 보내셨대요. 왜 그런 게 있어요. 아들 하나 잘 키워보자 그런. 그런데 큰아버지께서 견디지 못하고 중퇴를 하셨대요. 이건 부모님께 들은 이야긴데, 그래서 둘째인 아버지에게 기회가 와서 역시 전남대 의대를 갔는데, 동생들을 다 책임지셔야 했던 거죠. 그래서 우리 집엔 항상 고모와 삼촌들이 있었는데, 그 분들을 아버지가 다 대학공부 시키고, 고모들도 다들 학교 교사로 퇴임하시고…. 항상 옷이 없어서 군복 물들인 것만 늘 입으시던 기억이 나요."

여고생 시절 혈서를 쓰고 점거투쟁에 나서다

병원 개업은 안 하셨나요?

"반도병원에서 내과 과장으로 제일 오래 계셨어요. 개업은…음…, 아버지가 저 스무 살 때 좀 일찍 돌아가셨는데, 돌아가시기 전에 세 분이서 함께 삼천포에서 삼성병원이라고 몇 년 하시다가 돌아가셨죠."

아버지가 몇 년생이시죠?

"어머니가 41년생인데, 네 살 많으시니 37년생이시네요."

그러면 젊은 나이에 일찍 돌아가신 거네요. 50대에…. 병으로 돌아가신 건가요?

"고혈압이 있으셨는데, 교통사고를 내고 후유증으로 돌아가셨어요. 사고로 본인도 많이 다치셨지만 괜찮을 줄 알았는데, 합병증이 와가지고 좀 누워계시다가 돌아가셨죠."

강민아 의원이 막 대학에 입학한 새내기 때였는데, 충격이 컸겠네요.

"그때부터 정말 파란만장한… (웃음) 사실 아버지가 계실 때는 부자는 아니었지만 큰 어려움 없이 살았는데, 돌아가시고 나니 힘들었죠. 어머니는 일을 하시는 분이 아니셨고, 아버지가 의사였지만 형제들 추스르느라 정말 재산을 남겨놓은 게 없었거든요. 그래서 저도 그때부턴 집에서 지원을 받을 수 없었죠. 저흰 3남매, 그러니까 언니와 저, 남동생 이렇게 세 명이었는데, 집안이 힘들게 되니까 아르바이트도 하고, 휴학도 하고 그렇게…."

아버지가 사고로 그렇게 돌아가셨으니 정신적인 충격이나 그로 인한 방황, 뭐 그런 건 없었나요?

"그게 좀 덜할 수 있었던 게, 제가 대학 들어가자마자 학생운동을 하게 되면서 저뿐만 아니라 주변에 힘든 사람들이 너무 많더라고요. 저 혼자만 어려우면 그랬겠지만, 옆에 힘이 되어주는 동지들도 있고, 선배 후배 친구들, 그런 정신적인 울타리가 있어서 극복할 수 있었던 것 같아요."

대학 들어가자마자 학생운동을 하게 된 것은 고등학교 시절 전교조 교사들 해직이 계기가 됐다고 하던데?

"그렇죠. 제가 진주 제일여고를 다녔는데, 89년에 전교조가 생기고, 저는 전교조가 뭔지도 몰랐지만, 하필 평소 학생들에게 좋은 말씀을 많이 해주시던 선생님들 여섯 분만 딱 골라서 해직을 한다는 거예요. 당시 고3이었지만 학교가 술렁술렁했죠. 어떻게 된 거냐? 선생님들이 저렇게 잘린다는데 우리가 가만히 있을 수 있냐. 이렇게 좀 튀는 아이들이 있었잖아요. 저도 그 튀는 아이들 중 한 명이었던 거죠.(웃음)"

그래서 어떻게 했는데요?

"그때 시험기간이었는데, 시험을 거부했죠. 그리고 밥도 안 먹을 거다 이러면서 도시락을 교장실 앞에 탑처럼 쌓았어요."

전교생이 모두?

"저희 생각이야 전교생을 다 하고 싶었지만, 3학년 전부 다하고, 2학년도 상당수가 참여했죠."

그리고 또 뭘 했나요?

"이런 게 인터뷰에 다 나가도 될는지 모르겠네. 하여튼 그때 우리가 어디서 본 건 있어 갖고, 누군가 점거를 하자고 제안한 거예요. 누구였는지는 기억 안 나는데, 5층에 있는 음악실을 점거하기로 한 거죠. 점거하려면 낮에는 안 될 것 같고, 새벽에 하자, 이래 갖고 친구 자취방에서 혈서도 쓰고 해서 점거를 했는데, 어떻게 된 일인지 동이 트자마자 막 선생님들이 몰려와서 끌려 나갔어요. 하루도 찍기 못하고……."

혈서는 어떻게 쓴 거죠?

"면도칼로 손가락을 그어갖고 천에다가 '선생님을 돌려주세요' '자르지 마세요' 뭐 이런 걸 썼던 거죠. 그걸 우리가 점거한 음악실 창문에 붙이려고 했죠. 그런 걸 텔레비전 뉴스나 이런 데서 봤겠죠. 어쨌든 그 당시 해직된 여섯 분의 선생님들도 우리 행동에 충격을 받았나 봐요. 열아홉 살밖에 안 된 여학생들이 그런 행동을 하리라고는 예상을 못했으니까."

점거에 가담한 학생이 몇 명이었나요? 학생회와는 관계가 없이 한 건가요?

"열 명 정도 됐었나? 학생회도 전혀 관계가 없다고 할 순 없죠. 그때가 학생회장을 직선으로 뽑은 첫 해였고, 그렇게 뽑힌 총학생회장도 함께했으니까."

학교에서 정학 당했을 때 아버지의 한 마디

그렇게 끌려나온 후 어떻게 됐죠?

"상담실, 일명 고문실이라는 데 끌려가서 잡혀 있었죠. 그리고 부모님들에게 다 연락이 가고, 그때 부모님에게 많이 맞았어요. 그런데 저는 안 맞았어요. 어머니가 안 때리더라고요."(웃음)

그때는 아버지도 계실 땐데, 아버진 뭐라시던가요?

"어머니는 때리진 않으셨지만, 아이고 이제 딸 인생 다 버려났다. 저걸 어떻게 인간을 만들겠노 하면서 그러시는데, 아버지는 한참 동안 아무 말씀도 안 하고 계시더니, 한참 뒤에 '그래도 멋지다. 우리 딸' 이렇게 한 마디 하시더라고요."(둘 다 웃음)

그 일로 학교에서 징계는 안 당했나요?
"정학 당했죠. 기간은 생각 안 나는데, 유기정학 먹었죠. 점거했던 학생들 모두."

그때 해직됐던 여섯 분의 교사는 누구죠?
"지금 양산에서 복직해 교사로 계시는 류경렬 선생님하고…. 음, 다른 선생님들은 아마 잘 모르실 거예요. 류경렬 선생님과는 지금도 가끔 연락하거든요."

초중학교 때는 특별한 기억이 없나요?
"네. 특별한 건 없었고 어릴 때부터 노래 부르는 걸 좋아했어요. 그래서 앞에 나서는 것도 좋았고, 합창대회에도 많이 나가고…."

공부는 잘했나요?

"그다지 잘하진 못했어요. 두 살 터울 언니는 공부를 아주 잘해서 아버지 뒤를 이어 의과대학 가려고 삼수를 했는데, 언니도 그때 아버지가 돌아가시는 바람에 꿈을 접었죠. 대신 서울교대를 나와 서울에서 교사를 하고 있어요. 저는 그냥 공부도 엔간히 하고…."

초중학생 때까진 이후 그런 점거투쟁에 가담하게 될 만한 특별한 전조가 없었던 거네요?

"그 전까진 특별히 그런 게 없었어요. 고3 때 그 일도, 저보다 먼저 지역에서 나눔터라든지 지역의 공부하는 소모임 활동도 하고 하던 아이들이 있었는데, 그 애들이 나를 끌어들였던 거죠. 지금도 그 애들 만나면 그런 얘길 해요. 내가 너희들에게 포섭된 거야."(웃음)

쉽게 포섭을 당한 거네요?

"그 애들 보기에 제가 좀 의리가 있어 보였나 봐요. 그런데 제 딴에는 당시 그래도 고3이고, 나름 큰 결심을 한 것 같아요. 뭔지는 모르지만 오늘 이걸 하면 내 앞날에서 뭔가 한쪽을 포기해야 한다는 나름의 비장함 그런 게 있었던 것 같아요."

그때 함께 점거했던 아이들과는 지금도 만나고 하나요?

"대부분 다 연락이 되죠. 당시 총학생회장 했던 친구는 큰들(문화예술센터)에 있죠. 김영란이라고… 큰들에서 십수 년 동안 활동하고 있죠. 풍물강습단장도 하고…. 또 한 친구는 저를 포섭했다고 할 수 있는 후배, 나눔터 활동도 했는데 대학을 안 가고 바로 상평공단에 있는 동서산업이라고 노동현장으로 갔죠. 지금은 진주에서 새노리라고 노동자문화단체 대표로 있죠. 김귀영이라고. 그 친구가 지금 제일 가까운 곳에 있죠."

재밌네요. 고등학교 때 그렇게 맺은 인연이 지금까지 같은 공간에서 이어지고 있으니.

"아주 지겨워 죽겠어요. 하루도 안 보는 날이 없어요. 그때부터 지금까지 이러고 있

으니…."(웃음)

마산·창원지역에서는 당시 '마창고협'이라는 고등학생 연합조직도 만들어지고 했었는데, 진주는 그런 게 없었나요?

"진주에선 제일여고보다 훨씬 앞서서 대아고등학교 투쟁이 있었고, 거기 학생들이 저희와 교류는 있었지만 그런 조직은 없었던 것 같아요."

대학은 왜 심리학과로 가셨나요?

"성적 맞춰서 간 거죠.(웃음) 고3 때 데모하던 때가 거의 여름이었는데, 정학 당하고 학교로 돌아오니 해직된 선생님들은 없고, 그렇게 정리되고 나니까 거의 수능 얼마 안 남은 시기더라고요. 그때부터 공부해서 커트라인에 따라 선택할 수밖에 없었죠. 뭐."

심리학과 졸업하면 주로 어떤 일을 하나요?

"임상심리하는 분들은 주로 병원에 있고, 청소년 상담 일을 하는 분도 있죠. 학교에서도 일하고, 드물게는 강의하시고…. 그런데 저는 심리학과를 나왔지만 그걸 물으면 솔직히 자신이 없어요."(웃음)

대학 문화패 활동으로 끼를 드러내다

그렇게 하여 대학 들어가선 자연스럽게 학생운동에 합류한 건가요?

"그렇죠. 제가 자발적으로 '열두마당'이라는 풍물패에 찾아갔죠. 사회과학대 풍물패였어요. 그렇게 문화선전대 활동하고, 총학생회 활동도 하면서 학교 축제 기획도…."

총학생회 활동도 했네요?

"2년 동안 했죠. 문화국장으로…."

대학 시절

그때 총학생회장이?

"이일균 총학생회장 선거 때 캠프에서 일했고요. 뚝심 총학! 얼마나 멋져요? 그 전에는 '혁신' 뭐 이런 구태의연한 거였는데, 일반 학우들이 좋아할 만한 '뚝심', 그게 이일균 이미지와 너무 닮았어. 총학 문화국장은 강순중·박동주가 총학생회장할 때였어요. 그렇게 2년을…. 아! 맞다. 중고등학교 때 내가 그런 걸 좋아했어요. 극(劇) 이런 것 만들고, 그러니까 평소엔 가만히 있다가 소풍 간다고 하면 각종 기획을 도맡아 하는 아이.(웃음) 그래서 선생님들 여장시켜서 퍼레이드하게 만들고, 춘향전 각색하여 공연하고 그런 걸 좋아했는데, 대학 가서도 축제할 때 마당극이나 각종 집체극 기획하고 그랬죠. 그땐 집체극이 또 유행이었어요. 대본 써가지고 공연하고, 노래도 만들고…."

노래패도 했나요?

노래 부르는 모습.

"노래패도 잠시 했어요. 그렇다고 제가 노래를 썩 잘하거나 그런 건 아니에요. 사실 풍물도 그다지 잘 치는 건 아니지만 흥이 많은 것 같아요. 사람들 모아서 재미나게 기획하고, 땟거리를 만들고…. 90년대가 그런 게 풍성했던 것 같아요. 모든 단과대에 풍물패 만들고, 나중엔 각 과별 풍물패까지 만들었으니까."

과별로도 만들었다고요?

"그랬죠. 심리학과 풍물패는 제가 만들었는데, 그게 지금까지 이어지고 있거든요. 거기 출신으로 원지연이라고 저희 과 후배가 있는데, 지금 민예총 진주지부장을 하고 있어요. 얼마 전 골목길 페스티벌 실무책임도 맡고 있죠."

90년대 초라면 강경대 치사사건으로 진주시내에서도 시위가 아주 많이 열렸을 땐데, 잡혀 간 적은 없나요?

"잡혀 갔었죠. 당시 '가투(가두투쟁)'를 하면 선봉대와 문선대(문화선전대)가 제일 앞에 서니까. 또 최루탄이 터져 흩어졌을 때 북을 치면서 다시 모이도록 하는 게 문선대니까."

잡혀가서 감옥살이를 하거나 정식 재판을 받은 적은?

"그런 건 없어요. 훈방이나 구류 정도로 나왔죠. 그래서 2006년 선거에 나왔을 때 전과기록이 없으니까 선배들이 '열심히 안 살았네' 하면서 놀리더라고요."(웃음)

졸업 후 노동현장 투신…첫 월급 43만 원

그러면 90년에 입학해서 95년에 졸업하신 건가요?

"졸업을 못했어요. 4학점이 모자라서.(웃음) 졸업도 안 한 채 학교를 그만두고 마산에 간 거죠."

아, 졸업도 못하고 노동현장으로?

"그랬죠. 10년도 더 지나 2006년에야 계절학기 등록해서 뒤늦게 졸업할 수 있었죠."

왜 노동현장으로 갈 생각을 했죠?

"대학 친구들과 그렇게 약속을 했어요. 애국적 사회진출 방법으로…. 더 나은 세상을 위해 투쟁하는 사람을 지지·지원하는 방법도 있지만, 내가 직접 노동자가 되어 세상을 바꾸자 뭐 그런…."

어떤 친구들과?

"처음에 사회과학대 열두마당 함께했던 친구들, 그리고 각 과에 들어가서 풍물패를 만들었던 친구들, 그런 문화패 단위에서 사회진출을 앞두고 모임을 만들었거든요. 거기서 그렇게 약속했죠."

어머니의 반대는 없었나요?

"반대가 심했죠. 특히나 아버지가 그렇게 돌아가시고, 집이 많이 힘든 상황이어서…. 그리고 제 남동생 반대도 많았어요. 저보다 세 살 아래 동생이지만 오빠 역할을 하려는 그런 게 있잖아요. 그 때문에 사이가 많이 안 좋아졌죠. 그런데 그 동생이 죽었어요. 97년도에….(눈물 글썽) 아버지도 돌아가셨는데 작은누나가 저렇게 살면 안 된다는…. 그래서 많이 싸웠어요. 그런 상황에서 남동생과 제대로 된 화해를 못한 상태에서…. 화해라기보다 그때 제가 성숙하지 못했던 것 같아요. 제 이야기를 다 하지 못하고, 이해시키지 못하고…. 그런 상태에서 동생이 그렇게…."

어쩌다가?

"물놀이 사고로…. 아버지 돌아가신 후 엄마랑 가족이 모두 서울로 이사를 갔거든요. 저는 여기서 학교 다니고."

아, 그래서 아버지 돌아가신 후 가족 생계는 어떻게?

"엄마는 파출부도 하시고 식당 일도 하시고 정말 고생 많이 하셨죠. 언니도 서울교대에서 전액 장학금을 받으면서 과외를 어마어마하게 했어요. 코피 쏟아가면서…. 언니 고생도 이만저만이 아니었죠. 그렇게 해서 서울에서 반지하 달셋방 생활도 하셨고…."

강민아 의원도 학교 때부터 그런 일을?
"저도 아르바이트 많이 했죠. 친구 셋이서 한 방에서 자취하면서 가내수공업부터 신문배달, 식당 주방 일, 음식 배달…. 문화패 선배들이 등록금도 많이 보태줬어요. 지금 강성훈 도의원, 그 남편 이동규, 그런 선배들이 한 학기 등록금을 만들어준 적이 있어요. 신세 많이 졌죠. 그거 아직 안 갚았어요.(웃음) 2006년 선거 당선되고 나서 경상대 문화패동문회 모임에 가서 밥 한 그릇 샀죠. 그게 끝이야."

마산 가서 처음 들어간 회사는 어디였죠?
"마산수출자유지역 삼양공업주식회사라고 있었어요. 규모가 작은 공장이었어요. 한국산연 이런 큰 회사는 당시만 해도 스무 살, 스물 한 살이어야 들어갈 수 있는데, 저는 나이도 있고…. 처음 들어가니까 월급이 43만 원이더라고요. 95년 3월부터 일했을 거예요."

잔업을 해도 43만 원?
"아니죠. 잔업하면 거기에 더 보태지죠. 그런데 그 회사가 잔업 철야 특근 이런 걸 할 정도로 일이 많지 않았어요."

거기 얼마나 있었죠?
"1년 반 있었어요. 현장에 있던 기간은 총 6년인데, 여러 회사를 옮겨 다녔어요."

애국적 사회진출을 위해 노동현장에 갔다면, 거기서 단순히 일만 하려고 간 건 아니잖아요?
"그렇죠. 그런데 막상 거기서 뭔가 해보려니 정말 막막하더라고요. 갑자기 투쟁하자고 선동할 수도 없고. 일 못한다고 욕도 많이 들어먹고…. 우선 노동자의 삶을 알고 싶었어요. 그런데 우리가 막연하게 생각했던 것과 많이 달랐어요. 여공들이 남자 때문에 머리 쥐어뜯고 싸우는 일도 있고…(웃음) 함께 자취하던 우리끼리는 매일 저녁 회의를 했죠. 그러다가 우리 라인에 있는 사람들과 〈태백산맥〉을 모두 돌려보는 일부터 했어요."

이후에 다시 진주로 오게 된 건 어떤 계기로?
"애 아빠와 결혼을 하면서 진주로 왔죠. 진주 상평공단 내에 한국호꾸신이라는 비디오테이프 만드는 일본 외자기업에 들어갔어요."

호꾸신이라면 노동조합이 있는 회사 아니었나요?
"있었죠. 그래서 나중에 노조 회계감사도 맡았어요. 거기서 2~3년 있었는데, 나중에 자본철수하면서 회사가 없어져 버렸죠."

그 다음 회사는?
"지수에 있던 동호전기라고 컴퓨터 모니터 만드는 회사에 갔는데, 거기도 망했어. 내가 가는 데마다 망했네. 동호전기에서 모임을 했는데, 주로 책 함께 읽고 여행을 많이 다녔어요. 선암사도 가고 보성 녹차밭도 가고. 거기서 만난 친구들이 새노리에 지금 있어요. 새노리는 대부분 현장 출신이거든요."

그렇죠. 원래 '노동자문화패 새노리' 이렇게 시작했잖아요.
"예. 지금은 노동자문화패이자 예비사회적 기업이기도 하죠."

다녔던 회사 중에 월급이나 노동환경이 제일 나았던 데는 어딘가요?
"참, 사천에 있는 태양유전에도 잠시 일용직으로 다녔는데, 거기가 제일 나았어요. 새 공장이고 반도체 안에 들어가는 칩이니까 깨끗하고 험한 일은 아니었죠. 제가 제일 힘들었던 게 호꾸신이었어요. 왜냐면 컨베이어 벨트였거든. 그게 적응이 잘 안 됐어요. 처음 일하는 분들은 구토도 하고 몸살 약 지어 먹어가면서…."

2000년대 초반까지 그런 노동자 생활을 했는데, 마지막에 받은 월급은 얼마나 됐나요?
"그때도 60만~70만 원이었어요."

아니 2000년대면 그래도 80만~90만 원 정도는 안 됐나요?
"아니에요. 특히 상평공단은 적었어요. 여자는 더 그랬죠. 정말 한 달 동안 '만땅' 잔업 특근 다 채운 언니들이 90만 원, 100만 원 정도 됐거든요."

2001년까지 그렇게 한 거네요?
"그때 새노리 활동과 좀 겹치는 시기가 있었죠."

노동자문화패 새노리에 올인했던 시절

어진(딸)이는 언제 태어난 거죠?
"97년 7월. 누가 봐줄 사람도 없어서 공장 다니면서 어린이집에 맡겼어요. 아침 7시 40분에 통근버스를 타려면 어진이를 20분쯤에 맡겨야 하는데, 그 시간에 아이를 받아주는 곳이 없었어요. 사정사정해서 원장 선생님에게 맡기고 했는데, 하루는 아침에 채운 기저귀가 저녁까지 그대로 여기저기 짓물러 있는 거예요. 그걸 보고 정말 많이 울었어요."

그러면 출산하고 얼마 만에 다시 회사에 나간 건가요? 한 1년?
"그렇게 오래 못 쉬었어요. 3~4개월 정도. 출산 직전까지도 일했는데요. 호꾸신 다닐 때였는데, 만삭 때 자본철수를 한 거야. 그래서 애 낳기 직전까지 데모를 했어요."

그럼 그 핏덩이를 어린이집에? 좀 독하네요.

"저는 애를 낳았을 때도 옆에 아무도 없었어요. 산후조리도 해보지 못했고, 종이기저귀는 생각도 못했고 모두 빨아서 썼어요. 그때 나동에서 단칸방 생활을 했는데, 재래식 부엌이어서 너무 아이 키우기 안 좋은 환경인 거예요. 그래서 나중 봉곡동 한일택시 근처로 이사를 갔죠. 거기 살다가 하대동으로 온 거죠."

2000년 인터넷 검색으로 보니까 새노리 대표로 나오던데.

"2000년대 들어 새노리에 들어갔고, 가자마자 사무국장을 맡았어요. 상근도 제가 자청했죠. 원래 새노리는 80년대 말에 만들어진 단체였어요. 그때까지 상근자가 없었는데, 내 월급 내가 만들어도 되냐? 그래라 해서 빈병도 팔고 해서…. 그리고 노동현장에 공연을 가도 돈을 못 받는데, 돈을 받기 시작했죠. 맨 처음 우리 공연비가 5만 원이었어요. 그런데 문화패라면 뭔가 보여주는 게 있어야 하잖아요. 이리저리 찾아보니까 전국에 우리보다 잘하는 곳이 많이 있는 거예요. 그런 곳에 눈물로 호소를 해서 무상으로 전수를 했어요. 야근 마치고 잠도 안자고 단원들을 족쳐서 연습을 했죠. 그렇게 해서 노동현장에서 공연을 하니까 모두 뿅 가는 거예요. 그러니까 우리 단원들도 신이 나고 재미가 나는 거죠. 그때부터 새노리 회원이 자꾸 늘었어요. 그리고 노동자들이 뭐든지 잘 만들어. 악기 없는 기구라든지 내가 말만 하면 척척 만들어내는 거야. 너무 신기해. 물이 뿜어져 나오고 불이 나오고 하는 것까지 만들었어. 나중엔 전문문화패보다 더 잘해. 가락은 좀 못할지 몰라도. 그러다가

새노리 활동 시절.

새노리 활동 시절.

급기야 130만 원 공연비를 받기까지 한 거예요. 물론 돈이 좀 있는 노동조합이었죠. 거제 삼성조선이나 공무원노조 그런…. 소문이 나니까 여기 저기 원정 공연도 다니고. 그렇게 해서 상근하면서 내 월급을 60만 원씩 받아 갔어요. 재미있는 일 하면서 60만 원이나 받아 가니까 좋잖아요."

그 무렵 남편과 헤어지고, 그 60만 원 수입으로 아이까지 키우면서 살기가 쉽지 않았을텐데.
"그래서 또 선배들, 강민아를 걱정하는 모임 이런 사람들이 '너는 이제 돈을 벌어야 된다. 운동이고 나발이고 취직해라' 그랬는데, 나는 새노리로 승부를 걸겠다고 했죠. 다행히 새노리가 잘 됐어요. 그때 기초생활수급자가 되긴 했지만, 그게 오히려 큰 도움이 됐어요. 민주노동당, 진보신당 등에서 '김대중 노무현이 대통령 되어도 아무 것도 달라진 게 없다'고 하지만 왜 변한 게 없어? 기초생활수급제도만 해도 큰 변화죠. 영세민 전세자금 대출도 그렇고. 제가 그걸 받아 하대동에 전세를 얻었거든요. 앞에 이야기했던 2200만 원 전세, 그게 그거예요."

그래서 새노리 대표를 하던 중에 민주노동당 활동을 함께한 건가요?
"당 활동은 제가 97년 진주 오자마자 국민승리21부터 했죠. 당시 진주에는 정말 소수였지만…."

아, 그러면 민주노동당도 가장 초창기 멤버였겠네요?
"그렇죠. 제가 당원번호가 좀 빨라요. 103번이었나?"

2006년 민주노동당 비례대표 시의원 후보로 나올 때까지 새노리 대표였나요?

"그렇죠. 당선되고 나서 대표를 그만둔 거죠."

1997년부터 해온 진보정당을 탈당하다

그러고 나서 2010년 지역구 후보로 나와서 7명의 후보가 나온 선거구에서 1등을 했잖아요.

"그러게. 깜짝 놀랐어요."

본인도 예상을 못했나요?

"완전 황당했죠. 진짜. 솔직히 막판에는 당선될 것 같기는 했어요. 처음에는 그것조차도 없었어요. 왜냐면 2002년에 당선되셨던 김임섭 의원이 당연히 될 것으로 알았는데, 낙선하는 걸 봤잖아요. 와~ 저런 사람도 떨어지는데 내가? 완전히 겁이 났어요."

그 배경이 뭘까요? 지역구 여성들과 함께 부대끼면서 특유의 친화력이 있다는 분석기사도 있던데.

"제가 솔직히 친화력은 좀 있죠.(웃음) 그런데 그렇다고 해서 일부러 목적의식적인 모임을 하고 그런 것도 아니거든요. 제가 생각할 때는 이 진주가 좁잖아요. 새노리 활동하면서 현장의 노동자들을 정말 많이 알고 지냈거든요. 민주노총, 한국노총 할 것 없이. 그런 게 컸던 것 같고, 워낙 하대동 상대동이라는 지역이 서민들이 많이 살고, 노동자들이 많이 사는 동네예요. 또 하나는 제가 5대 의회 때 많이 돋보였던 것 같아요. 그때 진주시의회에서 민주노동당은 저 혼자뿐이었잖아요. 그게 시민들에게 불쌍하게 보였던 것 같아요."

임기가 1년 반쯤 남았는데, 다음 선거에도 나올 건가요?

"네. 그렇게 생각하고 있습니다."

다음엔 시장 선거로 나와 보시지.

"에이. 그건 말도 안 되는 소리."(웃음)

시의원을 해보니 뭐가 재미있던가요?

"음. 우리가 사회운동도 하지만 궁극에는 정치에서 의사결정이 되는 거잖아요. 내가 중요하다는 가치를 만들어낼 수 있다는 게 정말 보람 있는 일이에요. 예를 들면 진주에 자전거보험이 있는데, 전국에서 세 번째로 도입했어요. 물론 제가 시장이 아니어서 제가 했다고 하는 건 어폐가 있지만, 5분 발언이나 이런 걸 통해서 주장을 했고 다행히 집행부에서 받아주서서 그게 됐는데, 얼마 전에도 경남도민일보에 '자전거 보험, 진주시민 혜택 톡톡히 봤다' 이런 기사가 나왔어요. 그런 걸 보는 뿌듯함이란 어디에 견줄 수 있겠어요?"

지금은 통합진보당을 탈당해 무소속이지만, 소수 진보정당 소속 시의원으로서 특별히 어려운 점은 없었나요?

"의회 내에서도 그렇지만 특히 단체장이 의회 다수당 출신일 때 집행부와의 관계가 힘이 듭니다. 조례를 만들 때도, 지역구 사업예산을 건의할 때도 두 배로 힘이 들죠. 시장이 시의원 길들이기는 매우 쉬운데 그건 바로 예산입니다. 시의원 본연의 역할은 견제인데, 견제를 너무 열심히 하면 시장은 또 싫어하니 지역구 사업을 위해서라도 할 말을 다 못하는 모습들을 많이 봅니다. 그럼 견제는 확실한데 주민숙원사업을 해결 못하는 시의원은 좋은 시의원인가? 고민했었죠. 결론은 당근 아니다! 입니다. 주민숙원사업을 왜 나 혼자 해결합니까. 주민들과 함께 해결해야지. 물론 말처럼 쉽진 않지만요."

탈당한 통합진보당도 그렇잖아요. 얼굴 보면 다 아는 사람들이고. 탈당 후 안면이 받치고, 사람과의 관계가 불편한 것도 많을 텐데. 예를 들어 당장 하○○ 씨와도 그렇잖아요.

"하○○는 안 그래요.(웃음) 지역사회에선 분명히 그런 게 있어요. 튀는 걸 안 좋아하는 거죠. 다른 것도 인정하지 않고. 진주는 특히 당과 대중조직이 연결되어 있기 때문에 예전엔 행사 때마다 연락이 잘 오던 단체에서 연락이 안 오는 경우들이 있어요. 그래서 몰라서 안 가면 조합원들이나 회원들은 오해를 할 수 있잖아요. 그런데 저는 그러면 찾아가서 바로 이야기를 해요. 연락 주십시오 하지만 그래도 잘 안 되더라고요. 그러면 또 얘기를 해요."

진보의 분열로 상황이 이렇게까지 왔지만 진보정치에 대한 신념이나 희망은 그대로 있는 거잖아요. 통합진보당, 진보신당, 진보정의당, 그리고 권영길 의원이 추진한다는 노동자 중심의 정당, 이런 것 중에서 몸을 담을 만한 곳이 없나요?
"없어요. 그게 정말 고민이에요. 여기 저기 모두 함께해야 할 사람들이 있지만, 언젠가는 함께해야 할 사람들이긴 하지만, 지금은 정말 딱 여기다 할 만한 데가 없어요. 그렇다고 제가 어떻게 해볼 수 있는 위치에 있는 것도 아니잖아요."

종교는 가톨릭이죠? 언제부터?
"2009년부터요. 호꾸신 있을 때 봉곡성당에 계시던 박창균 신부님께 도움을 많이 받았던 게 계기가 되었죠. 지금은 마산 산호성당에 가 계시죠."

시의원으로서 일하는 것 말고 특별한 취미나 즐기는 게 있나요?
"특별히 없어요. 다만 요즘도 노래 부르는 걸 좋아해서 딸하고 둘이 노래방에 자주 가요. 노래방 적립카드도 있어요. 딸도 노래를 좋아하고."(웃음)

민중가요, 노동가요도 좋아하나요?
"집에서도 많이 흥얼거리는 편이에요. 지민주라는 가수 아세요? 〈파도 앞에서〉라는 노래가 있어요. 우리 새노리에 와서 강습도 해주시고 했는데."

한 번 불러보세요.
"나의 망망한 바다를 보면
우리 노동자들의 모습이

수평선 너머 조용히
출렁임도 없이 그렇게 다가오네.

멀리선 느낄 수 없네
부딪혀 오는 함성소리를
그래 가까이 오면 거대한 파도로
억압의 역사를 두드리네

아- 파도여 아- 파도여."

저는 모르겠네요. 우리는 그야말로 〈파업가〉라든지, 내 사랑 노동자여~ 〈선포〉 이런 거.
"지금도 나이 많으신 노동자들은 그런 정박을 좋아해요."

살아오면서 제일 힘들었던 일 두 가지

41년 동안 살아오면서 제일 힘들었던 때가 언제였나요?
"성격이 이래서 정말 죽을 만큼 힘들고 그런 적은 없어요. 남동생 그렇게 됐을 때가
제일 힘들었죠. 마음의 빚, 너무 미안했어요.(눈가가 급 충혈됨) 그리고 어떤 걸 결정
하는 데 가장 힘들었던 것은 아무래도 통합진보당 탈당이었어요. 두 달을 꼬박 고민
했으니까. 제가 그렇게 길게 고민한 적은 없었어요. '아니면 아니라고 말하고 살아야
지' 하고 아침에 눈을 뜨면 다짐하면서도 그게 참 결정하기 힘들었어요."

동생 이야기를 하니 눈이 빨개지네요.
"원래 제가 잘 울어요. 성도 잘 내고. 제가 좀 다혈질이에요."(웃음)

그런데 강 의원을 아는 분 중 한 분이 이런 이야기를 하더군요. '어려운 상황 속에서도 어떻

게 저리 밝고 반듯하게 살 수 있는지 참 신기하다'라고.

"제 주위에 너무 좋은 사람들이 많아요. 부모 형제보다 더. 그래서 어머니도 그런 얘기 많이 해요. 제 성격은 어머니 덕이 크죠. 밝게 키워주셔서. 어머니는 세 아이를 키우는 동안 언니가 공부를 잘한다고 해서 그걸 크게 쳐주는 법도 없었고, 제가 언니보다 공부를 못한다고 구박하지도 않았어요. 아이고 우리 딸 잘한다, 노래도 잘하네 이랬지. 그리고 제가 중학교 때 겉멋이 약간 들어가지고 기타가 너무 갖고 싶은 거야. 그래서 사달라고 했지. 그때 돈으로 5만 원이었으니 큰돈이었죠. 그런데 사주시는 거예요. 중3 쪼그만 게 그걸 들고 남강변에 앉아 '너의 침묵에~' 노래를 부르면서 세상을 다 가진 것 같았어요."

앞으로 남은 인생에서 꼭 이루고 싶은 게 있나요?

"나는 특별히 그런 게 없어요. 그냥 어릴 때, 고3 때부터 꿈꿔왔던, 내 주변에 불행한 사람들이 없는 좀 더 나은 세상이 되었으면 좋겠고, 그런 과정에 제가 할 역할이 끊임없이 있으면 좋은 거죠. 새노리가 그랬고, 지금 시의원도 그래요. 너무 감사하죠."

시의원으로서 앞으로 어떤 진주를 만들고 싶나요?

"제가 속한 상임위가 기획경제위원회인데요. 경제분야에서 새로운 기업 유치도 중요하지만, 진주에 제일 많은 직업이 상업이거든요. 진주의 자산이 뭔지, 진주가 가지고 있는 게 뭔지부터 찾는 게 필요하다고 봐요. 전통시장에 대한 아낌없는 지원이라든지. 문화예술도 그래요. 일각에선 조수미 콘서트를 유치해 와도 진주에선 티켓이 다 안 팔린다는데, 조수미만 문화예술이 아니라 우리 삶 속에 문화가 있는 거잖아요."

건강관리를 위해 특별히 좋아하는 운동이 있나요?

"운동 거의 안 해요. 새노리 활동할 땐 풍물하고 몸짓하는 것 자체가 운동이었지만…. 아, 모임에서 에어로빅 한 적은 있어요."

등산도 안 하시나요?

"등산 정말 안 좋아해요."(웃음)

정신적으로 특별히 의지하거나 멘토로 여기는 분이 있나요?
"하해룡 의장님. 농민회 운동하셨던…. 그 분 집에 밥 얻어먹으러 자주 가요."

2시간 20분 동안 이야기를 나눠본 느낌은 참 마음이 넉넉한 사람이었다. 통합진보당 탈당과 관련, 반대의 입장에서 자신을 비난하는 사람에 대해서도 "참 좋은 사람인데, 왜 그러는지 몰라. 아무래도 너무 마음이 순수해서 그래"라고 정리했다.

표정이나 말에 가식이 없었고, 감정표현에도 솔직했다. 그리고 진짜 자신의 일을 즐기고 사랑하는 것 같았다. 다만 진보의 분열로 그가 몸담을 정당이 없다는 게 안타까움으로 다가왔다. 막연하게 생각하던 풀뿌리 지역정당(Local Party)의 필요성이 좀 더 절실하게 느껴졌다. 굳이 중앙당이나 광역당이 없어도 해당 자치단체 단위로 뜻 맞는 사람들이 정당을 만들 수만 있다면 강민아 의원을 저리 홀로 내버려 두지 않아도 되니까 말이다.

"도전과 성공이 내 삶의 의미"

강병중 넥센그룹 회장

한 마디로 다부진 인상이었다. 기업가라기보다는 군인의 기강(氣强)이 느껴졌다. 아니나 다를까. 인터뷰 도중 그 이야기가 나왔다. 실제로 군인이 되려고 했다는 것이다. 그러나 육군사관학교에 지원했는데 떨어지고 말았다. 키가 작은 탓이었다. 당시 육사는 165cm 이상이 돼야 합격할 수 있었는데, 애석하게도 그는 164cm였던 것이다.

결국 그는 동아대 법대에 입학했다. 고시공부를 하여 법조인이 되고 싶었다. 하지만 그 꿈도 좌절됐다. 가정형편이 어려워 고시 공부는커녕 아르바이트로 학비를 벌어 6년 만에 겨우 대학을 졸업할 수 있었다. 전화위복이었을까? 그는 지금 매출액 1조 7000억 원의 넥센타이어를 비롯, 튜브와 골프공 등을 생산하는 (주)넥센, 지역민방인 KNN 외에도 넥센테크, 넥센산기, 넥센L&C 등 국내외 총 11개의 계열사를 보유한 넥센그룹의 회장이다.

군인·법조인이 되고 싶었지만…

강병중(姜丙中·1939년생) 회장의 집안이나 그가 사업에 뛰어들게 된 과정은 삼성그룹 창업자인 이병철(1910년생) 전 회장과 닮은 듯하면서도 다르다. 이병철 회장은 의령군 정곡면 중교리의 천석지기 아들이었고, 강병중 회장은 약 30km 거리인 진주시 이반성면 길성리에서 500석지기의 아들로 태어났다. 둘 다 지주의 아들이란 점에선 같다. 그러나 이 회장은 일제강점기인 1936년 아버지의 전답 300석을 물려받아 사업 밑천으로 썼지만, 강 회장은 해방 이후 농지개혁으로 전답이 모두 소작인에게 분배된 상황에서 급격히 가세가 기울어 힘겨운 성장기를 보내야 했다.

이 회장의 첫 사업은 협동정미소와 도정공장, 자동차 회사였다. 강 회장은 정미소를 하던 장인과 일본에서 사업을 하던 처삼촌 두 분의 도움으로 중고 화물차 수입부터 시작해 운수회사를 키워나갔고, 그게 타이어 사업의 모태가 되었다.
이병철 회장의 일대기는 이미 넘칠 정도로 많다. 하지만 경남이 낳은 또 한 명의 걸

출한 사업가 강병중 회장에 대해서는 프로필 수준의 기록 외에 찾아보기 어려웠다. 그는 2012년 새로운 도전을 시작했다. 창녕에 1조 2000억 규모의 대규모 공장을 지은 것이다. 그간 대부분의 한국 기업들이 낮은 임금과 저렴한 땅값을 이유로 중국과 베트남 등 해외에 공장을 짓고 있는 상황에서 넥센의 창녕공장 건설은 이례적이다.

2014년엔 그의 나이도 75세에 이르렀다. 그러나 '타이어 강'이라는 그의 별명처럼 자신의 상품에 대한 자부심과 열정이 넘쳤고, 도전 정신 또한 청년의 그것과 다르지 않았다. 이 시점에서 그의 삶과 생각을 기록해보고 싶었다.

그를 만난 곳은 창녕공장이었다. 미리 기자가 보낸 질문을 꼼꼼히 체크해 답변을 서면으로 만들어두었다. 그가 구술한 내용을 직원이 받아 적어 타이핑한 것이었다. 강 회장은 다시 그것을 직접 읽으며 틀린 부분을 자필로 수정까지 해놓은 답변서를 내놓았다. 그 분량이 A4용지로 20쪽에 달했다. 디테일에도 강한 그의 면모를 엿볼 수 있는 에피소드였다

군인의 기강… 그러나 섬세한 면모

바쁘신데 시간 내주셔서 고맙습니다.
"별 말씀을…. 그런데 요즘 이곳이 소문이 나서 사람들이 투어를 많이 와요. 조금 전엔 전국에서 종친회 사람들이 와가지고 식당에서 막 대접하고 금방 보냈는데…."

평소에도 창녕 공장에 자주 오시나요?
"잘 못 오지. 일이 있으면 오지만, 여기서도 잘하고 있는데 뭐."

그러면 주로 어디 계십니까?
"공장에 다니기도 하지만…. 우리 KNN 건물을 잘 지어 놨거든요. 그런데 아직 식

당을 오픈 못했어요. 그래서 부산 우리 지점 2층에 조그마한 사랑방을 만들어 놓고 거기서 주로 일을 하죠."

평소 일정은 어떻게?
"회사 일은 거의 다 맡겨 놓고 일일이 챙기지는 않는데, 그런데도 하는 일 없이 바쁘네요."

운동이나 취미 생활도 좀 하시나요?
"건강 관리한다고 등산도 하고 골프도 좀 치고 하죠."

등산을 좋아하신다던데, 주로 어떤 산에 가시나요?
"멀리 올라가진 못해요. 요즘은 집 근처 금강공원 한 시간씩 돌고 온천하고 그러죠. 뭐."

혼자서요?
"우리 집사람(김양자 여사)하고…."

그 외에 특별히 사모님과 함께하는 취미 같은 건 없나요? 영화를 본다든지….
"그런 게 없어요. 워낙 바쁜 삶을 살아오다 보니 영화, 이런 데에 취미를 못 가졌어. 요즘 젊은 아이들과 달리 우리 시대엔 취미라는 걸 가질 수 없었어요. 우린 손님들 접대하느라 술 마시고, 공장 챙기고, 새벽에 또 나가고…. 뭐 그렇게 살았지."

언론보도를 보니 아드님(넥센타이어 강호찬 사장)께 경영권을 넘기고 2세 경영체제를 구축하고 있다던데.
"금년에 법적으로 넘겼지. 준비단계라고 볼 수 있죠."

고향이 이반성면 길성리 맞으시죠?

"태어나기는 마산시(현 창원시 마산합포구) 성호동 43번지에서 났어요. 본가는 길 성리 맞고…"

집의 어른이 부자였다고…

"잘사는 편이었지. 근방의 토지는 모두 우리 것이었으니까. 가을 되면 수십 대의 트럭이 수곡(收穀) 가져오느라 줄을 잇곤 했지. 그러다가 북마산에 큰 터를 잡았지."

논이 몇 마지기나 됐는데요?

"음…. 이백 몇 십 마지기 정도. 500석을 했다고 하니까. 그런데 그걸 모두 (아버지) 당대에 모았어요. 그 과정에서 워낙 알뜰하게 살았지. 심지어 반성 5일장에서 상하기 직전의 갈치를 사다 매달아 놓고, 그거 한 번 쳐다보고 밥 한 숟갈 먹고…(웃음) 그런 일화가 있을 정도로 살았지. 그만큼 절약하며 살았다는 거지. 당시에는 아끼는 게 돈이었으니까."

아니 집이 부유한데도 그렇게 살았단 말입니까?

"그렇게 돈을 모았다는 얘기지. 그리고 옛날엔 부자라고 해서 있는 대로 쓰고 그러진 않았어요."

지금은 그 전답이 다 어떻게 되었습니까?

"1950년 자유당 조봉암 장관 시절, 내 나이 열두 살 때 농지개혁으로 소작인들에게 다 나눠줬지. 그 바람에 가세가 기울게 되었죠."

방송인 강호동과 기업인 강병중

아. 그렇게 되었군요. 그런데, 저희가 조사한 바에 따르면 방송인 강호동 씨의 아버지와 사촌 간으로 아는데.

"우리 아버지가 4형제였는데, 그 중 막내 삼촌이 호동이 할아버지였어요. 그 삼촌이 키도 크고 아주 잘생긴 분이었어요. 그런데 농지개혁 때 받은 지가증권까지 갖고 가서 진주를 거점으로 사업을 하셨는데 성공하진 못했죠. 나에겐 삼촌이고 호동이한텐 할아버지니까, 호동이하고 나하고는 오촌 간이죠. 호동이 아버지 강태중 씨는 당연히 저한테 사촌이 되고."

네. 그렇잖아도 저희가 강태중 씨를 만나 인터뷰했는데요. 그 분이 1972년에 사촌 동생인 넥센 강병중 회장의 도움을 받아 사업을 시작했다고 말했습니다. 어떤 도움을 주신 건가요?
"아, 그때 한일합섬 김한수 회장과 함께 내가 초대 통일주체국민회의 대의원을 했거든. 당시 부산에서 성창기업 정태성 회장님이 회장을 하고 내가 총무를 맡았지. 그때 김한수 회장을 잘 알아가지고 한일합섬에 식료품 납품하는 걸 연결해드렸죠. 그런데, 능력이 워낙 있어 그걸 잘하시더라고. 사업규모를 계속 키워가더라고."

네. 그렇게 해서 돈을 많이 버셨다더군요. 강호동 씨는 한 번씩 인사하러 오나요?
"1년에 명절 딱 두 번 만나죠. 마산 완월동에 형 집이 있어요. 거기서 다 모이는데, 이반성 길성리 산소에 갔다가 친지들 모두 만나 호동이 집에서 점심 겸 저녁 겸 함께 먹고 헤어지는 거죠."

인터넷에 검색을 해보면 강 회장님의 조모, 그러니까 강호동 씨의 증조모 묘소 풍수가 워낙 좋아 두 분이 모두 성공하셨다는 이야기가 떠돌고 있는데, 혹 그런 말씀 들으셨나요?
"지관들이 그런 말을 한다더군요."

아버지 고향은 길성리지만, 마산에서 태어나셨고…. 그러면 학교는 계속 마산서 고등학교까지 다니신 건가요?
"아니. 마산에서 태어났지만 어머니가 내 나이 세 살 때 돌아가셨어요. 그 때문에 마산 있다가 시골 가서 초등학교를 다녔죠. 중학교는 마산동중학교를 갔고, 마산고를 나왔어요. 그런데 중학교 2학년 때 아버지도 돌아가셨어요. 그러니까 재산도 다 없어진데다 아버지까지 돌아가셨으니 그때부터 힘든 생활이 시작된 거죠. 고등학교까진 어떻게 나왔지만, 대학 진학도 어렵게 되었어요. 그래서 돈 안 드는 육군사관학교에 시험을 쳤죠. 제 위에 형님이 한 분 있지만, 댓 살 차이여서 거기도 힘들고. 그런데 육사에서 떨어진 거야. 내가 머리가 그렇게 나쁜 편은 아니었는데, 키가 작아서 그런 것 같아. 164cm였는데, 그때까지만 해도 육사는 165cm 이상이 되어야 합격시켜줬거든."

그래서 동아대 법대로 간 거군요.
"아니. 곧바로 공군에 가서 군대를 마치고 동아대에 들어갔지. 당시만 해도 동아대 법대가 한강 이남에선 사법고시 합격생이 가장 많았거든. 그때 우리 형수님 도움을 받아 대학에 갈 수 있었죠. 형수한테 처음에는 학비 지원을 받았고, 나중엔 아르바이트를 해서 겨우 대학을 졸업할 수 있었어요."

어떤 아르바이트를?

"여러 가지를 했는데, 가장 기억에 남는 것은 교도소에서 일을 했어요. 내가 직접 교도소 서무과장을 찾아가서 사정을 했죠. 처음엔 크게 나무라더니 세 번을 찾아가니 자리를 하나 주더라고. 김형배라는 양반이었는데 지금도 안 잊히네. 용도계라고 시설관리하는 부서였는데 거기서 온갖 심부름을 했지. 그 앞에는 운수회사에서도 일한 적이 있는데, 거긴 너무 월급이 적었어요."

결혼과 졸업, 그리고 창업

그렇게 해서 1966년 대학을 졸업하고 곧바로 이듬해인 1967년 운수회사를 창업하셨다고 되어 있는데.

"66년 9월에 졸업했는데, 그 해 결혼을 했어요. 한마을에 있던 아가씨와 결혼을 했는데, 그게 참 어렵거든요. 그런데 우리 외할머니와 처가댁의 할머니가 친구였어요. 그 동네에선 그 두 분이 제일 터줏대감이었는데 그 두 분이 사돈이 되기로 합의했던 거지. 그게 현실로 이뤄졌어요. 처가댁도 장인어른이 4형제 중 둘째였는데, 처 백부 되시는 분만 고향에 남고 장인어른과 삼형제가 모두 일본에 건너가 성공을 했어요. 성공 후 두 분은 일본에 남고 장인어른은 귀국해 정미소도 하고 논밭도 사들여 큰 부자 소리를 들었죠. 일본에 남았던 처삼촌 두 분은 자기네들이 어릴 때 공부 못한 게 한이 되어 고향에 중학교를 세웠는데, 거기서 집사람이 학교를 관리하면서 교편을 잡고 있었어요. 그런 상황에서 결혼하자마자 졸업을 하게 됐고, 당장 일을 해야 하는데, 학교 다닐 때 아르바이트로 운수회사에 있었던 경험이 있어서 내용을 좀 아는 거야. 중고 화물차 수입허가를 내야 하는데, 누군가 중앙정보부에서 허가를 받아 나에게 찾아왔어요. 그래서 일제 중고 화물차 수입을 시작했죠. 처음엔 한 대당 50만 원씩 남았어요. 그때 집 한 채 100만 원, 150만 원 할 때니까 많이 남은 거죠. 그때 돈을 많이 벌었어요. 모두 300대 정도를 팔았으니까."

그때 회장님은 그런 사업을 할 자본금이 없었잖아요.

"그렇지 나는 돈이 없었고, 일본의 처가댁에서 돈을 부쳐줘서 시작했지. 그걸 하다 보니 또 꾀가 생겨서 운수회사를 해야겠다 생각을 했고, 그래서 옥정산업을 창업 했어요."

옥정산업이라는 이름은 누가 지은 건가요?

"다마이(たまい·玉井)라고 일본에서 친지들이 옥정건설을 했거든. 그 이름을 땄지. 그때는 지입차였어요. 옥정산업주식회사, 옥정운수주식회사 등을 계속 만들었죠. 그러던 중 일본에 갔다가 앞바퀴는 하나고 뒷바퀴는 두 개인 소형 삼륜차가 골목길 을 누비고 다니는 걸 봤어요. 도로가 좁은 우리나라, 부산에 잘 맞는 차종이라고 생 각해 당시 기아자동차에 찾아가서 이런 차를 만들 수 있냐고 물었죠. 그때 기아자 동차도 막 그걸 만들기 시작하던 때였어요. 그런데 자기들은 그걸 얼마나 팔 수 있 을지 걱정하고 있더라고. 내가 500대는 팔아주겠다고 하니까 얼마나 좋아? 그래서 부산 돌아와서 당시 박영수 시장에게 찾아가 면허를 달라고 했지. 당시까지만 해도 우마차가 온통 시내를 휘젓고 다녀 오물 치우는 것도 보통 일이 아니었거든. 삼륜 차가 대중화되면 길거리 오물 문제가 해결된다고. 그렇게 해서 쉽게 허가를 받았어 요. 그게 화물자동차 면허로는 안 되고 별도 용달운수업 허가를 받아야 했거든요."

아, 그래서 용달이라는 이름을 회장님이 그때 직접 지으신 거군요.

"그랬죠. 그렇게 해서 화물차 운수회사와 용달차 운수회사를 여러 개 가지게 됐고, 이들 회사 이름으로 수백 대를 팔고 지입도 했죠. 5년쯤 지나 운수회사를 그만둘 때 내 앞으로 등록된 차량만 850대 정도 되었으니."

그러다가 어떻게 타이어 산업으로?

"당시 통일주체국민회의 대의원을 한 게 큰 도움이 되었어요. 그게 상당히 사회적

지위가 있었거든. 그때 알게 된 사람 중 부산 문화관광호텔 윤두상 사장이 당시 흥아타이어 영남총판을 하고 있었는데, 그 인연으로 재생타이어 공장을 불하받아 하고 있었어요. 그걸 나에게 팔고 싶다고 하기에 이걸 하게 된 동기가 됐죠. 마침 운수회사를 하면서 펑크가 자주 나서 골치를 앓고 있던 터라 그걸 해보기로 한 거죠. 1974년 초 남천동 우체국 자리에 있던 1100평쯤 되는 공장을 사서 시작했는데, 제조업이라는 게 운수업과는 달라 참 어려웠어요. 원료 구입부터 품질관리, 영업까지 보통 일이 아니에요. 작지만 전문가를 붙여야겠다고 생각하여 공장장도 선발하고, 품질 쪽에서도 사람을 모셔오고 판매 책임자도 두고 그렇게 하여 지금까지 온 게 넥센타이어가 되었죠."

창원상의 최충경 회장과 특별한 관계

근데 이반성중학교 옥광학원 이사장도 하셨잖아요. 중학교를 마산서 나오셨는데, 거긴 어떻게?
"그건 집사람이 교사로 있던 학교였고, 장인어른이 이사장으로 계시다가 내가 이어받게 된 거죠. 거기 출신들이 다들 머리가 좋아요. 창원상공회의소 최충경 회장의 사돈, 그러니까 며느리의 친정 엄마가 이반성중학교 출신인데, 아주 머리가 좋아요. 제 집사람의 제자였어요."

아. 또 그렇게 연결이 되는군요. 회장님 호는 월석(月石)이신데, 그건 어떤 뜻인가요?
"암스트롱이 달나라 간 게 1969년이죠? 그때 로타리클럽에 들어가 호를 짓게 되었는데, 달에서 갖고 온 돌이라는 뜻으로 원대한 꿈을 갖자는 의미에서 그 호를 얻게 됐어요."

그래서 장학회와 문화재단의 이름도 월석이 되었군요. '원대한 꿈을 갖자'는 의미가 좋네요. 직원들에게 평소 강조하시는 말씀도 연관이 있나요?
"기업의 성패는 유능한 인재를 얼마나 확보하느냐에 달려 있죠. 저는 신입사원들에게 '무조건 저질러라'는 말을 합니다. 기업의 회장이든 임직원이든 제일 중요한 것이 무엇이든 할 수 있다는 열정이고 도전정신이죠. 실패를 하더라도 책임은 회사가 질 테니 뭐든지 해보라고 합니다. '노 리스크, 노 게인(No Risk, No Gain)'이라는 말처럼 뭐라도 해야 얻을 것도 있다는 거죠. 전혀 엉뚱한 역발상도 할 수 있어야죠. 애플의 스티브 잡스도 '싱크 디퍼런트(Think Different)'라고 했듯이 다르게 생각하자는 말을 많이 합니다."

회장님도 평소 메모하는 습관으로도 유명하시잖아요.

"45년 동안 사업을 해오면서 크게 실패한 적이 없는데요. 아마 그게 메모와도 관련이 있는 것 같아요. 결정은 신중하게 하지만, 일단 결정하면 강하게 밀어붙이는 스타일이죠. 무슨 일이 있으면 밤에 잠도 자지 않고 심사숙고를 합니다. 머리맡에 메모지를 두고, 자다가도 벌떡 일어나 메모를 해둡니다. 또 하나의 개인적인 특징이 있다면, 친인척을 회사에 두지 않습니다. 넥센은 물론 계열사에도 관리직 중에 친인척은 한 명도 없습니다."

특별히 메모하는데 필요한 수첩이나 다이어리가 있습니까? 아끼는 필기구라도?

"그런 거 없어요. (주머니에서 접힌 A4 용지를 꺼내며) 그냥 이런 종이지. 볼펜도 그냥 이런 걸 써."(보통 문방구에서 파는 1000~2000원짜리 볼펜이었다.)

아끼는 애장품도 없나요?

"그런 게 없어요. 우리 세대는 먹고사는 게 바빠서."(웃음)

특별히 재미있는 일은?

"그냥 일을 통해 성취하고, 그런 게 재밌는 거지 뭐."

기업을 해오면서 가장 큰 성취를 느꼈을 때는?

"1974년 본격적으로 공장을 확장해야겠다고 마음먹고 부산 반여동에 있던 삼우빵

공장을 매입했던 거였어요. 당시 삼립빵, 삼미빵, 삼우빵 등 빵공장이 많았는데, 우후죽순처럼 생기다 보니 운영이 어려워져 삼우빵이 문을 닫은 거죠. 그게 경매로 나왔는데 팔리지가 않아 성업공사(현 한국자산관리공사)가 애를 먹고 있었죠. 그걸 내가 3억 2400만 원에 3년 연부로 샀는데, 사고 나니까 마침 정부에서 일본 제빵기계 수입을 금지했어요. 그래서 빵 기계 품귀현상이 생겼고, 내가 산 삼우빵 공장에 있던 제빵 기계를 서로 시기려고 했죠. 3억 남짓 주고 공장을 사서, 빵 기계만 4억 조금 더 받고 팔았으니 큰 이득을 본 거죠. 땅값을 뺀 건 물론이고 공장 짓고 나서도 운영비로 쓸 돈이 남을 정도였어요. 반여동 공장은 지금 수영강 변에 있는 자동차 매매단지 자리에 있었는데, 그게 3300평 정도여서 제대로 된 공장을 할 수 있게 됐죠. 사람이 인생을 살면서 몇 번 기회를 갖는다고 하는데, 결혼 직후의 중고차 수입과 운수업이 저에게 첫 번째 기회였다면, 두 번째 기회는 반여동 공장이었죠."

거기서 확실한 기반을 잡으신 거네요?

"반여동 공장에서 일본과 기술제휴도 하게 되었는데, 당시 일본 3대 재벌 계열사인 스미토모 고무에서 우리 튜브를 사겠다고 먼저 연락이 왔어요. 그런데 제품을 보낸 지 보름도 안돼 스미토모에서 사장과 공장장, 품질책임자를 일본으로 불렀어요. 고베에 갔더니 튜브 샘플을 토막토막 내서 쭉 늘어놓고 호통을 치더군요. '인명과 관계되는 제품인데, 이 따위로 만들어서 되겠느냐. 한쪽은 두껍고, 한쪽은 얇다. 접착부분이 잘못됐다. 전부 가져가서 다시 만들어 오라'는 것이었죠. 그래서 저는 오히려 역제안을 했어요. '이제 튜브는 당신네들에게 사양산업 아니냐. 우리에게 기술을 전수해 달라. 기술료는 충분히 주겠다'고요. 결국 기술제휴를 따냈어요. 그때부터 일본 수출 길을 열었고, 1981년쯤에는 미국 시장에도 진출을 하게 됐죠."

'타이어 강' 일본·미국시장 진출한 사연

미국 시장 진출 때는 어떻게?

"미국 쪽에는 타이어 판매 전문회사를 하는 유태인 한 분을 알게 돼 거래를 하게 되었는데, 그 양반이 우리 제품 가격이 너무 싸니까 상당히 많은 양을 사서 미국 전역에 뿌렸어요. 그런데 미국의 튜브 시장에 한바탕 난리가 났습니다. 당시 우리 튜브 가격이 미국의 약 30%밖에 안 되었으니까요. 그때 미국 로빈스라는 회사에서 텔렉스를 보내서 스무 컨테이너를 사려고 하니 가격을 제시해달라는 요청이 왔어요. 반가웠죠. 그런데 그 회사에서 '당신들 공장을 봐야겠다'고 하는 겁니다. 오라고 했죠. 덩치 큰 세일즈 매니저와 공장장이라는 사람이 왔는데, 칙사 대접을 하고 해운대 조선비치호텔에 재운 후 다음날인 일요일 공장을 보여줬죠. 그때만 해도 인건비가 굉장히 쌌고 근로자들이 군인처럼 머리를 짧게 깎고 일요일도 없이 일하면서 새마을 노래를 부를 때였어요. 미국 사람들과 공장에 들어가는데, 간부들이 경례를 하면서 '충성!' 하고 구호를 외치니까 깜짝 놀라더군요.

그런데 알고 보니 이 사람들은 바이어가 아니라 미국의 튜브 제조업자들이었어요. 워낙 우리 튜브 가격이 싸니까 염탐하러 온 거죠. 출국할 때가 되어서야 '당신들을 속였다. 미안하다' 하더군요. 그렇게 미국에 돌아간 그들이 자기들 오너에게 '한국에서 보니까 미국 튜브 산업은 끝났다'고 보고를 했고, 그때부터 미국은 아예 튜브 산업을 접게 됐죠."

IMF 때인 1997년 당시 부실기업으로 법정관리 중이던 우성타이어를 인수해 성공시켰잖아요.
"앞서도 얘기했지만, 넥센이 예전에는 흥아타이어의 자회사였죠. 그래서 넥센과 우성타이어는 뿌리가 같습니다. 당시 넥센은 신품 타이어를 제외하고 재생 타이어와 타이어 튜브, 솔리드 타이어까지 생산하고 있었는데, 기회가 되면 신품 타이어 공장도 꼭 운영하고 싶다는 생각을 갖고 있었죠. 우성타이어 인수는 98년 말부터 시작됐는데, '위험하다'며 말리는 사람도 많았어요. 그러나 공장을 둘러보면서 충분히 수익을 낼 수 있다는 확신을 갖게 됐죠. 인수 후에는 구조조정 과정에서 인원을 감축하기보다 오히려 늘렸고, 대신 효율을 높이는 데 주력한 게 주효했고, 직원들도 마음을 열기 시작했어요."

앞으로 타이어 산업은 어떻게 변화하게 될까요?
"타이어는 기초 원료의 90%가 기름입니다. 세계 타이어업계는 원유성분을 줄이고 식물성 기름을 쓰기도 합니다. 원유 대신에 오렌지 가공공장에서 버린 껍질에서 추출한 기름이나 해바라기씨 기름을 사용해 친환경 저연비 타이어를 만들기 시작했어요. 앞으로는 원유를 쓰지 않고도 타이어를 만드는 시대가 올 거라고 봅니다. 고무나무에서 나오는 생고무도 크게 보면 천연기름이라고 할 수 있어요. 그래서 앞으로 자동차는 전기자동차 시대가 되고, 타이어는 저연비 타이어 시대가 옵니다.

제가 제일 신경을 많이 쓰는 게 연구 개발이에요. 최근 5~6년간 연구소 인원을 3배 이상 늘렸어요. 처음엔 박사를 뽑았죠. 그런데 이 사람들이 박사는 박사인데, '타이어 박사'는 아닌 거예요. 그래서 지금은 고분자 분야를 전공하는 석사 출신들이 많고, 석사로 들어와 박사 학위를 받는 사람도 많습니다. 불과 몇 년 전 82명이던 연구 인력이 지금은 330명 정도로 늘었는데, 더 늘릴 예정입니다."

실패한 쓰라린 경험들

살아오시면서 실패한 경험이나 가장 힘들었던 순간은 없었나요?

"사업을 하면서 제일 힘들었던 건, 금융업을 하다 IMF 외환위기가 닥쳐 정리를 해야 할 때였죠. 금융업은 부산 경남을 수도권과 대칭되는 지역으로 발전시켜야 하겠다는 순수한 마음에서 시작해 첫 번째로 마산에 경남생명보험을 설립했어요. 또 부산상의 회장을 하면서 동남은행을 부산에 설립하도록 주선했고, 제일투자신탁도 세웠고, 상은리스도 상업은행과 공동 설립했죠. 경남리스에도 대주주가 되었는데, 외환위기로 모든 게 허사가 되어버렸어요. 경남생명과 제일투자신탁은 운 좋게 매각했지만, 나머지는 팔지도 못하고 투자한 게 모두 종이로 변하고 말았죠."

많은 기업이 낮은 인건비 등을 이유로 해외에 투자하고 있는데, 넥센타이어는 국내에, 그것도 창녕에 대규모 공장을 건설했잖아요.

"창녕공장 건설은 모험이 아니라 도전입니다. 1조 2000억이라는 대규모 투자인데, 이런 결정을 한 것은 생산성과 효율성 때문이죠. 중국이나 동남아에 공장을 지으면 땅값이 싸고 임금도 낮지만, 그만큼 관리가 어렵고 불량률이 높습니다. 생산원가를 절감할 수는 있지만, 국내 우수인력이 생산하는 타이어의 품질과 가격 경쟁력에는 미치지 못한다는 거죠. 또 해외공장은 예상하기 힘든 변수도 많아요. 이미 메이드 인 코리아 제품은 브랜드 이미지가 높아 중국이나 동남아 제품보다 10% 이상 비싼 가격으로 팔 수 있어요. 그래서 국내 제2공장도 충분히 승산이 있다고 봤죠.

특히 저는 부산·울산·경남이 하나가 되어 인구 600만의 동남광역경제권을 만들어야 한다는 소신을 갖고 있어요. 그래야 수도권과 경쟁하고 대칭되는 지역이 되어 국토균형발전에도 기여할 수 있는데, 우리 창녕공장이 거기에도 나름대로 역할을 할 수 있을 거라고 봅니다. 부산과 경남이 이렇게 싸우기만 해선 안 돼요. 부울경특별시를 만들어야 한다고 봐요. 내가 부산·진주발전협의회 공동의장을 맡은 것도 그런 이유죠."

참 재미없는 사람이 느끼는 재미

다음 질문은 '앞으로 꼭 이루고 싶은 일이 있다면?'이었다. 강병중 회장이 미리 준비한 답변에는 모범 답안이지만, 재미는 좀 없는 말들이 적혀 있었다. '넥센타이어가 세계 최고 기업이 될 수 있는 기반을 만들겠다. 힘이 닿는 데까지 기업 이윤을 사회에 환원하여 어려운 사람들과 공부하는 학생들을 돕고, 지역문화예술과 학술 분야도 적극 지원하겠다.' 그러면서 월석선도장학회, 월석문화재단, KNN문화재단의 운영 계획을 꼼꼼히 적었다.

그래서 이렇게 다시 물었다.

이런 사회공헌 사업 말고도 다른 분야로 더 확장하고 싶은 일은 없나요?
"타이어사업은 더 확장하면 안 됩니다. 이게 워낙 기술집약적이고 자본집약적이어서 이것 하나에 집중해야지. 금호타이어가 무너진 것도 이것저것 하다가 그렇게 된 거예요. 이것만 해도 얼마든지 크게 할 수 있어요. 한 우물만 파야죠. 이미 130개 국가에 수출하고 있지만, 이제 유럽시장에도 진출해야죠."

역시 천생 기업인이다. 다시 좀 가벼운 이야기를 물어봤다.

5촌 조카인 강호동 씨가 최근 방송에 복귀했는데, 강호동 나오는 TV 프로그램은 가끔 보시나요?

"당연히 보죠. 다시 나오자마자 시청률이 확 오르데?"

강호동 씨를 넥센 광고모델로 쓸 생각은 안 해보셨나요?
"우리하곤 안 맞지."

왜요? 덩치도 크고 하니까 파워풀한 이미지가 맞지 않나요?
"파워? 그런가? 그런데 우리가 생산하는 골프공 모델도 한 번 생각해봤는데, 사실 그쪽은 광고를 잘 안 하거든."

인터뷰를 마치면서 든 생각은 '사업으로 성공한 사람은 사업 이외에 재미를 붙이지 못하는구나' 하는 것이었다. 일하는 것 외에 특별히 즐기는 취미도 없고, 아끼는 물건도 없고, 심지어 영화도 안 본다니 무슨 재미로 살까? 하긴 그랬으니까 성공했겠지 하는 생각도 들었다. 도전과 성공 그 자체에 재미를 느끼고 살아온 인생이었으니 말이다. 지금도 그는 기업을 더 키워야 한다는 목표의식으로 충만해있었다. 넥센에서 받은 자료에는 현재 1조 7000억 매출을 2015년에는 3조 원으로 성장시키는 목표가 적혀 있었다.

기업의 성장은 고용 창출은 물론 지역경제와 국부(國富)의 원천이라는 점에서 사회공헌이며 애국이다. 그럼에도 뭔가 2% 아쉽다는 생각이 드는 건 무엇 때문일까? 순전히 내 생각일지도 모르겠지만, 그가 일단 영화나 음악부터 좀 취미를 붙여보면 좋겠다는 생각이 들었다. 또 메모를 워낙 좋아하니까 몰스킨 다이어리의 질감과 몽블랑 만년필의 필기감에서 작은 행복을 느껴보는 것도 좋겠다. 그 정도면 호사취미도 아니지 않나? 월급쟁이 기자도 이 정도는 누리는데….

정치인이 되고 싶었던 소년, 꿈은 이루어진다

고영진 경남도교육감

의외였다. 이번 인터뷰에 앞서 고영진(高永珍·1947년 2월 20일생) 경남도교육감에 대한 자료를 찾다 느낀 점이다. 명색이 경남 교육의 최고 책임자이며, 그것도 두 번이나 교육감으로 당선된 사람인데, 그의 인생 스토리를 알 수 있는 자료가 너무 없었다. 몇몇 언론 인터뷰가 있긴 했지만 주로 교육정책이나 현안에 대한 내용에 그쳤다. 인터넷을 아무리 검색해 봐도 선거 때 밝힌 학력 경력 상훈 저서 재산 정도가 알려진 전부였다.

도지사와 함께 경남도민의 삶에 가장 큰 영향을 미칠 수 있는 교육의 수장이라면, 적어도 그가 어떤 환경에서 어떻게 배우고 성장해왔는지, 어떤 철학으로 살아왔는지 정도는 알아야 할 필요가 있고, 기록해둘 가치가 있겠다 싶었다.

아버지는 사회 교사, 아들은 영어 교사

자료를 좀 찾아봤는데, (교육감님에 대한) 간단한 프로필 말고는 알려진 정보가 없더군요.
"사실 우리 교육계에 종사하는 사람들은 그런 게 없죠. 정치하는 사람들이야 그런 스토리텔링을 해야 하지만, 교육계는 좀 다르지."

그래서 호구조사부터 해봐야겠습니다. 진주 천전초등학교를 나오셨던데, 원래 태어난 곳은 어딥니까?
"할아버지가 사신 곳은 옛 진양군 금산면 갈전리였는데, 아버지가 교편을 잡으셨기 때문에 칠암동 쪽에 살았어요. 태어나긴 진주에서 태어난 거죠. 천전초등학교에 입학한 것은 그 당시 아버지가 진주농고에 근무했거든. 농고 옆에 집이 있었으니까 가까운 천전초교에 간 거죠."

지역 명문 진주고등학교를 나오셨는데, 그 당시엔 입학하기도 쉽진 않았죠?
"진주중학교 나오면 진고로 진학하는 게 자연스러웠죠."

진주중학교도 시험 쳐서 들어갔나요?

"당시엔 중학교도 시험제였지. 그때만 해도 진주에서 진중, 진고 가는 것은 그냥 당연한 목표였죠."

아버지는 어떤 분이었나요?

"아버지는 원래 동국대에서 경제학을 전공하셨는데, 사회과목 교사를 하셨죠. 우리가 진고 다닐 때 우리학교에 오셨어. 내가 직접 배우진 않았지만, 내 친구들은 대부분 우리 아버지가 은사죠."

집의 어르신 성함이?

"문자, 석자. 고 문 석. 지금 생각하면 참 격세지감인데, 정확하게 아들인 나보다 스물 한 살이 많더라고. 당시엔 대개 스물 한두 살 때 결혼했고, 내가 장남이니까."

당시 어르신이 서울에 있는 대학을 나왔다면 집안이 상당히 부유했을 것 같은데.

"할아버지가 농사를 좀 많이 했지. 당시엔 쌀농사가 부의 원천이었으니까, 연 500석 내지 1000석 정도를 했다니까 부농이었지. 금산면 갈전리 일대에선 우리 논을 밟고 가지 않으면 안 될 정도였다니까."

의병장 고경명·고종후의 후손

고(高)씨는 제주도와 전라도 장흥이 본관인데, 진주에도 많나 보죠?

"장흥 고씨도 원래는 제주 고씨에서 갈라져 나왔지. 개성 고씨도 그렇고. 우리는 장흥 고가지만, 임진왜란 때 고경명 어른이 의병을 일으켰고, 그 아들 고종후 또한 진주성 싸움에서 순절했는데, 그 분들 후손이 경남에 정착한 것이죠."

아, 그렇게 된 거군요. 그렇게 대대로 농민으로 사시다가 교육자가 나왔고, 그 아들이 이렇게 교육감까지 된 거로군요.

"아버지가 1925년생이신데, 그 당시 농촌 출신으로 서울까지 대학을 가는 건 드물었는데, 그 시절로선 자식이 교사가 된다는 것은 굉장한 자부심이었죠."

아버지가 반성종고(현 진주외국어고등학교) 설립자셨죠?

"사실상 설립하셨죠. 당시 다른 분이 설립한 후 1년 정도 지나 굉장히 어려울 때 인수해 할아버지 집과 전답을 다 털어 넣었으니 사실상 설립자죠. 반성중학교 교감을 하고 계실 때였는데, 그 옆에 설립된 반성종고가 어려움을 겪고 있는 걸 보고 그걸 인수한 거죠. 그때 내가 고등학생이었는데, 학교 짓는다고 재산 다 털어 넣고 우린 전세 살았어요."

지금 진주외고는 고영실 교장이던데.

"내 친동생이지. 내가 원래 6남 1녀의 장남인데, 아우 두 명이 성인이 되어서 아까운 나이에 죽었죠."

교육자의 길을 택한 건 아버지의 영향이었겠죠?

"사실 내 고등학교 때 꿈은 정치인이었어요. 교사가 된다는 것은 생각도 안 했지. 역사에 나오는 정치가가 되고 싶었죠. 그래도 교육감이 되었으니 아버지가 살아계셨다면 얼마나 희열을 느꼈을까 그런 생각이 들어요."

결국 선거를 통해 교육감까지 되셨으니 사실상 꿈을 이룬 거네요. 그런데, 1965년에 진주고등학교를 졸업하고 1980년에 경남대 영어교육과를 졸업하셨는데, 그 사이에는 뭘 하셨나요?

"고등학교 졸업하고 서울에서 공과대학을 다니다가 적성에 안 맞아 중퇴를 하고 아버지 농장에서 일을 좀 했지. 그 후 아버지 권유로 교사가 되기 위해 사범대를 다시 진학한 거죠."

영어 교사를 약 6년간 하셨는데, 지금도 영어 잘 하시나요?

"허허. 오랫동안 안 하다 보니…. 말하는 건 잘 안 되지만, 듣는 건 좀 되는 정도?"

부인 이임선 여사와 결혼은 어떻게?

"내가 교사 생활할 때 RCY(청소년적십자) 지도교사를 했는데, 집사람도 그때 진주 시내 여고에서 교편을 잡고 있었는데 그 지도교사를 했어요. 그래서 만나서 같이 다니다가…."

결혼한 후에도 두 분이 다 맞벌이를 하신 건가요?

"집사람은 진주시내 고등학교에 있다가 지금 한국국제대의 전신인 진주여전이 설립 되면서 무용학과로 스카우트되어 갔죠. 상명대학 출신인데, 거기서 무용을 전공했 으니까. 거기 간 지도 벌써 30여 년이나 됐네. 올해는 학교 생긴 후 처음으로 1년간 안식년을 받아 쉬고 있어요."

1남 1녀를 두셨는데, 둘 다 출가했나요?

"둘 다 서울에 있는데, 아들은 결혼했지만, 딸은 아직…. 나이도 제법 됐는데…."

여기까지 호구조사가 끝났다. 반성종고 영어 교사로 있던 그는 1986년 교감 직무 대리를 맡았다. 교장이었던 아버지가 돌아가신 후 본격적인 학교 경영에 뛰어들어 1993년에는 교장이 됐다. 그 후 경남교육연구원 자료제작부장을 거쳐 삼가고등학 교와 명신고등학교 교장, 경남교육청 교육정보화과장, 진주교육청 교육장, 진주중앙 고등학교 교장 등을 역임하며 행정경험을 쌓은 후 2003년 경남도교육감(13대)에 당 선된다.

국제대 총장 시절에는 월급 전액 기부

그러나 주민 직선으로 치러진 2007년 12월 교육감 선거(14대)에서 당시 권정호 후보에게 밀려 낙선한 그는 한국국제대 하충식 이사장의 방문을 받았다. 하충식 이사장은 그의 진주고 후배다.

"선거 떨어지고 난 뒷날이었지. 대뜸 한국국제대 총장을 맡아 달라는 거야. 불난 집에 부채질하는 거냐며 거절했어요. 집사람이 거기 교수로 있는 것도 마음에 걸리고…. 그랬는데 계속 포기하지 않고 설득하더라고 그래서 '아, 이것도 교유인데' 하는 마음에 거기 가서 2년을 근무했죠. 대신 2년 동안 월급은 전액 발전기금으로 반환했어요. 그렇게 사심없이 하니까 교직원들도 잘 따라주더군요."

2년간 국제대 총장으로 재직하면서도 교육감에 대한 꿈을 버리지 않았다. 2010년 6월 지방선거에서 그는 2위 권정호 후보와 3위 박종훈 후보를 제치고 다시 교육감 자리를 탈환했다.

학교 경영과 교육 행정을 오래 해오시면서 특별히 터득한 비결이 있다면?
"교직은 말이죠. 봉사하는 마음으로 해야 해요. 그런 마음이 아니면 실패합니다. 내가 좀 피곤하고 어려워도 봉사하는 마음으로 이겨내야 하죠."

〈경남의 산〉이라는 책을 내셨던데, 등산을 즐기시나 보죠?
"등산이 내 건강의 원천이죠. 요즘은 무릎 연골이 안 좋아서 높은 산은 못 다니지만, 정병산 둘레길 정도는 다니죠. (책장에 있는 사진을 가리키며) 저 사진이 일본 다테야마 북알프스 정상인데 3190미터죠. 2007년도에 다녀왔는데, 등산은 거의 광적으로 다녔어요."

골프는 안 하시나요? 다른 운동은?
"골프는 이제 좀 배우고 있는 중이죠. 그 외엔 헬스클럽에서 자전거를 탄다든지 그 정도…."

등산 외에 특별히 재미있어 하는 일은 없나요?

"글쓰는 걸 좋아했어요. 수필문학회 활동도 했고, 정목일 씨와 함께 활동하면서 등단까지 했는데, 요즘은 바빠서 전혀 못쓰고 있죠. 그 외에는 사람들 만나 이야기하는 걸 좋아하지."

술도 좋아하시죠?

"선출직이다 보니 마실 일이 많지만 폭음은 안 해요. 주량이 소주 두 병 정돈데, 술자리가 많아도 적당히 조절을 해요. 많이 마시는 것 같아도 딱 내 주량을 조절해요. 그래야 다음날 일어날 수 있으니."

기획단계에서 성과와 문제점을 미리 챙긴다

몇 시에 일어나시나요?

"밤 10시~11시쯤 자고 새벽 4시엔 일어나죠."

아침형 인간이군요. 교육감이 너무 부지런하면 아랫사람들이 좀 피곤할 텐데요. 교육감으로

북알프스 등산 사진.

서 본인은 어떤 인간형인가요?

"내가 바라는 바, 내가 목표하는 바가 마음속에는 있지만 말을 잘 안 하는 스타일이랄까. 신문사도 마찬가지겠지만, 모든 일은 기획단계에서 세 가지를 염두에 둬야 합니다. 첫째 목표하는 성과가 뭔지를 분명히 해야 하고, 둘째 예상되는 문제점이 뭔가를 확실히 알아야 하고, 셋째 그 일을 어떻게 홍보할 것인가 하는 전략을 가져야 한다는 거죠. 그리고 이런 일을 추진하는 과정에서는 끊임없이 토론하고 대화해야 한다는 생각을 하고 있어요. 지금 교육청 정책을 고영진이 다 결정한다고 하지만, 실제로는 모두 토론을 통해서 결정하죠. 모든 일은 그걸 추진하는 사람들이 기획 단계에서부터 참여하고 토론을 통해 의사결정이 이뤄져야 그 일이 잘 되는 거죠. 나는 회의에서 절대 내 생각부터 먼저 말하지 않는 스타일이죠."

인생의 좌우명이나 신조는 뭔가요?

"자율과 책임, 봉사하는 자세를 많이 강조하죠."

좀 심심한데요. 김두관 전 경남도지사의 경우 '불환빈 환불균(不患貧 患不均)' 같은 그럴듯한 좌우명을 갖고 있는데요. 자율 책임 봉사라는 건 좀 심심하지 않나요?

"(웃음) 나는 정치인이라기보다 교육자이니까. 굳이 한자성어로 이야기하라면 난 '역지사지(易地思之)'란 말을 좋아해요. 교사는 학생의 입장에서 생각해보고, 학부모와 입장을 바꿔 생각해보고, 그렇게 상대의 입장이 되어보면 이해 못할 일이 없죠."

교육감이 생각하실 때 우리나라 교육의 가장 큰 문제점은 뭐라고 보시나요?

"그래도 세계적으로 볼 때는 문제점이 적은 나라라고 봐요. 오바마도 한국 교육을 본받으라 하잖아요. 그래도 문제를 꼽자면, 입시제도를 획기적으로 개선해야 한다고 봐요. 입시제도를 확 바꿔서 아이들이 자기 적성에 맞춰서 진로를 개척하는 사회가 되어야죠."

말하자면 모든 학생이 대학입시에 '몰빵'하여 서울대나 연고대를 목표로 삼고, 그들이 모두 판검사나 의사, 공무원, 대기업 사원이 되기를 바라는 이런 상황이 문제라는 거죠?

"그렇지."

한국 교육의 가장 큰 문제는 대학 입시제도

그렇다면 자기의 소질이나 적성에 맞는 진로를 찾아갈 수 있는 교육이 초중고등학교 안에서 이뤄져야 할 텐데.

"중학교까진 공통기본과정을 거의 획일적으로 배우더라도, 적어도 고등학교부터는 확실히 자신의 진로에 맞춰가는 과정이 되어야 하는데, 모든 학생과 학부모들이 입시에만 몰두하고 있는 게 문제죠. 이게 사교육 문제라든지 모든 것과 연결되어 있어요."

중고등학교 과정에서 특기적성교육이나 진로탐색교육을 통해 어느 정도는 그런 문제를 해결할 수도 있지 않을까요?

"어느 정도는 해소가 되고 있어요. 하지만 그렇게 해도 (입시제도 때문에) 결국은 대학이 주 포인트가 되고 말아요. 심지어 창원기계공고의 경우 특수목적고등학교인데, 거기도 70~80%가 대학에 진학하고 있어요. 그것도 공업계가 아닌 대학에⋯. 지금 그런 걸 타파하기 위해 여러 가지 노력하고 있지만, 큰 틀에서 보면 입시제도를 획기적으로 바꾸지 않으면 안 된다는 거죠."

구체적으로 입시제도를 어떻게 바꾸자는 건지 복안이 있요?

"참 복잡한데, 대학입시를 대학 자율에 맡겨야죠. 요즘 입학사정관제도 있지만, 결정적으로는 획일적인 수능 점수와 내신 성적에 맞춰서 지원을 하는 시스템이죠. 그래서 자율에 맡기면 대학 특성에 따라서 국어만 치는 대학도 있을 것이고, 영어만 보는 데도 있을 것이고, 면접만 보는 대학도 있어야 하죠."

대학평준화에 대해선 어떻게 보시나요?

"우리 사회가 고도화하면 자연스럽게 평준화가 될 수도 있겠지만, 인위적으로는 불가능해요."

국립대 통합네트워크 주장에 대해선 어떻게?

"그건 현실성이 없다고 봐요. 프랑스에서 해갖고 실패한 것이고, 가령 예를 들어 열댓 개 대학을 모두 서울대로 이름을 바꾼다고 해서 평준화가 될 것이라고 보는 건 순진한 생각이지."

저도 아들이 하나 있는데요. 저는 아들에게 서울로 가려면 서울대나 서울시립대를 가고, 그렇지 않으면 경상대나 창원대를 가라고 세뇌하고 있는데, 이런 교육관은 어떤가요?

"그건 아주 잘못된 생각이죠. (웃음) 왜 잘못됐냐면, 어느 대학이 문제가 아니라 자기가 가장 좋아하는, 가장 잘할 수 있는 학과를 찾으라고 해야지. 취직이 잘된다고 해서 그걸 택하는 게 아니라 좋아하는 분야를 택해야 한다고 말해야지."

현재 한국사회에서 공부를 잘 해가지고 성공할 수 있는 확률은 전국 1~2%가 되어야 하잖아요. 그래서 이렇게 말하는 거죠.

"진짜 공부를 잘하는 사람은 교수가 되어야지. 판검사는 공부하는 직업이 아니라 응용하는 직업이죠. 자기가 좋아하는 분야에서 일생을 보낼 수 있어야지. 그런 분야에서 세계적인 위인도 나올 수 있는 거고…."

큰 틀만 제시하고 세세한 부분은 자율에 맡긴다

교육청 현관에 '꿈을 키우는 학교'라는 슬로건이 걸려 있던데, 그게 각자의 적성을 찾아주는 교육과 관련이 있는 건가요?

"바로 그거죠. 그런데, 미성년자인 아이들은 자기 적성이 뭔지, 자기 소질이 뭔지 아직 모를 수 있기 때문에 그 꿈을 찾아주는 역할을 학교가 해야 한다는 거죠. '함께 하는 교육'이란 슬로건도 함께 내걸었는데, 이제 학교 안에서만 교육하는 게 아니라 모든 도민과 지역사회가 함께하는 교육이어야 한다는 겁니다. 두 슬로건은 내가 국제대 총장으로 있을 때 다시 교육감으로 돌아가면 내걸어야겠다 하고 생각해둔 겁니다. 그 이전에 13대 교육감 때에는 '신뢰받는 학교, 감동 주는 교육'이었죠."

꿈을 키우는 학교를 만들기 위해 구체적인 프로젝트는 어떤 게 있나요?

"경남에 960개의 학교가 있는데, 각 지역과 학교의 특성이 있기 때문에 교육청은 큰 방향만 제시하고, 구체적인 방안은 학교에서 자율과 책임에 따라 실행하도록 합니다."

책 읽는 학교, 노래하는 학교, 운동하는 학교도 구체적인 지침 같은 건 없는 겁니까?

"그것도 획일적인 교육청의 방침에 따라 학교가 움직이는 게 아니라, 학교의 특성에 따라 어떤 학교는 아침에 등교하면 1교시를 좀 늦게 하더라도 30분쯤 책을 읽는 시간을 갖기도 하고, 어떤 학교는 틈틈이 독후감 발표대회를 하는 곳도 있고, 그런 사례는 있지만 모든 학교가 똑 같은 방식으로 하라고 지시하진 않죠."

체벌 문제에 대해선 어떻게 생각하시나요?

"체벌을 해서 안 되다는 게 기본 입장이죠. 그러나 그걸 규정화하여 굳이 체벌 금지를 외칠 필요도 없다는 게 내 생각입니다. 교사도 전문직인데, 전문직으로서 자부심을 갖고 알아서 하도록 해야죠."

일반 시민들에겐 관심 없을지 모르지만, 교원 업무 경감 문제에 대해 교사들이 아우성인데, 대책을 갖고 계시나요?

"교사들이 체감할 수 있는 업무 경감을 하려면 초중고 교사의 시스템을 대학교수처럼 바꾸어야 합니다. 그렇게 바꾸지 않는 한 거의 불가능합니다. 또한 국가의 시스템이나 예산의 한계가 있기 때문에 교육청이 할 수 있는 게 거의 없습니다. 예를 들어 학교 폭력 문제가 생기면 그것과 관련한 업무가 엄청나게 많이 생깁니다. 그러나 특별한 대책이 없습니다. 다만 그나마 공문서 감축이라든지 이런 것은 노력하고 있습니다."

비정규직 문제가 사회적 문제가 되고 있는데, 학교 비정규직도 많지 않습니까?

"많지요. 그러나 이건 국가 예산이 수반되는 문제이기 때문에 비정규직을 정규직으로 전환한다는 것은 교육감이 할 수 있는 일이 아닙니다. 교육감이 그 말을 하는 것은 거짓말이거나 월권행위죠."

아까 입시제도를 획기적으로 바꿔야 한다고도 하셨는데, 교육부 장관이 되면 가능하지 않나요?

"대통령이 장관을 신뢰하여 밀어주고 관련 위원회를 만들어 충분히 의논하면 가능하다고 보죠."

교육감 이후, 더 이상 큰 욕심은 없다

청소년기에 이미 정치에 관심이 많으셨다는데, 추후 교육부 장관이라든지 또 다른 선출직에 대한 생각은?

"나이도 있고 능력도 비천한데, 교육감 마치면 이제 고향에 가서 편하게 살아야지. 임기 마치면 경남도민일보에 글도 한 번씩 쓰고 그래야죠.(웃음)"

항간에는 끊임없이 도지사 출마설도 나오고 있는데.

"허허. 오늘 김 국장이 왔으니 이번 기회에 확실히 밝힙니다. 어떤 경우에도 교육감 임기에 충실하겠습니다. 지사님도 떠나셨는데, 교육감까지 그래서는 안 되는 것이고, 내가 그런 능력도 안 되고, 교육에 올인해서 아이들 잘 키우는 데 모든 힘을 바칠 겁니다."

그는 인터뷰에서 차기 교육감 선거 출마 의향을 묻는 질문에 "현재로서는 나도 잘 모르겠다"며 여지를 두면서도 재출마를 않는 쪽에 무게를 두는 듯했다. 하지만 2014년 현재 시점에서는 출마하는 쪽으로 뜻을 굳힌 것으로 알려졌다.

인터뷰 느낌은 의외로 쿨하고 솔직한 인물이었다. 예민한 사안에도 정치적 수사로 얼버무리거나 피하지 않았다. 보수적으로 알려져 있지만 현실주의자에 가까워 보였다. 우리 교육의 가장 큰 문제점으로 대학 입시제도를 꼽는데도 주저함이 없었다. 그 해결방안으로 학생 선발을 대학 자율에 맡긴다는 건 논란의 여지가 있겠지만, 현실적인 방안을 놓고 더 토론해보면 이야기가 통하겠다는 생각도 들었다.

20여 년 지방자치의 산 증인

김오영 경남도의회 의장

그는 활달한 사람이다. 말투에는 자신감이 넘친다. 술을 좋아하고 사람을 좋아하고 이야기하는 걸 즐긴다. 점잔 빼는 스타일과는 거리가 멀다. 한정식이나 일식집보단 마산 통술집을 더 좋아한다. 맥주잔에 얼음을 채워 소주를 붓고 홍초를 약간 섞은 '홍초소주'를 직접 제조해 마신다.

경남도의회 김오영(1954년생·새누리당) 의장 이야기다. 도의회 의장은 도지사와 함께 경남을 대표하는 위상을 갖는다. 각종 의전에서도 동급의 예우를 받는다. 5급 비서실장과 6급 수행비서, 운전기사가 배속되고, 3000cc급 관용차가 제공되며 월 420만 원(연 5040만 원)의 업무추진비를 받는다. 그가 어떤 사람인지 자세히 알아봐야 할 이유다.

20여 년 풀뿌리 현장 지킨 마산 토박이

그는 1991년 부활된 지방의회 의원 선거에서 마산시의원으로 당선된 후 20여 년간 지방정치인의 길을 걸어왔다. 1995년 재선, 1998년 3선 시의원과 부의장을 거쳐 2002년 김호일 국회의원의 의원직 박탈로 치러진 8·8국회의원 재선거에 도전했으나 한나라당 공천을 받지 못했다.

이후 4년의 절치부심 끝에 2006년 지방선거에서 마산시장 후보로 공천 신청을 했으나, 다시 도의원 후보로 급선회, 마산 2선거구 한나라당 도의원으로 당선됐다.

이어 2010년 지방선거에서 도의원으로 재선, 전반기 도의회에서 새누리당 의원대표로 활약했으며 이번에 후반기 의장으로 당선됐다.

이처럼 20년이 넘는 세월을 지방정치 현장에서 살아온 그였지만, 그의 인생 출발점은 엉뚱하게도 정치와 전혀 무관한 레슬링 선수였다. 따라서 이 인터뷰는 '경남도의회 의장이 된 레슬링 선수'의 이야기다.

그는 1954년 9월 20일(음 8월 12일) 창원시 마산합포구 덕동동에서 5남 1녀의 막내로 태어났다. 큰형과는 열일곱 살 터울이다. 4대 위 선조 때부터 거제 칠천도에서 덕동으로 옮겨와 살아왔으니 마산 토박이라 할 만하다.

그가 레슬링을 시작한 건 창신공고(현 창신고)에 입학하면서부터였다. 그때 막 창신공고 레슬링부가 창단하면서 자연스레 합류하게 된 것. 선수생활은 대학(인천전문대, 1975년 졸업)을 거쳐 군 생활까지 이어졌다. 대학은 특기생으로 다녔고, 군에서는 전국체전 경기도 대표로 뛰었다.

제대 후에는 삼진중학교에서 레슬링 코치 생활을 시작했다. 서중학교와 창원남고, 경상고 등에서도 학생을 가르쳤고, 1985년에는 신설된 경남체육고등학교가 개교하면서 초대 레슬링 코치로 가게 됐다.

"당시 운동부 지도자들은 체고에서 코치 생활하는 게 로망이었지요. 하지만 당시 코치 월급이라는 게 형편없었어요. 거기서 근무한 지 2년이 채 안 돼 결혼을 하게 됐는데, 결혼 직전에 보니 재산이 딱 80만 원이더군요. 축의금으로 겨우 전세방을 얻었는데, 가족이 생겼으니 돈을 벌어야겠다는 생각을 하게 됐죠."

결혼을 1986년에 하신 건가요? 만으로 서른두 살 때?
"그렇죠. 우리 아이가 88년생이니까."

부인(김양자·1956년생)과는 어떻게 만난 건가요?
"지인의 소개로 만나 6개월 정도 사귀었나?"

그때 부인이 뭘 하고 있었나요?
"시내에서 홈패션 박스 매장을 하고 있었죠. 삼천포 출신인데 언니가 창원에 살고 있어서 언니 도움으로 가게를 하게 됐죠. 결혼 후에도 1년 정도 매장 운영을 하다 아이를 가지게 되면서 그만뒀죠."

자녀는 한 명이죠?
"결혼할 때 약속이 하나만 낳는 거였어요. 그런데 첫 아이를 낳고 5년쯤 지나니까

혼자 외롭게 크는 아이에게 죄를 짓는 것 같아 둘째를 가졌는데, 출산 과정에서 아이를 잃었지요. 그때부터 집사람이 허리가 아프기 시작했어요."

그 후유증으로?

"그렇죠. 그 때문에 충격도 컸고…. 그때만 해도 내가 운동을 하고 있었고, 허리나 무릎 질환에 대해 좀 아는 편이었는데, 당시 의료 수준에선 허리에 칼을 대고 완치를 못시키면 평생을 드러누워 있어야 했어요. 그래서 칼을 대지 않고 고쳐보려고 경기도 수원까지 3개월을 왔다 갔다 하면서 치료도 받아봤고, 하여튼 잘한다고 하는 곳에는 다 가봤죠. 허리에서 다리로 내려오는 통증이 얼마나 아프냐면 도루코 칼로 허벅지를 찢는 것 같아요. 결국 삼성병원에서 수술을 했는데도 완치가 안 돼요. 지금도 그래서 우리 집사람을 자세히 보면 약간 다리를 절죠."

아드님은?

"인제대 컴퓨터공학과 졸업반이에요."

군대는 다녀왔고요?

"갔다 왔죠. 그런데 고3 때 가슴이 아프다고 해서 마산의료원에 갔더니 '기흉'이란 병이었어요. 치료를 하긴 했는데 재발 확률이 50%라더군요. 역시 재발을 하더군요. 그 때문에 공익근무로 병역을 마쳤죠."

경남체고 코치를 하다가 돈을 벌어야겠다는 생각으로 그만둔 후 의류판매업을 시작했다는데, 그러면 경남대 행정학과는 언제 나온 건가요?

"1996년인가? 마산시의원에 재선되고 난 뒤에 편입한 거죠. 3학년에 편입해서 4학년까지 마치고, 대학원 석사과정 2년까지 마치니 2000년이었어요."

행정학을 선택한 이유는?

"시의원을 하고 있을 때였으니까 당연히 행정을 알아야 했죠."

이번(2013년 11월 7일)에 경남대 석좌교수로 임명되었는데, 그것도 그러면 행정학과이겠군요.

"그렇죠. 하지만 상시적인 강의가 있는 건 아니고 가끔 필요할 때 특강하는 정도죠."

지방의원이 종합대학교 석좌교수를 맡는 사례가 별로 없는 것 같은데.

"지방의회가 부활된 1991년부터 한 번 공백을 빼고 20여 년 동안 지방의원으로 활동해온 걸 높이 사준 것 같아요."

그는 경남체고 코치를 그만둔 후 아는 선배가 운영하는 의류점에서 영업을 맡았다. 적성에 맞았는지 매출이 쑥쑥 올랐고, 2~3년 뒤에는 여성 의류 대리점을 낼 정도가 됐다.

"당시 논노라는 여성복 메이커가 있었는데, 그 대리점을 했죠. 장사가 잘되어서 돈을 좀 벌었어요. 나중엔 창동 코아제과에서 삼성생명 사이에 빌딩을 하나 통째로 얻어 1층은 의류점, 2층은 아내가 하는 홈패션, 3층은 수입가구 전문점을 했어요."

그걸로 꽤 재미를 봤다던데 돈을 얼마나 벌었는지 살짝 공개할 수 있나요?
"제가 1991년 첫 시의원 출마를 할 때 당시 돈으로 10억 원 정도 되더군요."

백찬기 의원 권유로 마산시의회 입성

한창 돈 버는 재미에 빠져 있을 무렵 지방의회가 부활됐다. 1991년이었다. 마산 덕동에 살고 있던 형이 당시 백찬기 국회의원을 돕고 있었는데, 백 의원이 형의 출마를 권유했고, 형은 막내를 추천했다.

"당시 형님이 꼬막 양식을 하다 완전히 실패한 상태였어요. 그래서 저에게 기회가 온 거죠. 당시 내 37년 생애에서 가장 높은 사람의 전화를 받았죠. 당사에 한 번 오라고 하데요. 처음으로 정당 사무실에 가봤습니다. 백 의원이 마산시의원에 출마해봐라 하더군요. 그 얘길 듣고 고향 친구들 20여 명을 불러 모았습니다. 현동초등학교 동기들이었죠. 어떻게 하면 좋겠냐. 해보자. 그 길로 용달하는 놈은 한 달 보름 동안 용달 세우고, 택시 하는 놈은 택시 세우고 선거운동을 시작했습니다. 당시 현동에서 오랜 지역유지였던 분들이 경쟁 후보로 나왔는데, 서른일곱 살짜리 시의원이 된 겁니다. 그때 당선자의 평균 연령이 56.7세인가 됐는데, 그 중에 제가 최연소 의원이 된 거죠."

그때 도와줬던 친구들과는 지금도 잘 지냅니까?
"잘 지내죠. 대개 시의원 거쳐 도의원이 되고 하면 그런 그룹이 바뀌는데, 저는 그때의 친구들과 여전히 끈끈한 정이 이어지고 있죠."

그렇게 해서 입문한 지방정치였다. 마산시의원 시절 가장 기억에 남는 것은 마산 최초로 맹인들을 위한 점자블록을 도입한 것, 그리고 푸른색으로 통일되어 있던 청소 차량의 색상과 디자인을 전국 최초로 바꾼 일이다.

"일본에서 점자블록을 보고 와서 제가 처음으로 제안을 했죠. 옛 마산시청 건너 소방서 앞에 제일 먼저 점자블록을 깔았고, 그게 이제는 시내 전역으로 일반화했죠. 두 번째는 청소차량 디자인인데, 당시만 해도 조달청에서 나오는 청소차량은 전부 진한 녹색이었어요. 새마을운동을 상징하는 색이었다는데, 청소차일수록 더 깔끔한 색상과 디자인이 필요하다는 생각을 했죠. 그래서 경남대에 차량 디자인 용역을 줘서 팽이갈매기를 그려 넣고 색깔도 빨강 파랑으로 패션화를 했어요. 지금 생각하면 획기적인 발상 전환이었죠."

3선 시의원 거쳐 재선 도의원으로

2002년 6·13지방선거와 김호일 국회의원의 당선 무효로 비롯된 8·8재보궐선거를 앞두고 그는 새로운 도전에 나섰으나 공천 탈락이라는 쓴잔을 마시게 된다.

"그때 기여이 고 유력한 국회의원의 권유가 있었어요. 에이~ 그냥 밝히죠. 당시 강삼재 사무총장이 '너 국회의원 생각 없느냐'고 물었어요. 여당 사무총장이 그러는데 당연히 공천 받을 줄 알았죠. 그런데 강 총장이 좀 있다가 총장직에서 물러나버린 겁니다. 그 직후 재선거가 치러졌는데 김정부 씨가 공천을 받았죠."

4년 동안 백수로 있으면서 절치부심하다 2006년 지방선거 때는 마산시장 후보에 도전했다가 급히 도의원 후보로 방향을 틀어 당선됐다.

"당시 황철곤 시장 시절이었는데, 현 시장은 공천이 어렵다는 소문이 많았죠. 그래서 마산시장에 공천 신청을 했는데 황 시장이 다시 공천을 받게 된 거죠. 포기 상태였는데 당에서 제의가 온 겁니다. 도의원으로 바꿔 출마할 의향이 없느냐는 거죠. 당시 지역에 열 몇 명이 도의원 공천 신청을 했는데, 도당 공천심사위원회에서 적격자가 없다며 재공모를 했고, 급히 공천 서류를 바꿔 제출하는 해프닝 끝에 도의원을 하게 된 거죠."

1991년부터 지방정치 일선에서 쭉 살아오셨는데, 만일 이 길로 들어서지 않았다면 더 많은 돈을 벌지 않았을까요? 그런 후회나 아쉬움은 없나요?
"돈을 엄청 벌었을 수도 있고, 벌다가 잘못해서 왕창 까먹을 수도 있었겠죠.(웃음) 후회는 없습니다."

지금까지 지방정치인으로서 삶을 자평해본다면?
"우선 제 성격 탓이기도 하지만, 거짓말을 하지 않았고, 단 한 번도 부정(不正)에 다

가서본 적이 없다는 것, 그리고 시대의 변화에 나름대로 잘 맞춰 왔다는 것 정도? 내가 부족하다 싶으면 공무원에게 술을 사주면서까지 그가 가진 지식을 내 걸로 만들려고 했으니까…"

부정에 다가서본 적이 없다고 하셨는데, 하다못해 저희 기자라는 직업도 이런 저런 유혹을 많이 받는데, 시의원이나 도의원은 그런 유혹이 훨씬 많을 것 같습니다. 직접 관련된 이권도 많을 테고…. 그런 유혹은 어떻게 대처하나요?
"당연하죠. 예를 들어 20~30가구쯤 되는 작은 다세대주택 허가의 경우, 보는 시각이나 해석에 따라 해줄 수도 있고 불허할 수도 있는데, 그런 민원을 시의원, 도의원에게 가져오는 거죠. 그런 민원인과 통술집에서 술도 한 잔 하고 했죠. 그러다보니 이게 소문이 나더라고요. 그래서 그때부턴 민원인과 술을 마셔도 제가 술값을 냈어요."

돈을 주려는 사람은 없었나요?
"당연히 그런 사람도 있었죠. 한 번은 어느 중견기업의 민원에 도움을 줬는데, 마산중부경찰서 맞은편 고깃집에서 점심을 먹었어요. 그런데 식탁 아래로 돈 봉투를 발로 미는 거예요. 가져가라고.(웃음) 그래서 제가 웃으며 딱 잘랐죠. '다음에 내가 당신에게 부탁할 일도 있을 텐데, 그때 도와주시라' 하면서…"

그런 인사치레로 주는 돈 말고, 이권에 개입하여 일을 봐주고 수천만 원, 수억 원씩 받는 그런 유혹은 없었나요?
"지방의원에게 그 정도는 없어요. 적어도 저에게는. 대개 이런 자잘한 민원이 많죠."

단체장이 되면 그런 큰 비리 유혹이 많겠네요.
"그렇겠죠. 단체장이 대규모 개발 사업에 어떤 잣대로 대응하느냐에 따라 수백억 원이 왔다 갔다 할 수도 있고…. 가끔 그런 비리가 사법적 단죄를 받기도 하지만, 밝혀지지 않은 것도 많겠죠."

그래서 단체장에게 가장 중요한 덕목이 청렴성과 도덕성인데, 의장님도 창원시장 선거에 출마할 예정이잖아요? 청렴성에 대해 어떤 철학과 기준을 갖고 있나요?

"거기에 대해선 많은 철학이 필요한 게 아니라 한 가지 철학만 있으면 된다고 봐요. 이권과 관계되는 사람, 예를 들어 건설업자라든지, 그런 사람에겐 선거과정에서나 그 이전에도 절대 도움을 받지 않는다는 것이죠. 예를 들어 제가 도의회 의장이 되고 나서도 그런 원칙을 확실히 지켰어요. 도의회에도 130억 원의 예산 중 사업성 예산이 좀 있거든요? 인쇄물이라든지…. 비서실에 그런 업자들은 아예 의장실에 들이지 말라고 했죠. 그러나 불가피하게 만나야 할 경우에는 실장이 반드시 배석하도록 했어요. 지금도 그건 확실히 지킵니다. 왜? 그 사람이 나와 단 둘이 만나서 안 준 돈을 줬다고 하거나, 안 한 말을 했다고 하면 어떻게 할 겁니까? 법은 줬다는 사람의 말을 더 믿어주니까요."

경남도의회 의장으로서 2년 가까이 재임해왔는데 이전의 다른 의장들과 달리 한 일이 있나요?

"제 입으로 이야기하긴 좀 그런데…. 우선 관행이나 관례에 따라 해온 것들을 많이 뜯어고쳤죠. 예를 들어 연말이 되면 의장이 우수 의원을 뽑아 주는 상이 있었어요. 그 상을 받는 의원들은 아주 크게 생각하죠. 선거에 활용할 수도 있고…. 그런데 우수 의원을 선정하는 기준이 없는 거예요. 그래서 아예 폐지해버렸죠. 또한 매년 입법 활동을 홍보하기 위한 책자 두 권을 만들었는데, 한 권으로 통합해버리니 7000만~8000만 원이 절감되는 거예요. 전국 시도의회 의장협의회 분담금 5200만 원도 아예 내지 않고 있죠. 제가 의장을 맡고 난 뒤 해외연수를 한 번도 안 갔습니다. 나에게 할당된 연수 예산 250만 원은 다른 의원이 미국에서 열리는 노인 학대 관련 세미나에 간다고 해서 거기에 보태줬죠. 그리고 연말에 회기 연도를 마치고 폐회하면 도의회 1층 로비에 뷔페를 불러 폐회연을 합니다. 도지사도 부르고 간부들도 부르고 하는 건데, 그거 의장이 폼 잡는 것 말고는 아무 의미가 없어요. 그래서 그것도 폐지해버렸죠."

의장을 맡아 여러 가지 외부활동도 하셨잖아요. 예를 들어 민주주의 전당 마산건립추진위원회 공동추진위원장도 하셨고, 최충경 창원상의 회장과 함께 경남은행 인수추진위원회 위원장도 했고, 마창대교 재구조화도 총대를 메셨는데 그런 활동에 대해 자평한다면?

"그보다 가장 보람 있었던 것은 창원해양경찰서 유치입니다. 결과물을 만들어냈으니까요."

그것도 유치위원회가 있었나요?

"없었죠. 그냥 저 혼자 발버둥을 친 거죠.(웃음) 통합 창원시 되고 나서 중앙기관 유치는 그것뿐이잖아요."

민주주의 전당도 사실 기관이라기보다는….

"그렇죠. 그건 그야말로 '의미'가 있는 거죠."

마창대교 재구조화도 위원회가 있었던 건 아니죠?

"예산 150억 가까이 삭감해버렸죠."

홍준표 도지사와 어떤 교감이 있었던 건가요?

"전혀 없었어요. 처음엔 상임위에서 예산을 그대로 통과시키더라고. 그래서 예결위원들을 설득했어요. 마창대교 쪽에서 절대 소송 못할 거다. 소송하면 내가 직접 증인으로 나가겠다고. 재판에 나가 이게 얼마나 부당한지, 얼마나 과도한 이익을 챙기고 있는지 샅샅이 밝혀주겠다고. 그래서 삭감하게 된 거죠."

그래도 맥쿼리는 세계적인 회사인데. 그 과정에서 로비가 들어오진 않았나요?

"당연히 있었죠. 만나자고 하는데 서너 번 거절했죠. 나에게 입 다물라는 요청이라면 만나지 않겠다. 해결책을 가져오면 만나겠다고 했죠."

그는 경남은행 지역 환원이 무산된 데 대해 크게 아쉬움을 토로했다. 그 과정에서 서명운동과 경남은행 직원들의 편지쓰기 운동에 대해 이야기하던 중 롯데크리스탈호텔을 롯데로부터 무상으로 기증받은 이야기가 나왔다. 사실은 그게 자신의 아이디어에서 비롯되었다는 것이었다.

롯데크리스탈호텔도 편지쓰기 운동에서 시작됐다는 말인가요?

"처음엔 롯데가 거기에 아파트를 지으려고 했죠. 그런데 거기 지형이 아파트에 적합

하지 않아요. 그래서 다음엔 물류창고를 하려 했으나 그것도 여의치 않아 사실 저 땅을 롯데는 포기하고 있었죠. 그걸 제가 알게 되었죠. 당시 마산시 공무원노조와 정례적으로 술자리를 해왔는데, 거기서 제가 제안을 했죠. 신격호 롯데 회장에게 공무원들이 편지를 쓰자는 거였죠. 그런데 그게 실천이 안 되었어요. 그래서 제가 이주영 의원에게 제안을 했어요. 그걸 계기로 이주영 의원이 롯데 쪽 임원과 접촉해서 성사시킨 거죠. 결과적으로 열매는 당시 김태호 도지사가 따먹었지만…."

그게 무슨 말인가요?

"정리하자면, 아이디어는 내가 냈고, 이주영 의원이 씨앗을 심고 키웠고, 열매는 김태호 지사가 따먹었다는 말이죠. 처음엔 롯데가 감정가 또는 장부가액, 그리고 공시지가 중에서 가장 낮은 가격으로 팔겠다고 했어요. 그런데 이주영 의원이 한 번 물고 나면 놓지 않는 끈질긴 기질이 있어요. 그렇게 끊임없이 노력해서 거의 성사단계였는데, 마침 청와대 모임에서 김태호 지사가 신격호 회장을 만날 기회가 있었던 거죠. 거기서 전격적으로 합의가 되는 바람에 열매를 김 지사가 따먹게 되었다는 겁니다."

20여 년간 지방정치 일선에 계셨는데, 정치가 재미있나요?

"재미있는 것도 있고, 힘든 것도 있죠."

힘든 건 뭔가요?

"정당을 비롯한 정치권이 평소에는 원칙을 갖고 가는 것처럼 보이지만, 공천과 같은 결정적인 시기가 오면 그 원칙이 완전히 무너지는 경우가 종종 있어요. 최소한의 과학적인 기준과 원칙이 작동해야 하는데 그게…. 그리고 기초선거 정당공천 폐지와 같은 공약을 해놓고 사실상 번복하는 수순으로 가고 있잖아요. 물론 공약을 못 지킬 수도 있죠. 그러나 최소한 이러이러한 이유로 이 공약을 지킬 수 없음을 양해 바란다는 말은 해야죠. 국민의 이해를 구해야 한다는 거죠. 헌법적 가치에 문제가 있다고요? 그러면 그걸 모르고 공약했습니까?"

한나라당, 아니 지금 새누리당이 체질에는 맞나요?

"91년부터 정당 활동을 해왔는데, 개인적으로 잘 맞습니다. 남북관계도 그렇고 안정이 가장 중요하다고 보니까."

그 밖에 또 힘든 건?

"그동안 내가 도움을 주고 점을 졌던 동류 정치인이 어느 순간 자신의 유·불리에 따라 등을 돌리는 사람도 종종 있죠. 그럴 때 배신감을 느끼죠."

정치가 재미있는 것도 있죠?

"그렇죠. 문제를 해결하고 갈등을 봉합하고, 이해관계를 중재·조정하는 게 정치의 역할이잖아요. 창원시의 최대 과제도 마산·창원·진해의 정서적 통합이라고 생각합니다. 통합의 철학은 저비용 고효율, 그리고 균형발전인데 이 세 가지가 실현되기 위해선 3개 시민의 정서적 통합이 가장 큰 과제입니다. 심지어 시의원 간, 공무원 간에도 정서적 통합이 안 되고 있어요. 그걸 해결해나가는 게 단체장의 몫이죠. 리더십에 따라 요원할 수도 있고 빨리 이뤄질 수도 있습니다. 그 역할을 제대로 해보고 싶은 거죠. 그런 걸 하나하나 이뤄나가는 게 재미있죠."

그 외에 즐기는 건 없나요? 혹시 골프는 치시나요?

"내 인생에서 골프 한 번도 안 쳐봤습니다."

치는 방법도 모르나요?

"모릅니다."

의외인데요? 왜 안 배웠나요?

"내 성격에 안 맞으니까. 시간도 많이 들고 돈도 많이 드니까. 어찌 보면 내 삶에 그런 여유가 없었죠."

보통 시의원 정도 되면 골프는 기본적으로 하지 않나요? 의원은 골프 접대 받을 일도 있을 텐데.

"저는 그런 접대 안 받아봐서 모르겠습니다."

저도 골프는 못 치는데, 사실 기자들도 골프 치는 사람 많거든요. 창원시장이 되어도 골프 안 하실 건가요?

"안 할 겁니다. 선출직이 폼 잡는 시대는 지났다고 생각해요."

시장이 되면 골프 접대를 해야 할 일도 있을 거잖아요.

"다른 방식으로 하면 되지 뭐. 골프 칠 시간이 있으면 차라리 그 시간에 저 혼자 산에 갈 겁니다."

마산시와 창원시, 그리고 통합 창원시의 경우 1995년 민선 자치단체장 시대가 열린 이후에도 모두 공무원 출신이 시장을 맡아왔다. 창원시의 공민배, 배한성, 박완수 시장이 그랬고, 마산시의 김인규, 황철곤 시장도 공무원 출신이었다.

2014년 지방선거에는 공무원 출신 말고도 지방정치에서 잔뼈가 굵은 후보들이 제법 눈에 띈다. 김오영 의장도 그들 중 한 명이다. 관료의 시각에서 벗어난 새로운 지방 정치는 어떨지 기대되는 시점이다.

흥겨운 카리스마 "일하고 사람 만나는 게 즐겁다"

박영빈 전 경남은행장

그는 밝고 에너지가 넘치는 사람이다. 목소리에 흥이 넘친다. 근엄하다거나 점잔 빼는 스타일과는 거리가 멀다. 또한 그는 노래 부르기를 즐긴다. 예전에 그와 저녁을 먹은 후 들렀던 한 카페에서 아도니스의 〈정〉과 쟈니리의 〈사노라면〉을 정말 맛깔나게 부르는 모습을 본 적이 있다. 그의 노래를 들은 동석자들은 전의(?)를 상실했다.

2011년 12월 마산실내체육관에서 열린 '깡은 기쁨 한마음 내축제'에서도 모자를 쓰고 선글라스와 페이스 페인팅으로 분장한 채 무대에 깜짝 출연, 노브레인의 〈넌 내게 반했어〉와 버스커 버스커의 〈서울사람들〉을 열창해 직원과 가족들을 놀라게 했다. 경남은행 박영빈 전 은행장 이야기다.

박영빈(1954년생) 전 은행장은 2010년 12월 31일 직무대행으로 시작하여 2011년 3월 23일부터 경남은행을 이끌었고, 2014년 1월 10일 경남은행 지역 환원이 무산된 책임을 지고 깨끗하게 물러났다.

노래를 부르고 있는 박영빈 전 경남은행장.

취임 당시 전임 은행장 시절에 발생한 4000억 원대 지급보증 금융사고의 여파가 가시지 않은 상황에서 구원투수 격으로 등판한 그의 활약은 눈부셨다. 지역 밀착, 고객 밀착을 위해 감동 다큐영화 〈울지마 톤즈〉를 무료상영해 경남과 울산에서 5000명 이상이 관람했고, 연극 〈용띠 위에 개띠〉, 오페라 〈투란도트〉 공연, 경남메세나협의회 등을 통한 사회공헌, 고교 졸업생 채용 등을 통해 친밀감을 높였다. 취임 후 6개월 만에 경남은행 사상 최초 총 수신액 20조 원 돌파라는 기록을 남겼다. 취임 1년간 여·수신이 앞서 몇 년 치보다 많은 3조 원 이상 증가했다. 취임 직전 24조 원에 불과

하던 경남은행 총자산은 36조 원을 넘어섰다. 총 대출은 53.5% 성장률을 기록해 국내 은행 중 우수한 성장세를 보였다. 2011년 초 2.80%로 금융권 최하위였던 고정이하 여신비율도 0.93%로 개선해 우량은행으로 키웠다.

비결이 뭘까? 대체 그는 어떤 사람일까?

고교 시절 나는 '날라리'였다

얼마 전 카페에서 아도니스의 〈정〉과 쟈니리의 〈사노라면〉을 부르는 걸 봤습니다. 완전 가수던데요? 애창곡은 뭡니까?
"애창곡은 없어요. 그냥 생각나는 대로 부릅니다. 딱히 애창곡이라고 할 만한 건 없어요."

그만큼 아는 노래가 많다는 겁니까?
"노래는 좀 많이 알죠. 요새는 일한다고 바빠서 제목은 다 까먹었지만 노래책 보면 웬만한 건 다 부를 수 있죠."

소싯적에 음악 활동을 했나요?
"어릴 때부터 노래를 좋아했어요. 음악색이 있다는 이야기도 좀 들었죠. 고등학교 때 밴드, 그룹사운드를 좀 했죠."

경남고등학교면 인문계인데, 거기도 그룹사운드가 있었나요?
"공부 안 하는 날라리들이었지 뭐."(웃음)

공부 안 하는 날라리가 어떻게 연세대 법대까지 갔죠?
"그때만 해도 경남고가 좀 좋은 학교였나 봐요. 웬만하면 연·고대는 갔으니까."(웃음)

태어나신 곳은 부산 어딥니까?

"태어나기로는 중구 영주동서 났는데, 아버지도 은행원이고 어머니도 은행원이라서 살기가 좀 괜찮았나 봐요. 부산의 부촌이라는 대신동에서도 살았고, 부용동에서 살았어요. 아버지 어머니, 외할아버지도 은행원이고 나도 은행원이고, 딸도 은행원이니 4대가 은행원인 셈이죠."

4대(代)가 은행원인 금융 명문가 출신

아버지는 돌아가셨고요?

"아버지는 돌아가셨고, 어머니는 계시고…, 외할아버지도 돌아가셨죠. 외할아버지는 옛날에 서울신탁은행 전무를 하시다가, 성업공사, 요새 같으면 자산관리공사 사장하시다가 대한투자신탁이라는 회사를 처음 만드신 분이었죠."

금융 명문가네요?

"명문가는 아니고 뭐, 어쨌든 거기서 쭉 내려왔죠."

그런데 어떻게 처음부터 상대 쪽으로 안 가시고 법대로 가셨나요?

"원래 상대를 가려 했는데 점수가 1~2점 모자라서…. 어! 이런 건 쓰면 안 되는데…." (웃음)

법대에서 고시 공부는 안했나요?

"고시공부 했었죠. 그런데 원래 공부하는 체질이 아니라 노는 것을 좋아했어요. 그런데 2학년이 되어 남들이 고시공부를 하기에 나도 마음먹고 시작했죠. 그때부터 도서관에서 밤 12시까지 공부하고 연희동 집까지 걸어왔는데, 하루는 집에서 난리가 났더라고요. 졸지에 입대 영장이 나왔던 거죠. 한 달 만에 군대를 갔어요."

어디서 근무하셨나요?

"성남에 있는 육군 항공단에서 근무했죠. 당시 교련으로 복무기간 단축 혜택을 받는데, 도끼만행 사건이 나서 2개월을 더 복무했어요. (이때부터 정색을 하며) 군대에 가보니 중졸, 고졸 친구들이 많았는데 같이 생활해보니 나보다 훨씬 똑똑하더라고…. 그 친구들도 집이 여유가 있어 공부를 했더라면 나보다 훨씬 잘하겠다 이런 생각이 들었어요. 상당히 충격을 받았죠. 내가 세상을 모르고 살았던 거지. 좋은 부모 만나 가지고 좋은 학교 다니니까 내가 똑똑한 줄 알았던 거죠. 그때부터 스스로에게 도전해야겠다는 생각을 했어요. 제대한 뒤, 사법고시는 늦었다고 보고 행정고시 공부를 시작했어요. 그해 6월부터 서너 달 동안 죽자 사자 공부를 했죠. 9월 말에 시험을 봤는데 행시 1차에 합격했죠. 뿌듯하기도 하고 좀 우쭐하기도 했어요. 하지만 행정관료를 하겠다는 생각은 없었어요. 나 자신에 대한 테스트였던 거죠. 그때 행시 1차 동기였던 사람이 박완수 창원시장이에요."

아! 박완수 시장과? 박 시장도 아시나요?

"알고 계시죠.(웃음) 박 시장이 나이도, 나보다 딱 하루 먼저 태어났더라고요. 그래서 영원한 형님으로….."(웃음)

삼성그룹 합격했지만 안 간 까닭

그래서 한국개발금융에 입사했군요. 금융 명문가인데 왜 은행에 취직하지 않고?

"사실 어릴 땐 은행이 굉장히 좋은 줄 알았는데, 그 당시엔 은행이 별로 안 좋은 직장 취급을 받았어요. 그래서 삼성하고 몇 군데 취직 시험을 쳤죠. 내가 대학 다닐 때 공부는 안 했는데, 성적은 아주 좋아요. 시험 칠 때 바짝 공부를 해가지고…."

한마디로 공부하는 요령을 알았던 거로군요.

"하하, 공부하는 요령만 아는 거죠. 시험 치고 나면 다음날 다 잊어먹어.(웃음) 그래서 졸업 성적은 반에서 아마 1등을 했을 거예요. 공부 억수로 잘하는 것 같은데 정작 실력은 없어.(웃음) 어쨌든 삼성에도 합격을 했어요. 그런데 삼성물산으로 가고 싶었는데, 내가 법대 나왔다고 당시 동방생명, 지금의 삼성생명으로 발령을 냈어요. 그래서 안 갔어요. 그러고 나서 한국개발금융(KDFC)에 갔는데, 외국계 회사였죠. 당시 삼성이 월급 7만 원 줄 때 KDFC는 30만 원 줬어요. 그래서 들어갔더니 완전 미국식으로 오전 9시 출근에 오후 5시 퇴근, 출퇴근도 택시로 시켜주고 억수로 좋았어요. 그런데 그게 나중에 장기신용은행으로 바뀌었어요. 은행에는 안 가려 했는데 은행으로 바뀌니까, 그럴 바에야 이왕이면 좋은 은행으로 가자 싶어 나중에 한미은행이 생기면서 그리로 옮겼죠."

한국개발금융에 몇 년이나 계셨나요?

"3년 있었죠. 한국개발금융-장기신용은행 있을 때 재미있는 게 있어요. 내 위에 결재라인이 있었는데, 그때 함께 있었던 네 명이 모두 은행장이 되었어요. 내가 제일 졸병이었고, 그 위에 과장, 그 위에 부장, 상무가 있었는데, 내가 경남은행장 됐고, 내 위 과장이 강신철 전 경남은행장, 그 위 부장이 공종현 장기신용은행장, 그 위 윤병철 상무가 하나은행장 하고 우리금융그룹 회장도 하고…. 정말 이런 경우는 드물죠."

그때 인맥이 이후에 도움된 게 있습니까?

"인맥 자체가 도움이 되었다기보다 제가 정말 좋은 라인에서 일을 배웠죠. 강신철 과장님은 굉장히 로지컬(논리적)하시고, 공종현 부장님도 대단한 분이었어요. 스케일도 크시고…, 그 위의 윤병철 상무는 잘 알다시피 대한민국 금융의 태두시죠. 그런 분들 아래서 졸병 시절 기본 바탕을 배운 게 나중에 도움이 많이 됐죠."

가족은 어디 계십니까?

"아내하고 딸 둘인데, 아내는 (서울에서) 왔다 갔다 하는데 오늘도 내려와 있어요. 큰 딸은 한양대 건축과 졸업하고 지금 영국에서 파인아트 하고 있고요, 둘째는 이대 졸업하고 서울에서 스탠다드차타드은행에서 근무하고 있어요. 둘 다 영어를 잘해요.

토익 만점이 우리 집에만 둘이 있죠."(웃음)

문화예술에 눈뜬 런던 지점장 시절

경남은행장 취임 후 문화예술 공연을 많이 하시는데, 특별히 문화예술에 관심을 갖게 된 계기가 있나요?

"제가 한미은행 런던지점장을 하기 전까지만 해도 클래식 음악도 몰랐고, 그림 볼 줄도 몰랐어요. 그런데 영국에는 그게 생활화되어 있으니까. 종교가 그렇듯 예술도 한 번 발을 들여놓으니까 확 빠지더군요. 한 번은 아내와 파리 여행을 갔는데, 오르세이 미술관에서 인상파 작품을 감상하게 되었어요. 그때까지만 해도 인상파라는 게 인상 쓰는 놈들인가 생각했죠.(웃음) 그런데 중고등학교 미술 책에 나오는 그림 원본들이 다 있더라고요. 마네, 모네, 밀레, 고흐, 고갱, 드가, 르누아르… 와! 진짜 좋다는 게 느껴지데요. 그때 빠져서 두 바퀴, 세 바퀴 돌며 이름을 안 보고도 알아볼 정도가 됐어요. 그걸 맞춰서 기분 좋은 게 아니라 옛날에 못 느끼던 걸 느끼게 된 게 좋았어요.

내가 취임하고 나서 우리 경남은행 본점 1층에 갤러리를 만들었는데요. 은행장 맡고 나서 알고 보니 우리 은행이 보유하고 있는 그림이 800점이나 되더라고요. 그게 다 창고에서 자고 있더라고. 이게 말이 안 된다. 갤러리 자리가 원래 PC 고장 난 것 쌓아놓던 곳이었는데, 그걸 다 치우고 갤러리로 만들었죠. 문화는 고객과 더불어 해야 합니다. 마음, 감성 이입이 되면 장사는 저절로 됩니다. 부임해서 와보니 금융사고 문제, 지방은행 통합 문제로 직원들 사기가 확 죽어 있었어요. 직원들 사기부터 불러일으키고자 TV광고를 만들었고, 고객들에게도 경남은행이 어려움 딛고 일어서 열심히 하겠다는 모습 보여주고자 한 거죠."

〈울지마 톤즈〉 무료상영 행사는 직접 기획한 건가요?

"울지마 톤즈는 사실 처음에 직원용으로 생각했어요. 그러다 기왕이면 고객들과 함게 하기로 했는데 반응이 너무 좋았어요."

취미는 뭔가요?

"노래 부르고 뭐. 그랬는데 지금은 노래를 다 잊어버렸어요. 제가 94년부터 97년까지 한미은행 비서실장 겸 공보실장을 했는데, 그때 기자들과 하두 술을 많이 먹어 기억력이 많이 떨어진 것 같아요. 노래 제목이 생각이 안 나요.(웃음) 음악은 클래식에서부터 흘러간 옛 가요, 최근에는 젊은 직원들과의 소통을 위해 최신 K팝까지 찾아 듣고 있어요. 쉬는 날에는 시간을 쪼개서라도 미술작품이 전시된 갤러리를 찾곤 하는데요. 지난해부터 경남메세나협의회 회장직을 겸하게 돼 미술작품들에 대한 애정이 각별해졌어요."

담배는 안 태우시나요?

"담배는 원래 태웠는데, 비서실장 할 때 하루는 행장님과 함께 차를 탔는데 '박 실장 담배 태웠어요?' 하고 묻는 거예요. 아! 행장이 싫어하는구나 생각하고 그날 바로 끊어버렸어요."

특별히 체력유지나 건강관리를 위한 운동은 좀 하십니까?

"아침마다 무조건 6시에 일어나서 헬스 갑니다. 15년 동안 해왔어요. 그런데 행장 맡고 나서 출장 등 업무 때문에 불규칙해지니까 한 번은 무리를 했어요. 그러다가 족저근막염이란 병에 걸려버렸죠. 발바닥과 뒤꿈치가 아파요. 마라톤 선수에게 잘 생기는 병이라는데, 그 바람에 운동을 못해요. 대신 아침마다 윗몸일으키기를 200회씩 해요. 식스팩이 생겼었는데 경남은행 와서 바빠서 다시 묻혀버렸어요.(웃음) 그래도 지금 만져보면 단단합니다."

골프는요?

"합니다. 평균 타수는 80대 초중반쯤."

더 이상 욕심은 없다

금융계에서 최고, 행장까지 되셨는데 더 목표가 있나요?

"더 목표는 없습니다. 지금 내가 있는 자리에서 최선을 다하는 것뿐이죠. 나를 던지면 기회가 오고, 기회가 오면 거기에 맞춰서 열심히 하면 된다고 생각하죠."

그러면 인생의 낙은 뭡니까?

"나이 좀 들어 위에 올라가면 경쟁도 치열해지고 자리가 잘 안 만들어집니다. 욕심 낸다고 해서 되는 것도 아닙니다. 요즘 국회의원 한 번 더 하려고 하는 정치인들 보면 추하더라고요. 차라리 던질 땐 던져버리는 게 좋죠. 저도 마음 같아서야 60~70까지 일하면 좋기야 하겠죠. 일 안 하게 되면 유유자적 등산 다니고, 유럽서 가져온 그림책 보고, 음악 시디 듣고 그렇게 살면 되죠."

은행원들의 가장 큰 꿈이 은행장일 텐데, 이 자리까지 올 수 있었던 자신만의 비결이 있나요?

"제가 일할 때는 성질이 좀 안 좋아요. 일만 보면 짐승이나 맹수처럼 달려들죠. 그런 기질이나 집념이 좀 있는 것 같아요. 내가 학식이 높거나 그런 건 아니고요. 밖에 나가면 나름 친화력은 좀 있는 것 같아요. 주위에서 도와주는 분이 많죠."

직원들이 좀 피곤해하겠네요.

"아, 피곤해하죠. 그래서 항상 미안하죠."

좋아하는 직원 스타일은?

"일에 대해 집념 가지고 달려드는 직원. 월급쟁이는, 나도 어릴 땐 그랬는데, 나에게 일이 많이 주어지면 피곤해했어요. 하지만 남에게 주는 일도 내가 하겠다는 자세, 주인의식을 갖고 일하는 직원을 좋아하죠."

인터넷, SNS 이런 건 안 하시죠?

"제가 그게 약해요. 완전 독수리 타법이죠. 나중에 비서 없을 땐 정말 아쉬울 것 같아요."

텔레비전 프로그램 중에 즐겨 보시는 게 있나요?

"잘 안 보는데, 본다면 역사 다큐, 그리스 로마 등 고대사 관련 프로그램을 좋아하죠. 일전에 아내와 함께 고 이태석 신부의 일대기를 담은 다큐멘터리를 봤는데, 못 본 분들에게 소개하고 싶다는 생각이 들었죠. 그게 계기가 되어 경남은행장 취임 후 '지역민을 위한 영화(울지만 톤즈) 무료 관람 행사'를 열었죠."

롤모델이나 존경하는 인물은?

"이병철 회장입니다. 제가 처음 삼성 시험 쳤을 때 면접을 직접 보시더라고요. '기업의 핵심은 인재다', '내가 뽑은 인재들이 성장하는 모습을 볼 때 가장 아름답고 고맙다'라는 고 이 회장의 말처럼 인간 중심 경영관과 인재관리, 그리고 인재양성 중요성에 백분 공감합니다. 은행은 제조업과 달라 사람이 모든 걸 좌우하거든요."

인생의 좌우명이 있다면?

"'인간으로서 해야 할 일을 다하고 하늘의 뜻을 기다린다'는 진인사대천명(盡人事待天命)입니다. 최선을 다해 노력한 후에 간절히 바라고 간절히 구한다면 하늘은 뜻을 저버리지 않는다는 거죠."

인간 박영빈을 어떻게 평가받고 싶나요?

"업무에는 강한 카리스마를 발휘하면서도 업무 외적으로는 맏형처럼 편안한 존재이고 싶네요."

인터뷰를 마친 후 박 은행장은 강풀의 만화책 〈그대를 사랑합니다〉와 경남은행이 펴낸 〈경남의 둘레길〉, 그리고 영화배우 감우성이 쓴 〈아주 소박한 와인수첩〉이라는 책을 챙겨줬다. 그는 강풀 만화 애독자여서 책을 사서 쌓아놓고 아는 사람들에게 선물한다고 했다.

그는 인터뷰를 마친 후 고객 업체 방문 일정이 있다며 서둘러 은행장실을 빠져나갔다.

한 번의 저녁 식사와 간단한 술자리, 그리고 이날 인터뷰에서 느낀 그의 성공 비결은 넘치는 끼와 흥, 그리고 노는 것만큼이나 일을 즐거워하고 사람 만나는 걸 좋아하는 그의 체질인 듯했다. 그래, 역시 일은 즐겁게 해야 한다.

김주완이 만난

내성적인 시골 소년이 110만 메가시티 수장이 된 비결

박완수 전 창원시장

박완수(朴完洙). 1955년 8월 10일생. 실제로는 1954년 음력 8월 26일생. 내년이면 만 60세가 된다. 2004년 지방선거에서 창원시장으로 당선된 이래 10년째 세 번의 시장을 하고 있다. 그러나 2014년 지방선거에서도 '3선 연임 제한'에는 해당되지 않는다. 이름은 같은 창원시이지만, 2010년 7월 1일 마산과 창원, 진해가 통합되어 새로운 창원시가 출범했기 때문에 지금의 임기는 초선에 해당되기 때문이다.

아니나 다를까 그는 경남도지사 후보 출마를 위해 2014년 2월 파산이 시상식을 던졌다.

통영의 한 조그만 시골마을에서 고구마와 칼국수를 주식으로 삼던 가난한 농부의 막내아들로 태어나 어렵사리 초·중학교를 거쳐 공업고등학교를 나왔고, 마산수출 자유지역(현 마산자유무역지역) 동경전자에서 생산직 노동자로 일하던 중 대학에 진학, 행정고시에 합격하면서 공직생활을 시작한 그는 경남에서 가장 성공한 공무원 출신 정치인 중 한 사람으로 손꼽는다.

어린 시절 공부도 별로 잘하지 못했고, 지극히 내성적인 성격이었다는 시골 소년이 자라 인구 110만의 메가시티 창원의 행정 수장이 될 수 있었던 비결은 무엇일까? 시장 임기가 막바지에 이른 지금쯤 그의 삶과 꿈을 기록해놓고 싶었다.

고구마와 칼국수가 주식이었던 시골 소년

요즘도 고구마를 특히 좋아하신다더군요. 고구마 주산지는 통영 미륵도가 많이 알려져 있는데, 도산면에서도 고구마 농사를 많이 했나요?

"밭에는 모두 고구마였어요. 내 생일이 음력 8월 26일인데 새 고구마를 캐서 쌀 위에 얹어 밥을 해줬어요. 내가 어릴 때 가장 많이 먹었던 게 빼때기(절편 고구마)와 고구마, 그리고 칼국수였는데, 칼국수에 질려서 지금도 중국집이나 면류를 잘 안 먹어요. 그런데 이상하게도 고구마는 지금도 맛있게 잘 먹어요. 지금도 고구마를 박스로 사와서 항상 먹죠."

예전에 〈원칙과 희망이 있는 사회〉라는 책을 쓰신 적이 있던데, 구하기가 어렵더군요. 혹시 남은 책이 없나요?

"그건 2002년도 무소속으로 창원시장 출마하기 전에 낸 책인데, 내 생각이 제목에 반영되었죠. 살아온 과정과 공무원 재직 과정에서 느낀 것들, 신문에 기고했던 글들을 묶은 책이죠. 여분이 있으니 한 권 드리죠."

그렇게 하여 얻은 책을 보니 초판은 2002년 3월에 발행됐고, 2003년 10월 개정판도 나왔던 책이었다. 도서출판 경남, 6000원.

그는 통영시 도산면 도선리 신평마을 출신이다. 2남 3녀 중 쌍둥이 여동생과 함께 태어났으니 사실상 막내다. 그의 아버지는 여섯 마지기의 논으로 5남매를 키웠다. 당연히 가난했다. 그래서 밥보다는 고구마나 빼때기, 그리고 배급되는 밀가루로 만든 칼국수를 더 많이 먹었다.

도원초등학교 시절에는 산에 가서 나무하고 농사일 거드느라 공부할 시간도 거의 없었다. 중학교도 등록금이 모자라 남들보다 2개월 늦게 고성 철성중학교에 입학했다. 적어도 중학교 때까진 공부 잘하는 학생이 아니었다.

그런데 친구들이 가는 고성중학교로 가지 않고 철성중학교로 간 것은 또 다른 사연이 있었다고요?

"고성중학교 시험에 합격은 했는데, 등록금 5800원이 없어서 등록을 못했어요. 그래서 다른 친구들은 학교 다니는데, 나는 3~4월 농사일만 하고 있었죠. 그러던 중 아버지가 보기에 안 됐는지 저보다 열아홉 살 많은 형님을 불러 '네 동생 중학교는 보내야 되지 않겠느냐'며 '네가 좀 알아봐라'고 하셨어요. 형님은 고성농고를 나오셨는데 형님의 농고 한 해 선배인 철성중학교 교무주임 선생님이 있었어요. 지금도 살아 계신 분인데, 그 분이 '지금이라도 입학을 시켜주겠다. 등록금은 3000원인데 책은 헌 책을 쓰고 1500원만 내면 된다'고 해서 들어간 거죠."

시장님이 공부에 그렇게 매진하여 행정고시까지 합격할 수 있도록 영향을 준 사람은 따로 없

마산공고 3학년 시절.

있나요? 집안에 특별히 머리가 좋은 사람이 있었다든지….

"머리가 좋다기보다…. 음, 나도 공고 나와서 동경전자에 취직하여 근무 중 방송통신대를 거쳐 경남대에 3학년으로 편입했고, 대학원도 나오고 행정고시 합격도 했는데, 우리 큰아이도 행정고시 합격을 했죠. 그리고 나와 쌍둥이인 여동생이 있어요. 그 애도 중학교밖에 안 나왔는데, 그 딸이 마산 성지여고 1등으로 졸업해서 서울대 경제학과를 나왔어요. 그 애도 재경직 행정고시에 합격해 기획재정부에 근무하고 있죠."

아, 쌍둥이 여동생이 있었군요. 이란성 쌍둥이. 2남 3녀인데, 형님과 열아홉 살이나 차이가 나고, 그 아래 누나 둘과 쌍둥이 여동생이군요.

"그래서 제가 막내나 마찬가지였죠. (웃으며) 어릴 때 내가 여동생과 쌍둥이란 소릴 듣기 싫어서 일부러 학교를 한 해 빨리 가겠다고 했어요. 내가 자원해서…. 그래서 한 살 먼저 일곱 살에 입학했죠."

대개 어떤 분야에서 성공한 사람들을 보면 자기 부모가 아니더라도 친지들 중에서 롤모델이 될 만한 사람이 있어서 특정분야로 가는 경우가 많은데요. 시장님은 전혀 그런 영향을 받을 만한 분이 없었나요?

"그런 사람이 없네요. 사실 우리사회가 연고주의 사회고 연줄이 중요한데, 지연도 별로 없었고 혈연도 우리 집안에서 도움이 될 만한 사람이 안 계셨고, 학연도 시골 중학교와 공고 뭐 그러니까…."

시장님은 중·고등학교 때 공부를 잘했나요?

"초등학교, 중학교 때는 공부를 잘한 기억이 없어요. 산에 나무하러 다니기 바쁠 때였으니까 공부할 시간도 없었죠. 고등학교(마산공고) 때 지금 용마고등학교 앞에서 자취를 했어요. 그때 집에서 쌀을 가져다 먹는데, 한 번은 아버지가 쌀을 가져 오신 적이 있었어요. 그런데 버스 안에서 쌀자루가 터진 모양이에요. 버스 안에 흩어진 쌀을 손으로 쓸어 담아 멜빵을 하여 가지고 오셨더라고. 당시 통영에서 마산 오는 길이 비포장 길이라 차가 덜컹거리니까 쌀자루가 터졌던 거죠. 쌀에 흙먼지가 뒤범벅이 되어 있었는데, 체면도 가리지 않고 그 쌀을 손으로 주워 담았을 아버지를 생각하니 마음이 아팠어요. 그래서 좋아하시는 막걸리 한 병이라도 사드리려고 하니까 손사래를 치시며 찬 물 한 사발만 마시고 바로 돌아가시는 거예요. 그 아버지의 뒷모습을 보면서, 아! 정말 공부 열심히 하지 않으면 안 되겠구나 하는 생각이 들었어요. 고등학교 1학년 때인데, 그때부터 공부를 많이 해서 2학년, 3학년 때는 장학금을 받고 다녔죠. 그 전까지는 성적도 중간 정도였지 잘한다고 할 순 없었어요."

돈도, '빽'도 없고, 공부도 잘하지 못했지만…

그래서 1972년도에 졸업을 하고 바로 동경전자에 취업하게 된 건가요?

"내가 장학금도 받고 공부를 잘했는데도 취직이 잘 안 되었어요. 그래서 통영 집에 가 있었어요. 그때 제가 아버지에게 말했죠. '제가 6월까지 농사를 지을 테니까 학원을 보내달라. 대학을 가야겠다'라고. 그렇게 약속을 받아놓고 6월 말까지 모내기를 다 끝내고 부산으로 갔죠. 아버지도 약속을 해놓고 안 보내줄 수 없으니까.(웃음) 그래서 부산 서면학원 종합반에 들었어요. 그때 등록금이 7500원이었는데, 종합반에 열이틀 다니고 7월 12일이 되니까 아버지가 오셨어요. 엽서를 하나 내놓는데 보니까 수출자유지역에서 시험 치라고 엽서를 보낸 거야. 고등학교 3학년 때 막 자유지역이 조성되고 있었는데, 그때 자유지역관리원에다 모두들 원서를 내놨던 게 동경전자로 가서 그렇게 엽서가 오게 된 거죠. 그런데 나는 안 간다고 했지. 대학 가야하니까. 그런데 아버지는 '시험이라도 쳐봐라. 안 가도 되니까' 하고 설득했죠. 거기에 꼬여 가지고 와서 시험을 쳤는데 합격을 하는 바람에 7월 20일 바로 출근을 했잖아요. 그 바람에 학원 등록금 내놓은 것도 내버리고…."

동경전자에선 관리직이었나요?
"아니, 생산직이었죠. 컨베이어벨트 작업시스템인데, 우리는 수리사로 갔어요. 컨베이어에서 공정을 거친 제품이 테스트를 거쳐 불량으로 나오면 그걸 고치는 작업이죠."

그 당시 동경전자라면 좋은 직장 축에 속했나요?
"우리 친구들이 한일합섬에도 많이 갔는데, 72년 당시 월급이 1만 4000원이었어요. 그런데 우리는 초임을 2만 원 받았으니 굉장히 좋았지. 고졸로서는 보수가 높았던 편이었죠."

거기 다니면서 방송통신대에 진학하신 건가요?
"2년 정도 다니던 74년도 초에 우리 친구가 원서를 두 장 사왔어요. 방송통신대 원서더라고. 나는 그런 대학이 있는 줄도 몰랐는데…. 자기는 경영학과 갈 건데, 너는

동경전자 재직 시절.

무슨 과 갈래? 하고 묻는 거예요. '무슨 과가 있는데?' 물었더니 농학과, 경영학과, 행정학과 이런 게 있다는 거야. 당장 행정학과에 간다고 했죠. 회사 다니면서 라디오 강의 듣고 부산 가서 열흘 동안 출석수업 받고…. 내가 그래서 74학번인데 75년도 11월에 편입 검정고시를 쳐서 경남대 행정학과에 진학하게 됐죠. 원래 나는 영남대에 가고 싶었는데 시기를 놓쳐버렸어요."

서슴없이 행정학과를 선택했는데, 그건 왜 그랬을까요?
"어릴 때부터 우리 아버지가 관리(공무원)에 대한 바람이 있었던 것 같아요. 아버지는 글자를 모르는 분이고 전형적인 농민이었으니까 관에 대한 막연한 동경이 있었고, 그것이 나에게도 영향을 미친 게 아닌가 그런 생각이 들어요."

경남대 편입할 때 집에서 반대를 많이 했다던데요?
"그랬죠. 동경전자를 그만둬야 하니까. 대학 나와도 그런 회사 못 들어가는데 왜 그만두려 하냐는 거였죠. 동경전자 스타트 멤버였으니까 그때 이미 반장을 하고 있었거든요. 여자 직원들이 서른 명쯤 있는 라인의 반장이었으니까 월급도 많이 올랐고…. 그 당시에 일본인 회사라면 좋은 회사였으니까. 그런 부모님의 반대를 무릅쓰고 퇴직금을 받아서 경남대 3학년 등록금을 냈죠. 그게 76년 3월이었어요."

동경전자를 그만두고 경남대 편입할 때 주변의 반대를 무릅쓰고 꼭 가야겠다고 마음먹은 계기가 있었나요?
"어린 마음이지만, 당시 회사 안에서도 대학졸업자와 고졸자의 차이가 있었고, 그렇게 회사에 다니니까 공부를 해야겠다는 마음이 많이 들었죠. 되돌아보면 그때 그 결정이 제 인생에서 큰 도전이었죠."

그게 인생에서 가장 잘한 결정이라 할 수 있겠네요.
"그렇죠. 그것과 함께 김해 부시장 하다 그만두고 (창원시장에) 출마했던 것. 그게 정치판으로 나를 끌고 왔는데, 잘한 선택이었는지는 모르겠지만 그 두 번이 큰 도전이었죠."

그 비슷한 시기에 양자로 입양되는 과정이 있었죠?
"입양된 것은 그 이전 71년도였을 거예요. 내가 고등학교 다닐 때였으니까."

73년도로 나오는 것 같던데요?
"아마 그것은 호적정리가 73년도에 되었다는 걸 거예요. 실제 내가 입양된 것은 열여덟 살 때 71년도일 겁니다. 그건 우리 오촌 아저씨, 바로 담 하나 사이에 두고 있었는데, 아버지와 두 분 다 술을 좋아하시다 보니 술자리에서 '나는 자식이 없는데 완수 그냥 저 주이소' 해싸니까…. 아버지는 생각도 좀 있었겠지. 혹시 자식 도움이라도 좀 받을까 하는…. 그래가지고 의논해서 양자로 보낸 거죠."

좋은 직장을 버리고 행정고시에 도전하다

경남대는 79년도에 졸업하게 되던데….
"76년도에 들어가서 한 해 마치고 공무원 시험을 쳤어요. 지금 7급에 해당하는 4급 을류를 9월에 합격했어요. 그래서 마산시청에 가니까 임용을 안 해주더라고. 안 되겠다 싶어서 77년도에 제가 방위를 섰어요. 그러고 나서 78년도에 4학년 복학을 했죠. 그때도 대학생이니까 마치고 오라며 임용을 해주지 않았어요. 그래서 차라리 행정고시를 하자며 공부를 시작했죠. 그 해 10월 22회 행시에 공민배(전 창원시장)가 합격할 때였는데, 나는 1차는 합격하고 2차는 떨어졌어요. 그런데 1차 합격자는 이듬해 2차에 한 번 더 응시할 기회를 줬거든요. 그때 마침 경남대 대학원에서 등록금을 면제해주고 입학을 시켜줬기 때문에 진학할 수 있었고, 1년 뒤 합격할 수 있었죠."

그때 본인 스스로 내가 공부에 좀 재주가 있다는 자신감이 있었나요?

"1차 합격하고, 2차에서 0.2점 차로 떨어지니까 조금만 더 하면 되겠구나 생각했는데, 공부를 잘한다기보다는 강한 욕구가 있었죠. 내가 이걸 하지 않으면 우리 부모님을 잘 모실 수 없고 내 앞길도 없다는…. 그래서 막판에 워낙 신경을 많이 써가지고 불면증에 걸려 공부를 못할 정도였어요. 스트레스가 많았죠."

고시 공부를 도서관에서 했나요?

"4학년 때까지는 도서관에서 했고, 대학원에 들어가서는 경남대 앞 장학사에서 하다가, 마지막 서너 달 동안은 시골에 가서 혼자 했어요. 숙모님 혼자 사는 옆집이 있었는데 거기 작은 골방에서…. 그때 박재완(전 기획재정부·고용노동부 장관) 장관이 (고성) 옥천사에서 공부하고 있었는데 오라고 해서 갔다가 열흘 만에 나와 버렸어요. 거기선 공부가 안 되더라고. 맨날 관광객들 오지, 함께 산에 놀러 다니지, 그러니까 안 되겠더라고."

박재완 장관과는 그때 이미 알던 사이였나요?

"내가 대학 4학년 때 박 장관은 이미 졸업을 했을 거예요. 정상적으로 진학을 했으니까. 내가 4학년 때 박재완·공민배가 경남대 도서관에 공부하러 왔어요. 그래서 알게 됐고 그 뒤에 친해졌고…."

아버지는 언제 돌아가셨나요?

"84년도니까 내가 행시 합격하고 2~3년 후에 돌아가셨고, 어머니는 3년 전에 90세 훨씬 넘어서 돌아가셨죠."

아버지가 행시 합격했을 때 엄청 좋아하셨겠네요?

"부모님이 다 좋아하셨죠."

어머니는 아들이 창원시장까지 하는 걸 보고 돌아가셨으니 효도하셨네요.

"합천군수 할 때도 어머니 모시고 합천에 있었죠. 우리 아버지가 살아계실 때 뭘 아셨는지 어머니에게 '너는 나보다 복이 많을 거다'고 늘 말씀하셨어요.(웃음)"

79년 행시 합격 후 첫 발령지가 경남도청이었나요?

"수습 마치고 각 부서를 써낼 때 내무부로 냈어요. 유정복 (안전행정부) 장관도 그때 같이 내무부 신청을 했죠. 그런데 당시 내무부는 본부에 발령내주는 게 아니라 무조건 지방에 내려가도록 했어요. 지방사무관으로 각 시도로…. 그래서 경남도가 부산 있을 때 왔는데, 내가 빽도 없고 이야기를 안 하니까 일 년 반 동안 무보직으로 놔두더라고. 그때 아마 대기 사무관으로 가장 오래 있었죠. 그 후 교민계장이라고 교포들 지원하는 보직을 얻었죠."

그 후에는?

"그 후 공무원교육원으로 또 쫓겨 갔어요. 내가 집사람과 결혼을 하고 나서 집사람이 제일여고 교사로 다니니까 마산시청 옆에 집을 얻었는데, 도청이 부산에 있으니까 거기서 차를 여섯 번 타야 도청까지 갈 수 있었어요. 그렇게 몇 년 후 83년 도청이 창원으로 옮겨왔죠. 그래서 잘됐다고 생각했는데, 오자마자 부산에 있는 공무원교육원으로 발령을 내버리는 거예요. 그때 도 본청에 있다가 교육원으로 가는 사례가 없었어요. 보통 군청에서 교육원으로 갔다가 본청으로 들어오는데…. 그래서 또 교육원에 2년 가까이 있었죠."

그때 누가 도지사였나요?

합천군수 시절 가족들과
가야산 정상에서.

"이규효 지사였죠. 그 후 농산계장으로 들어와서 지역경제계장 하다가 사회계장 하고…. 내가 계장 때는 좋은 자리에 못 가봤어요. 사회계장 하던 중 승진했죠. 과장 되고 또 공무원교육원에 가서 2년 6개월 더 있었어요."

김혁규 도지사에게 인정받은 '4인방'

과장(4급) 승진할 땐 도지사가 누구였죠?

"조익래 지사 때였죠. 그때 내무국장이 꼿꼿한 분이었는데, 그 분이 내가 부탁하지도 않았는데 서열이 빠르니까 승진을 시켜줬어요. 승진 후 공무원교육원에 있을 땐 최일홍 지사 시절이었는데, 그 후 법무담당관으로 들어왔어요. 그때부터 초스피드로 달렸죠. 그땐 1년 단위로 법무담당관, 경제과장, 감사과장, 지방과장 이렇게 거쳤죠."

제가 도청 출입하면서 시장님을 만난 게 아마 감사담당관과 지방과장 할 때였을 겁니다. 그 당시 도청에서 손꼽는 엘리트 중 한 명이었던 걸로 기억하는데, 그렇게 인정받는 어떤 계기가 있었나요?

"김혁규 지사가 오기 전 윤한도 지사 시절에 감사담당관을 했는데 사정작업도 하고 재산등록 실사도 하고 그랬죠. 당시 군수 자리가 많이 비기에 나는 군수로 나갈 줄 알았죠. 그런데 나보다 고참 선배들이 있어서 군수로 못 나가고 12월 28일 도지사가 딱 바뀌는 거예요. 김혁규 지사가 내려왔는데, 오자마자 1월 2일 관사로 오라고 연락이 왔어요. 도정에 대해 의논을 하겠다며 부르는 거였죠. 그래서 도정이 이렇게 가야 한다는 보고서를 여섯 장 정도 만들어갔죠. 김혁규 지사를 처음 뵙는 자리였는데 나와 둘이 앉아서 두 시간이나 브리핑을 했어요. 마치고 나오니까 당시 김해군수였던 이덕영 부지사가 들어오더라고요. 아무튼 그때 전수식을 단장으로 하는 도정발전기획단이 만들어졌는데 거기에다 내가 드린 보고서를 던져주면서 '이걸 참고하라'고 한 거죠. 그렇게 1월 2일 김혁규 지사를 만났는데, 1월 4일 지방과장으로 발

령이 났죠. 아마도 김 지사가 청와대에 있을 때 경남도청의 일꾼들에 대한 정보를
나름대로 갖고 온 것 같아요."

그 때 일꾼 4인방이라는 말도 있었잖아요. 박완수, 전수식 그리고….
"이덕영, 박우식이라고 나이 많으신 분인데 비서실장을 했죠."

김혁규 도지사 때부터 공직생활이 핀 거로군요.
"김혁규 지사가 역대 도지사들 중 가장 합리적이고 좋더라고. 아, 이 도지사가 있을
때 정말 열심히 해봐야겠다 생각했죠. 도지사도 서울이나 시·군에 갈 때 국장들을
데리고 가지 않고 나를 데리고 다녔어요. 페놀사태가 터졌을 때 4개 시·도 지사가
칠서에 모여서 물 마셨잖아요. 그걸 내가 아이디어 낸 거예요. 그리고 울산이 떨어
져나갈 때 도의회에서 김 지사가 굉장히 코너에 몰렸는데, 내가 드린 스피치를 읽고
도의회가 조용해졌죠. 제가 가장 열심히 일했던 시절이었죠. 그 후 합천군수로 나갔
다가 (1995년) 민선시대가 열렸는데 임명직 시장·군수 자리가 없어지니 그들이 모두
도정발전기획단에 들어와 있었죠. 갈 데가 없으니까. 그래서 나도 그때 유학을 가려
고 했어요. 그런데 7월 1일 민선으로 김혁규 도지사가 당선되고 그해 10월에 농정국
장으로 발령이 났어요. 고시 출신 40대 초반의 젊은 과장이 국장으로 승진한 거죠.
그때부터 농산물 수출 때문에 고생했고, 지역경제국장으로도 진짜 열심히 했죠."

군수는 합천군수 한 군데 하고 바로 민선시대가 됐죠? 도청에서 국장 할 때 기억나는 에피
소드가 있다면?
"지역경제국장 할 때 제일 열심히 했는데, 경제국장 3년을 한 사람은 저밖에 없을 거
예요. 그때 97년 말에 IMF사태가 왔는데, 저는 97년 3월부터 경제 살리기를 했죠.
당시 열네 개 시책 중 기업을 살리기 위해 공무원이 기업체 방문을 하지 말자는 게
있었는데, 조선일보가 '경남도의 해괴한 방침'이라는 제목으로 비판하는 사설을 싣
기도 했죠. 두 번째는 외자 유치 사업을 했는데, 사천에 태양유전을 유치해 한국 제
1호 자유무역지역을 만들었죠."

저서 〈원칙과 희망이 있는 사회〉에도 그렇고, 2012년에 낸 〈명품도시의 창조〉(매일경제신문사)에도 '기업가 정신'을 강조하는 대목이 있던데. 그런 생각이 그럼 그때 형성된 건가요?
"그렇죠. 지역경제국장 할 때 기업가 정신이 필요하다는 걸 느꼈죠."

당시 아쉬웠던 기억도 있을 법한데.
"이후 김해부시장으로 갔는데, 나는 지금도 우리 공무원들이 선거에 관여하는 건 옳지 않다고 생각해요. 그때 김혁규 도지사와 조금 갈등이 있었어요. 1998년 지방선거 때 나는 선거판에 일절 가지 않았어요. 그때 새정치국민회의 강신화 후보와 대결이었는데, 가만히 놔둬도 되는 선거였거든요. 괜히 공무원이 가서 그럴 필요가 없다고 생각했죠. 그런데 그게 좀 섭섭했던가 봐요."

그래서 김해부시장으로 갔군요. 그런데 그게 결과적으로 보면 전화위복이 되지 않았나요?
"그렇죠. 뭔가 풍족하면 욕구가 안 생기죠. 어려울 때 강한 욕망이 생기는 것이고. 나는 사실 정치인 스타일이나 기질은 아닌데, 운명인 것 같아요."

김해 부시장직을 버리고 도전했지만…

그래서 2002년 지방선거에 과감하게 부시장직을 버리고 출마했잖아요.

"나도 그때 왜 그랬는지 모르겠는데, 임명직 공무원으로 종이 한 장에 왔다 갔다 하
는 것보다도 내가 소신과 철학을 가지고 지역 경영을 해야겠다는 생각을 했던 것 같
아요. 사퇴할 때 나이가 마흔아홉인가 그랬는데 아이가 고등학교 다닐 때였고. 그래
서 가족들을 불러 물어왔죠. 집사람은 아무 말 않는데, 큰놈이 '엄마, 아버지 원하
는 대로 하도록 하세요' 이러더라고."

결혼을 좀 늦게 하신 편인가요?

"내가 스물여덟, 집사람이 스물다섯에 했으니 늦은 편도 아니었죠. 1981년."

부인(차경애 여사)은 어떻게 만나셨나요?

"대학 다닐 때 집사람이 학보사 만화를 그리고 있어서 나는 알고 있었죠. 이후 졸업
하고 행시 합격 후 집사람도 제일여고 다닐 때, 둘을 잘 아는 사람이 소개를 해줬어
요. 그래서 1년 정도 사귀다가 결혼했죠."

어떤 점이 마음에 끌렸나요? 예뻐서?

"집사람이 예쁜 스타일은 아니고(웃음) 외모는 평범한데, 우리 집사람이 경남대 수

밀양 사자봉에서 아내와.

석 졸업했어요. 국어교육과 출신인데, 그래서 제일여고에 들어갈 수 있었죠. 또 장인 어른이 평생 교직에 있다가 초등학교 교장으로 퇴임한 분이고 처남들 처수들도 다 교사였어요. 내가 볼 때 무난한 집안이고 무난한 사람이었죠."

부인은 언제까지 교직에 있었나요?
"그게 안타까운 게 1994년 합천군수로 나갈 때 집사람이 17년을 하고 그만뒀어요. 3년만 더 했으면 연금도 받고 할 텐데…(웃음) 아이들도 초등학교 중학교 다닐 때 였는데, 7개월밖에 있지 않을 합천으로 가면서 전학까지 다 시켰어요. 지금도 그게 후회가 돼요."

그때 왜 그만뒀나요?
"도지사도 그만두라 하고, 나도 그땐 순수한 생각으로 군수를 맡았으면 가족 모두 가 거기로 옮겨가서 최선을 다해야 한다고 생각했죠. 지금 생각하면 좀 어리석었지 만…."

큰아들(찬효·32)도 역시 행정고시 합격하여 공직에 있죠? 지금 어디 있습니까?
"기획재정부에 있다가 유학 가겠다며 휴직을 했어요. 그래서 내가 왜 그렇게 어려 운 길로 가려느냐고 했는데, 이 놈도 어떻게 된 판인지 계속 공부만 하려고 그래요."

2002년 창원시장 선거에서 낙선하셨잖아요. 그때 좌절이 깊었나요?
"아휴, 깊었죠. 왜 그랬냐면, 내가 1월 말에 김해부시장 사표를 냈는데, 바로 선거에 뛰어들었기 때문에 그때까진 22년 공직에서 사퇴했다는 게 실감이 안 났죠. 공천 받으려 뛰어다니다 결국 무소속으로 출마해 6월 선거에서 막상 떨어지니까 그때서 야 낙선과 공직 사퇴가 실감이 났어요. 나는 괜찮은데 가족이나 주위 사람이 견디 기 어려웠죠. 평생 살아오면서 하늘이 노랗다고 할까 그런 걸 처음 느꼈어요. 그 후 9월부터 경남대에서 강의를 한 과목 맡았고, 다음해 신학기에는 가야대 행정대학원 에서 학생들을 가르쳤죠."

그 때 좌절을 극복할 수 있었던 힘은 뭐였을까요?

"좌절의 기간이 길었죠. 그래도 선출직의 꿈을 놓지 않았어요. 언젠가는 시장을 할 것이라는 강한 집념이 있었고, 그래서 계속 그걸 염두에 두고 노력을 했죠."

2014년 새로운 도전이 주목되는 까닭

그렇게 해서 2004년부터 창원시장을 맡아오셨는데. 10년 동안 세 번이잖아요. 10년이면 좀 지겹지 않나요?

"어느 국회의원이 저더러 그러더라고요. 기초자치단체장을 10년 하는 사람은 정신 나간 사람이라고…. 그만큼 피곤한 일을 왜 그렇게 오래 하느냐는 뜻이 묻어 있는 말인데, 나도 참 피곤하죠. 특히 통합되고 나서 더 피곤해요. 앞으로 내가 더 하든, 다른 사람이 맡든 정말 이거 쉬운 자리가 아니라고 생각합니다. 그런데 저는 타고난 성격이 어쨌든 맡은 일은 열심히 하는 스타일이고, 나에게 주어진 본분과 책임은 다 해야 한다고 생각하고 있어요."

다시 창원시장에 나오진 않을 것 같은데요.

"곧 결정을 하려고 합니다. 도지사로 가든 시장을 하든 가부간 결정을 할 겁니다. 그런데 한 가지 안타까운 것은 지난 몇 년 동안 우리 경남이 지금 가고 있는 모습이 참 안타깝다는 생각이 들어요. 나는 경남에서 평생 살아왔고 앞으로도 경남에서 평생 살아가야 할 사람이고, 경남을 많이 알고 그만큼 애정도 많잖아요. 그래서 내가 경남을 위해서 할 수 있는 일이 있다면 그게 나에게 좀 고난스러운 길이라도 마다하는 것은 맞지 않다는 생각을 요즘 많이 하고 있습니다."

다시 도지사에 출마하게 된다면 자신은 있습니까?

"해내야죠. 나 개인의 정치적 앞길을 위해 가는 게 아니라 내가 왜 해야 한다는 목적과 당위성을 확실히 갖고 가기 때문에 시민과 도민들이 내 생각에 동의하고 힘을 실어주실 거라고 생각합니다. 도민이 힘을 실어주면 성공하는 것 아니겠습니까?"

왜 박완수가 해야 합니까?

"내가 경남에서 태어나 살아왔고 평생 애정을 갖고 공직생활을 해온 사람으로서 현재 최근 몇 년 동안 경남이 가고 있는 모습이 내가 생각하는 것과는 다르다는 겁니다. 경남이 제대로 더 멋지게 발전할 수 있도록 내 역할이 있다면 내가 좀 피곤하더라도 그 길을 가야겠다고 생각하는 거죠."

홍준표 도지사 취임 이후 제일 큰 이슈가 진주의료원이었는데, 만일 시장님이었다면 진주의료원 문제를 어떻게 했을 것 같습니까?

"진주의료원은 서민 의료서비스를 위해 설치한 기관인데, 그것이 운영상의 문제가 있다고 하면 문제 있는 부분을 해결하는 것이 우선 1차적인 과제이지, 문제가 있다고 해서 폐쇄를 하는 것은 순서가 잘못된 게 아닌가 생각합니다. 행정이라는 것은 항상 흑자만 갖고 이야기할 순 없는 거죠. 이게 사기업이 아니기 때문에…. 경영이나 관리 측면에서는 민간부문과 같지만, 행정은 공익적인 목적이 우선되어야 하거든요. 공익이 비용보다 더 크다고 생각하면 적자도 감수해야 하는 거죠. 보건소가 그러면 적자 난다고 문 닫으면 되나요?"

창원시장으로 재임하면서 가장 보람 있었던 정책이나 성과를 꼽는다면?

"기업사랑운동과 환경수도운동이죠. 그게 박완수의 브랜드라고 할 만한 일이죠. 우리 시가 시작해서 중앙정부도 수용하고 전국에 파급이 되었죠. 네이버 지식백과에 '기업사랑운동'이 창원시에서 시작되었다고 정의가 되어 있어요. 이것이 반(反)기업 정서를 해소하고 지역을 활성화하는 데에도 도움이 되었다고 자부하고 있죠. 환경 수도운동은 불과 얼마 되지 않아 국제적으로도 인정해주고 있고…. 누비자도 거기에 포함되죠."

마창진 통합 후 청사 문제와 야구장 문제 등 갈등이 해결되지 않고 있는데, 마산 쪽의 소외

감을 해소할 방안이 있을까요?

"저희들의 제일 큰 고민이고, 창원시정이 안고 있는 가장 큰 과제가 그거죠. 그런데 이건 시장이 혼자 고민한다고 해결될 수 있는 것은 아니고, 우리 지역의 정치 지도자들이 다 머리를 맞대야 한다고 생각합니다. 시장이 어떤 대안을 냈다고 해도 우리 시민들이나 이 지역의 지도자들이 수용하지 않으면 의미가 없는 거라고 생각이 드는데, 지금 이 시점에서 시장이 할 수 있는 역할은 시청을 분학한다든지, 합포청사와 창원청사로 분할한다든지 아니면 마산에 대한 새로운 비전과 발전계획을 내놓는다든지 그런 일들인데, 그 부분은 제 임기가 다할 때까지 고민할 것이고, 계속 대안을 내놓을 생각입니다. 단지 그것을 수용할 것이냐 안할 것이냐, 또 지역의 지도자들이 함께 뜻을 모을 것이냐 아니냐 하는 문제가 남아 있는 거죠."

합포구청을 제2청사로 한다 하더라도 그건 의회 승인절차를 거치지 않아도 되나요?

"지금 청사 소재지에 대한 조례는 창원시 시청 소재지는 의창구 몇 번지로 한다고 되어 있는데 그건 주된 사무소를 이야기하는 것이고, 일부 사무소 사업소들이 지금도 밖에 나가 있잖아요. 지금 창원청사 사무실이 부족하지 않습니까? 그래서 시 관할 안에 분산 배치하는 것은 시장의 권한이라고 생각합니다."

그런데 당장 임기가 얼마 남지 않았는데, 만일 그렇게 하기로 했다면 시급히 해야 할 일 아닌가요?

"마산 쪽의 정치인들에게 이야기를 해봤는데, 그걸 잘 수용을 않으려 하더라고요. 그래서 제가 고민하고 있는 거죠."

살아오시면서 본인에게 가장 큰 영향을 끼친 인물이나 책이 있다면?

"어릴 때 삼국지를 여섯 번이나 읽었어요. 제가 책 읽는 걸 좋아했죠. 제 성격의 특징이라면 두 가지가 있는데, 첫째는 책을 많이 읽었다는 것하고, 두 번째는 생각을 많이 했다는 거죠. 말보다는 어릴 때부터 상상을 많이 했어요. 말이 적은 성격이었죠. 제가 아주 내성적인 성격이었어요."

부모님이 막내아들에게 기대를 많이 했나요?

"기대를 많이 했다기보다 사랑을 많이 주셨죠. 특히 어머니가 그랬는데 어머니가 내 초등학교 4학년 때 차 사고를 당해서 한쪽 다리에 의족을 끼고 계셨는데, 그래서 농사일을 못하니까 내가 고등학교 마치고 수출자유지역 다닐 때, 대학 다닐 때, 그리고 합천군수 할 때까지 우리 집에 함께 계셨어요. 총각시절부터…. 어머니는 한결같이 나에 대해서 기도해주셨고 모든 걸 나에게 바치신 분이죠."

시간 있을 때 즐기는 일은.

"옛날엔 책을 많이 읽었는데 요즘은 등산하고 걷는 걸 좋아합니다. 경남도에 있을 때는 얼마나 등산을 좋아했는지 토·일요일마다 다녀서 우리 애가 뭐라 하냐면 자기는 초등학교 다닐 때 이 세상의 아이들은 토·일요일만 되면 모두 부모님과 산에 가는 건 줄 알았다고 할 정도였으니….(웃음)"

아이들과 같이 다녔군요. 아이들에 대한 교육관이 있다면.

"나는 아이들에게 공부 열심히 하라고 얘기한 적은 한 번도 없어요. 아이들 어릴 때 집사람하고 다툰 게 그 문제 때문이었죠. 아이들도 그렇고 나도 그렇고 사람은 다 자신의 길이 있기 때문에…. 학부모 대상 강의할 때도 그 얘기를 많이 하는데, 애를 자꾸 만들려고 하지 말고 애가 무슨 재능을 갖고 있는지 그걸 파악해서 그 길로 가도록 인도해주고 코치해주는 게 부모의 역할이라고 보거든요."

인터뷰 결과 그의 성공 비결은 '하나를 얻기 위해 이미 가진 것을 과감히 버리는 것'이었다. 다들 선망하던 동경전자라는 좋은 직장을 버리고 경남대에 편입하고, 이른바 '철밥통'이라는 안정된 공무원 자리를 박차고 나와 선거에 출마한 일이 그랬다. 그래서 잠시 힘든 시기를 겪기도 했지만 결국 더 큰 것을 성취했다. '버리지 않으면 얻는 것도 없다'는 아포리즘이 그에겐 들어맞았던 셈이다.

다시 창원시장직을 던진 그가 이번에도 새로운 것을 성취하게 될지 주목된다.

김주완이 만난

한 여성장애인의 좌절과 도전

송정문

경남장애인자립생활센터협의회 대표

사실 예전부터 그가 궁금했다. 2000~2001년 무렵 혜성처럼 나타나 '경남여성장애인연대'를 창립하고, 진보적 장애인·여성 인권운동의 핵심 인물로 떠오른 여자. 금기로 여겨온 장애인의 성(性) 문제를 공론의 장에 올리고, 매년 관변장애인단체를 통해 시혜와 동정으로 치러져온 '장애인의 날' 행사를 처음으로 거부했던 사람, 송정문(1972년생) 씨 이야기다.

2002년에는 당시 베니스영화제에서 감독상을 받아 극찬이 쏟아지던 영화 〈오아시스〉를 정면 비판하는 글을 발표, 전국적인 논쟁을 촉발한 장본인이 바로 그였다. 이일로 그는 장애인 문제를 장애인 입장에서 가장 확실히 짚어내는 논객으로 떠올랐다.

이후 경남도민일보 칼럼위원으로, 경남여성장애인연대 대표 자격으로 장애인 인권문제에 대한 많은 글을 썼고, 2004년에는 MBC경남의 시사풍자 프로그램 '아구할매' 작가로 발탁돼 3년간 '갱상도 표준말(토박이말)'로 방송 제작에 참여했다. 이 기간 경남대 대학원 사회복지학과에 진학한 그는 또 한 차례 싸움을 시작한다. 대학이 장애인 시설을 제대로 갖추지 않아 정상적인 교육을 받을 권리를 침해했다며 손해배상 소송을 제기한 것. 석사 과정의 재학생이 학교를 상대로 이런 싸움을 벌이는 것은 그로 인해 초래될지도 모를 불이익을 감수하겠다는 각오가 아니면 어렵다. 그는 끝내 '일부 승소' 판결을 받아냈고, 판결 2년 후에는 석사학위도 받았다.

그런 그가 요즘은 '장애인 거주시설'을 상대로 또 한 번의 힘겨운 싸움을 벌이고 있다. 이 또한 시설 운영자들의 눈치와 입김으로 인해 아무도 달려들지 않는 싸움이다.

세 살 때 사고로 하반신 마비가 된 후, 학교는 문 앞에도 가보지 못했다는 그가 오랜 '은둔형 외톨이' 세월을 극복하고 인권운동의 투사로 변신할 수 있었던 계기는 뭐였을까?

인터뷰 요청을 했더니 그는 창원에 있는 장애인자립생활센터협의회 사무실에서 보자고 했다. 하지만 그가 사는 집을 보고 싶었다. 집이 어디냐 했더니 마산 양덕동

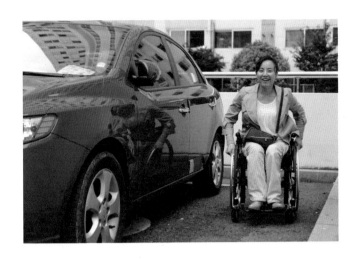

한일타운 3차 아파트란다. 거기서 보기로 하고 약속시간에 맞춰 아파트로 갔다. 마침 퇴근길 교통정체로 그가 좀 늦게 도착하는 덕분에 그가 혼자 차에서 내리는 모습을 볼 수 있었다.

빨간색 포르테 승용차를 몰고 온 그는 주차 후 운전석을 뒤로 젖혀 뒷좌석에 놓인 휠체어를 한 손으로 들어올렸다. 족히 10kg은 넘는 휠체어를 운전석 옆에 내려놓더니 능숙하게 옮겨 탄 후 차문을 닫았다. 이 과정을 김구연 기자가 계속 촬영하는 게 쑥스러웠던지 "아유, 이럴 줄 알았으면 좀 예쁘게 하고 올 걸…"하며 환하게 웃었다. 13층, 열네 살 딸과 둘이 사는 24평 아파트 식탁에 마주 앉은 그는 기자에게 홍삼주스를 권했다. 집에서 직접 홍삼제조기로 만든 거라고 했다. 그래서인지 진한 맛이 느껴졌다.

세 살 때 넘어져 장애인이 되다

지금 맡고 있는 직책이 뭐죠?
"경남장애인자립생활센터협의회 대표예요. 이름이 좀 길죠?"

맡은 지 오래되셨죠?

"네 2007년도부터…"

지난 총선과 2008년 총선 출마할 때는?

"그땐 휴직을 했죠."

요즘 거주시설 장애인 인권문제를 홀로 제기하고 계시던데. 사실 그 문제를 제기하기가 쉽지 않을 텐데. 그 시설들의 반발이라든지 압력이 만만찮을 것 같아요.

"네. 그래서 제가 계속 문제제기를 하고, 저 혼자 (블로그와 페이스북 등에) 글을 올리는 이유도 다른 분들이 다칠까봐. 저 하나만 희생을 하더라도 하자고 작정하고 나선 거죠. 하지만 뒤에서 표 나지 않게 돕는 분들도 있어요."

일단 시설 장애인 문제는 놔두고, 원래 고향이 어디시죠?

"마산 월영동에서 태어나서 죽 자랐고, 산호동에서도 좀 살다가 결혼해서 내서읍으로 갔다가 이혼하고 양덕동으로 와서 살고 있죠. 마산 토박이에요."

부모님은 뭐 하시는 분인가요?

"장사하셨어요. 방앗간을 하셨는데, 고춧가루, 참기름 이런 거 팔고…"

시장에서요?

"산호동에서, 마산상고(현 마산용마고) 근처에서 하셨어요. 원래 거기도 시장이 있었는데 길이 나면서 골목처럼 되었죠."

두 분 다 살아 계신가요?

"네. 지금은 신포동에 계신데 어머니가 몸이 좀 아프셔서 장사는 이제 안 하시고…"

연세는?

"아버지가 44년생, 어머니는 46년생이죠."

형제는 남동생이 있죠?

"네. 남동생 하나뿐이에요. 지금 서울에서 직장생활하는데, 워낙 공부벌레였던데다 지금은 일벌레라 서른아홉에 아직 노총각으로 살고 있어요. 그 때문에 부모님이 애를 많이 태우고 있죠."

명절에는 가족이 부모님 집에 모이나요?

"네. 그런데 부모님 집이 계단이 있는 곳이라서 보통 저희 집으로 오죠."

세 살 때 장애인이 되었다고요? 넘어져서 그랬다는 게 무슨 말이에요?

"월영동 거기에 조그만 시장이 있었어요. 청과물 시장이었는데, 그 뒤편 골목에 우리 집이 있었어요. 세 살 때 막 걷기 시작하면서 청과물 시장 쪽으로 걸어 나왔나 봐요. 흙바닥에 주저앉았는데, 그 길로 그렇게 되었어요."

어떻게 주저앉았기에 그렇게 되죠?

"그러니까 어릴 땐 모든 신경들이 엉덩이뼈 쪽으로 모이는데, 거기가 약하대요. 잘못 주저앉게 되면 신경을 다치게 된다더군요."

그 당시 병원에서도 고칠 수가 없었나요?

"그 당시엔 병명도 잘 몰랐으니까, 그땐 병명이 소아마비로 나왔었어요. 그런데 소아마비는 세균성 감염이거든요. 열나고 이런 것도 아니었는데, 진단이 잘못되어가지고…. 한참 동안 약도 엉뚱한 약을 먹고…."

그럼 정확한 병명은 뭐였나요?

"제가 그 병이라는 걸 열여덟 살 때 알았는데, 그러니까 요추 신경을 다쳐서 그리 됐다는 진단이 열여덟 살 때 나왔어요. 요추 신경마비."

세 살 때 같으면 너무 어려서 잘 모를 땐데, 스스로 장애를 인식한 것은 언제쯤이었나요?

"정확히는 기억 못하는데, 열 살 때쯤이었던 것 같아요. 제 어머니가 방앗간을 하시는데, 그 앞에 의자 하나가 있었어요. 거기 앉아 지나가는 사람들 구경하고 있었는데, 동네 아이들이 물총으로 저를 쏘는 거예요. 그러면서 잡아보라는 거죠. 너무 화가 나서 보니까 바닥에 요만한 나무 작대기가 있더라고요. 그걸 주워서 집어 던졌어요.(웃음) 그래도 아이들이 거의 가까이 이니 제 몸이 나 섯을 때까지 물총을 쏘는 거예요. 그날 엄청 충격을 받은 것 같아요. 아, 내가 대항할 수 없구나. 그런 걸 그때 처음 알았죠."

그러면 그때도 어리긴 했지만, 사는 게 힘들다는 걸 많이 느꼈겠네요.

"그렇죠. 저는 정확한 기억이 안 나지만, 어머니 말씀으로는 그때부터 (내가) 교회도 안 가려고 하고, 외출도 안 하고 집안에만 있으려 하고 그랬다더라고요."

원래 크리스천 집안이었나요?

"아뇨. 제가 다치고 나서부터, 옛날에 기복신앙이라고 해서 열심히 기도하면 나을 것이다, 그런 기대로 일곱 살 때부턴가? 부모님하고 전부 다 교회생활하신 걸로 알고 있어요. 정말 다들 열심히 교회 다녔어요."

어느 교회였나요?

"동광교회. 마산 창동 코아제과에서 육호광장 쪽 가는 길에 있는…."

지금도 동광교회 다니시나요?

"아뇨. 지금은 이쪽으로 이사 오고 나서 성은교회라고."

예수교장로회 쪽인가요?

"네."

예장이 대체로 보면 좀 보수적이지 않나요?

"그렇긴 하죠.(웃음)"

그런 보수적인 교회 분위기가 현재 본인의 가치관과 맞나요?

"제가 이사를 자주 다니다 보니 워낙 많은 교회를 옮겨 다녔는데, 그런데 고신이다 뭐다, 진보다 해서 가도 목사님 따라 다르더라고요. 여긴 목사님이 너무 좋으셔요. 외국인노동자도 오시고 이주민들도 많이 오시는데, 되게 많이 챙기시고… 그리고 조그만 교회인데 엘리베이터가 있어요. 그런 게 좋은 것 같아요."

성장 과정에서 초·중·고등학교도 가보지 못하고, 나중에 검정고시를 거쳐 대학 가려 할 때 아버지가 '가지 마라. 너도 힘들고 주위 사람들도 힘든다'며 반대하셨다던데….

"어떻게 아셨어요?"

다 조사를 해보고 왔죠.(웃음) 어쨌든 그때 상처를 많이 받으셨겠네요.

"저희 아버지가 워낙 한국사회의 보수적인 남성상인데요. 그렇게 자라시기도 했고, 그러니까 딸이라고 있는데, 아픈 딸이 밖에 나가서 그러면 다른 사람에게 피해를 준다는 걱정을 하신 거죠. 저희 아버지가 피해 주는 걸 엄청 싫어하셨거든요. 초등, 중고등학교도 안 가본 딸이 어느 날 검정고시를 치더니 대학 가겠다고 하니까, 적잖이 당황하시고… 그런데다 또 남동생이 워낙 공부를 잘해서 거기에 모든 투자를 하고 있는데, 딸내미가 대학을 가겠다고 하니 아버지 입장에선…."

열여덟 살까지 '은둔형 외톨이'의 삶

그러니까 초·중·고등학교를 다닐 시기에는 학교에 갈 엄두도 못 냈고, 검정고시도 생각을 못했나요?

"그런 게 있는 줄도 몰랐습니다. 한참 뒤에, 열네 살인가 열다섯인가 그쯤 되었을 때

동네 이웃분이 검정고시라는 게 있다고 해서…. 그때부터 공부를 했죠."

그러면 그 전에는 성장기에 뭘 하고 지냈나요?

"어머니께서, 바보가 되면 나중에 사기당한다고, 어머니 아버지 돌아가시면 어떻게 하나 해서 글을 가르쳐줬어요. 그리고 남동생이 학교에 다니니까 동생 숙제해주라고 그랬었어요. 그래서 기언히 이것서섯…. 졸업을 위해서는 아니었지만 책도 보고…."

어떤 책을 주로 읽었습니까?

"소설을 좋아해가지고 세계명작 이런 걸 많이 봤고, 시집도 읽었고…."

그때 읽었던 소설 중에서 가장 기억에 남는 건?

"음…. 제인에어. 그 사람의 삶이…. 비슷한 장애도 나오고…."

저는 가물가물한데요. 제인에어가 어떤 내용이었죠?

"한 소녀가 고아원에서 자라서 자기 스스로 삶을 개척해나가는 그런 내용이었죠. 가정교사로 가게 된 집에서 한 남자와 사랑에 빠지게 되고, 그 남자가 화재로 인해 시각장애인이 되죠. 참, 여성으로서 대단하다. 어릴 땐 전혀 상상도 못하던 여성상을 보게 된 거죠."

그걸 보고 뭔가 해봐야겠다 하는 어떤 깨달음을 얻으신 건가요?

"그것보다는 부러움이었죠. 아, 저 사람은 두 다리라도 성하니까 저렇게라도 할 수 있구나. 아~ 나도 저렇게 좀 살아봤으면 하는…."

어머니는 어떤 분이셨나요?

"저희 어머니는 정이 많으신 분이세요. 또 옳다고 하는 일은 하시는 분이고, 그 시절에 또 워낙 시어머니 밑에서 사시면서 눈물도 많으셨어요. 특히나 장녀가 장애가 되었으니, 저희 아버지가 외아들이시거든요. 외아들에 며느리를 맞았는데 첫딸이 장애가 되었으니 오죽했겠어요? 그래서 어릴 때 어머니의 기억은 많이 우셨던 것 같아요. 저 때문에 할머니에게 혼나는 모습, 말다툼하는 모습, 참 속상할 때가 많았죠."

하긴 그 시절 같으면 손녀가 잘못된 것도 모두 며느리 탓으로 돌리는 세상이었죠.
"네, 그래서…."

아버지는?
"완고하시고, 말수가 적은 분이에요. 그래도 가끔 가슴 아픈 말씀을 하셨지만, 절대 매는 들지 않으셨어요. 그래서 제가 나중에 좀 커서 아버지에게 '참 서운하다. 왜 그렇게 딸내미에게 정 있는 말 한 마디 안하셨냐고' 얘기를 했어요. 그래서 아버지 하시는 말씀이 '어차피 사회는 너무 척박하고 장애인이 살아가기 힘든데, 집에서 고이고이 기르면 네가 어떻게 버텨나갈까 하는 생각이 들어서 더 강하게 했다'고 하시더라고요.(웃음)"

사실 옛날 어르신들이 다 그랬던 것 같아요.
"그런데 제 남동생은 워낙 똑똑하고 공부도 잘해서 동생에 대한 기대는 컸는데, 저에게는 아예 아무런 기대가 없었죠. 그냥 민폐 끼치지 말고 집에 조용히 있다가 나중에 엄마가 돈 벌어서 조그만 가게라도 내주면 거기서 계산이나 하고 그래라. 그런 생각이셨죠."

열네 살 때 검정고시라는 게 있다는 걸 알게 됐고, 이후 대학에 가서 뭘 하겠다. 이런 장래에 대한 계획을 갖게 된 것은 언제 어떤 계기가 있었던 건가요?
"열여덟 살 때였는데요. 그때까지는 그냥 고등학교 졸업장이나 따자는 생각에 준비를 했다가 그때 정말 사춘기의 절정에 다다라 가지고, 어머니에게 왜 날 낳았느냐 뭐 이런 막말도 하고, 어머니 마음에 못도 많이 박고 이럴 때였는데, 중학교 검정고시를 친 뒤에 고등학교 검정고시를 쳐야 하는데, 전혀 공부를 안 하고 그냥 계속 놀며 방황했던 것 같아요. 반항의 절정에 달해가지고 죽을 작정을 했었어요. 약국에서 수면제를 조금씩 사다 모았다가 먹었는데, 그게 좀 약했는지 안 죽더라고요. 며칠 동안 비몽사몽으로 있다가 한 두어 달 고생했나? 그래서 죽는 것도 쉬운 일이 아니구나 하면서 뭘 해야 할까 하던 중 텔레비전을 봤는데, 휠체어 타고 다니는 미국 사람이 학교도 가고 직장생활도 하고 하는 모습이 나오더라고요. 그때 꿈이 생겼죠. 아, 미국으로 이민 가야겠다. 이민 가려면 영어를 해야겠고, 그러면 공부를 해야 되겠다, 이렇게 생각한 거죠."

미국의 무슨 프로그램이었죠?
"무슨 프로그램인지는 모르겠는데, 여러 장애인들이 살아가는 모습을 보여주는 것이었어요. 휠체어 장애인도 나오고 심지어 산소호흡기를 낀 사람도 나오는 거예요. 학교를 가는데 차가 와서 데리고 가고, 보조교사가 붙고, 너무 부러운 거예요. 아, 저기 가서 살면 되겠다 생각했죠. 그때 어머니에게 휠체어를 사 달라고 졸랐죠."

아, 그때까진 휠체어도 없었나요?
"네. 없었어요."

그러면 어떻게 생활했나요?
"집에만 있었죠. 어릴 때 물총 사건 이후로 밖에도 안 나가고, 친구가 집에 찾아오면 함께 놀고…. 집에만 있었어요. 그러다가 열여덟 살 때 드디어 나갈 생각을 한 거죠.(웃음)"

그래서 휠체어를 사신 거군요.
"약 3개월을 조르고 졸라 결국 샀죠. 그런데 아버지가 '휠체어 사서 네가 갈 데가 어딨냐?'고 한 말에 오기가 생겼어요. 갈 데 있다, 만들면 된다 막 이랬는데, 막상 사고 나니 정말 갈 데가 없는 거예요. 그런데 그때 집 주변에 교회가 하나 있었는데, 제가 운이 좋았는지 그 교회에 계단이 하나도 없는 거예요. 만일 계단이 있었으면 대인관계에 서툰 제가 갈 생각을 못했을 거예요. 거기서 친구들을 만났는데, 그때가 열아홉이었잖아요. 그때 친구들의 고민이 모두들 대학에 가느냐, 대학 안 가고 바로 취직하느냐 이런 거였어요. 그런 말들을 하는데 저는 아무 할 얘기가 없더라고요. 그 때부터 고민을 하면서 나도 대학에 가보자 이렇게 결심을 한 거죠."

그때 어디에 살고 있었죠?
"산호동 살 때였어요."

그래서 대학에 가겠다고 하니 부모님 반응은?
"당연히 반대였죠. 그런데 어머니는 당시 제가 그토록 강하게 자기 주장을 한 게 처음이었으니까, 몰래 딸내미가 다닐 수 있는 대학을 알아보셨던 것 같아요. 어느 날 대학 팸플릿을 하나 구해다 주더라고요. 아버지는 완강하게 반대하던 시기였고. 그 팸플릿이 마산대학이었어요. 안경광학과라는 곳이 있었는데, 어머니 생각은 여기 나오면 뭘 해도 먹고살 거라고 봤던 것 같아요. 하지만 제 생각은 이걸 해서 돈을 벌면 미국에 갈 수 있겠다는 거였어요. 어머니에게 말은 안 했지만… 사실은 영어영문학과에 가서 영어를 배우고 싶었지만, 4년제는 안 된다고 하니까…."

왜 영어영문과를?
"미국 가야 하니까. 하하하."(함께 웃음)

그래서 고졸 검정고시를 치고 대학 시험을?
"예. 스물한 살 때 둘 다 했죠."

마산대학 합격 후 대학의 반응은?
"그땐 대학에 가서 시험을 쳤거든요? 그 후 학과장님이 보자고 연락이 왔어요. 택시를 타고 갔더니 하시는 말씀이 '우리 학교는 산에 있고, 장애인 시설도 잘 안 되어 있는데, 학교를 다 바꿀 수도 없고 그런데 어떻게 학교를 다니려고 하느냐'고 묻

더라고요. 그때 만약, 지금의 저라면 항의를 하거나 했겠지만 그때만 해도 워낙 민폐를 끼친다는 말을 많이 들었고 학교 가고 싶은 열망이 워낙 커서 '합격만 시켜주시면 제가 어떻게 하더라도 알아서 다니겠다'고 말했죠. 그때 교수님이 저를 잘 보신 것 같아요. 그 시절만 해도 장애인 입학거부가 만연할 때였거든요. 다행히 그렇게 해서 면접을 패스했죠."

그렇게 해서 2년 동안 어떻게 학교에 다니셨나요?

"집이 산호동이고 학교는 내서에 있는데, 택시밖에 이동수단이 없었어요. 택시도 시외곽지역이라고 돈을 많이 받았어요. 두당 1만 원. 그때 제가 수업 받는 학과가 4층에 있었는데, 도와줄 사람이 필요했어요. 다행히 다니는 교회에 재수생이 있었는데, 제 도서관증을 대여해주고 함께 학교에 다녔어요. 두당 1만 원씩이니까 택시비만 2만 원인데, 그것만 받는 택시기사는 정말 좋은 분이었고요. 휠체어비 5000원을 더 보태서 보통 2만 5000원, 3만 원을 내는 경우도 있었어요."

지금보다 훨씬 비싸네요.

"그땐 시 외곽이라고 한 번 택시를 타면 왕복 차비를 요구했어요. 그래도 태워주는 기사님이 고마웠죠. 보통은 태워주지도 않아요. 택시 잡으려면 적어도 스무 대는 지나가야 한 대쯤 세워줬죠. 아침에 장애인이 타면 재수 없다고…."

악착같이 우수한 성적으로 대학을 졸업했지만

매일 아침 그런 일을 겪으면 자괴감을 느꼈을 수도 있겠네요.

"그런데 그거보다는 더 컸던 게, 그런다고 내가 항의를 하거나 성질을 내거나 하면 나 말고 다른 장애인들에게도 안 태워줄 거라는 생각에 우선 예쁘게 보이려고 노력했어요. 그러다가 태워주면 '감사합니다'는 말을 수십 번은 했죠. 그것밖에 생각할 수가 없었죠. 어떻게든 학교는 다니고 싶었고…. 그렇게 한 학기를 지내고 나니 도저히 안 되겠더라고요. 그래서 방학 때 운전면허를 땄고, 차를 샀죠."

어쨌든 그렇게 해서 공부는 잘하셨어요?

"음, 제가 휠체어를 타다 보니 강의실 뒷좌석으로 갈 수가 없어요. 강의실 문이 강단 바로 옆이었어요. 그래서 중간 사잇길로 휠체어가 지나갈 수도 없고 해서 맨 앞자리에 늘 앉았거든요. 졸 수도 없고 뭐. 하하하. 그리고 공부가 워낙 재미있었어요. 이렇게 쉬운 줄 몰랐어요. 집에서 혼자 공부할 땐, 사촌 언니가 가끔 도와주고 할 땐 너무 힘들었어요. 그런데 누가 앞에서 설명해주는데 너무 쉽고 재밌었어요. 그래서 열심히 했던 것 같아요. 장학생으로 졸업했고, 재밌어서 그랬죠."

장학금을 받고 다녔나요? 4학기 모두?

"네. 전 학년 평점이 4.2인가 4.3인가 그랬으니까. 하여튼 졸업할 땐 1등으로 졸업했어요."

수재였군요.

"전 학년 평균은 2등이었어요. 그 당시엔 안경이 열풍이었거든요. 한 학년에 80명이나 되었어요. 그 중에는 서울대나 성심여대 졸업생 이런 분들이 취업이 안 되니까 안경점하려고 다시 마산대학 안경광학과에 왔어요. 그런 분들은 정말 이기기 힘들더라고요. 그러다 졸업할 때 딱 한 번 1등을 했죠.(웃음)"

93년에 입학해서 95년에 졸업한 거죠? 학교생활 중 특별히 힘든 건 없었나요?

"그땐 학교에 장애인 화장실이 없었어요. 양변기도 없었죠. 화장실에 갈 때 제가 만든 매트를 갖고 가서 바닥에 주저앉아서 용변을 해결했어요. 그래서 화장실 한 번 가면 30분 걸리고 이렇게 너무 힘드니까 화장실에 안 가려고 제가 물을 안 마셨어요. 그때 만성방광염이 걸렸어요. 지금도 그 후유증이 있어요. 하지만 그땐 그게 나에게 주어진 첫 시험관문이라고 생각했으니까 정말 악착같이 했어요. 이걸 이겨내지 못하면 내가 원하는 삶을 살 수 없을 거라고 생각했어요."

그때 부모님은 응원을 해주셨나요? 처음엔 반대했지만?

"네. 그랬어요. 얘가 좀 적응을 하고 성적도 좋게 나오고 하니까 되게 좋아하셨어요. 어머니가 매일 도시락도 싸주시고…. 식당이 2층에 있어서 거기도 가기 힘들었거든요."

나 아닌 다른 장애인들의 아픔을 느끼고

그토록 힘들게 졸업을 했는데, 취업은 했나요?

"안 되더라고요. 안경사 시험도 합격했는데⋯. 그땐 안경사가 워낙 모자랄 때라 안경사 자격증 못 딴 친구들도 취업이 되었는데, 장애인이라 안 되더군요. 저 혼자 취업을 못했죠. 그래서 안경점을 차려보려 했는데 돈이 너무 많이 들더라고요. 가게 전세금과 기계, 인테리어 등 합쳐서 계산해보니 1억 5000, 좀 괜찮은 자리는 2억은 잡아야겠더라고요. 그걸 감당할 돈이 없었죠. 결국 그때부터 또 집에 있어야 했어요."

집에서 뭐하셨어요?
"할 일이 뭐 있겠습니까? 그냥 어머니 일 도와드리고 있었죠."

그때 나이가?
"스물 넷, 스물 다섯 올라갈 때였죠. 나가서 학교 다니다가 졸업하고 다시 집에만 있으려니 정말 미치겠더라고요.(쓸쓸한 웃음) 난 정말 아빠 말마따나 아무 것도 안 되는 건가? 좌절감에 빠져 있었는데, 마침 교회 분 소개로 장애인밀알선교단이라고 있었는데 목사님을 만났죠. 거기에 간사로 들어가게 됐어요. 행정과 회계를 맡아 했는데, 2000년까지 약 5년 정도를 일했어요."

그때 60만 원 받았다고요? 5년 동안 한 번도 오르지 않고요?
"예. 올려달라고 할 만한 상황이 아니었어요. 후원금으로 운영되는 곳인데, 목사님도 아내와 자식들 있고 그런데 100만 원밖에 못 받아 갔거든요. 그래서 다른 사람을 구하기 힘든 자리였는데, 저는 오히려 그래서 좋았어요. 경쟁자가 없으니까. 나가란 소리 안 하는 곳이잖아요.(웃음) 그 직장이라도 있어서 집을 나설 수 있다는 게 행복했었죠."

그때 밀알선교단에 계시는 동안 나 아닌 다른 장애인들을 만나는 계기가 되신 거죠?
"네. 그것도 그렇고, 나 혼자 겪는 아픔이 아니구나 하는 걸 느낀 계기도 됐죠."

그때 장애인 인권 문제에 눈을 뜨게 되신 건가요?

"그 때는 인권까진 아니었고, 아 정말 이렇게 비참하게 사는 사람이 정말 많구나. 나는 도전이라도 해서 이렇게 (직장에) 나오지만, 이 사람들은 도전도 할 수 없을 정도로 무기력해 있구나. 그래서 도와줘야겠다는 생각만 들었어요. 어쨌든 그땐 솔직히 평범하게 사는 게 꿈이었거든요. 어딜 가나 이목이 집중되는 장애인이었기 때문에 그냥 평범한 사람처럼 살고 싶었어요. 언젠가 좋은 사람 만나 결혼도 하고 아이도 낳고 그렇게 살고 싶었죠."

그때 남편을 만나게 된 건가요?
"스물일곱 때, 만나긴 스물두 살 때 교회에서 만났죠."

어떻게 만나게 된 건가요?
"교회에서 찬양단 활동을 했는데, 거기서 기타 치는 사람이 남편이었어요. 저는 피아노를 쳤고…"

피아노는 언제 배웠나요?
"어릴 때, 할 일 없이 집에 있으니까. 그때 마침 골목 안에 피아노학원이 있었어요. 당시 어머니에게 제가 이런 말을 했대요. '왜 나는 학교에 안 가?' 또는 '왜 나는 소풍을 안 가?' 이런 말을 했대요. 그래서 그때 어머니가 저를 업어서 피아노학원을 보내줬는데, 또 하나의 어머니 바람은, 피아노를 잘 치다 보면 페달을 밟고 싶어질 거고, 페달을 밟으려 하다 보면 다리에 힘이 생길 수도 있다는 마음으로 보내셨다고 해요. 그런데 저에겐 오히려 그게 상처가 됐죠. 아, 내가 아무리 피아노를 잘 쳐도 페달을 못 밟으니 잘할 수 없는 것이구나 하는 걸 알게 했던 첫 물건이 피아노였어요. 그래서 좀 하다가 피아노를 그만뒀는데, 교회에 피아노 반주자가 없었어요. 조금 칠 줄 안다는 이유로 제가 하게 됐죠."

사귀자고 한 건 누구였나요?
"(쑥스러운 웃음) 남편이었죠. 그런데 처음엔 '저 사람이 장난하나? 나 같은 사람을 누가 좋아하나? 저건 분명히 나를 희롱하는 거다' 이렇게 생각했어요. 되게 불쾌했고 교회도 안 나가고 했는데, 나중에 진심이구나 하는 걸 알게 되고, 그래서 한 번 사귀어나 보자, 이러다가 98년에 결혼하게 됐죠."

남편은 당시 뭘 하던 분이었죠?
"신학공부를 하던 사람이었어요. 목사가 되려고 준비하던 사람…."

그런데 왜 이혼하셨나요?
"결혼할 때만 해도 그 분이 저를 좋아했고, 저도 좋아했지만 서로 맞는 사람인지에 대해서는 전혀 생각을 안 했던 것 같아요. 살다 보니 안 맞는 게 너무 많이 발견되고 성격 차이가 컸고, 그 외 여러 가지 현실적인 문제도 있었고… 서로 좋게 헤어졌어요."

그런데 98년에 결혼하고, 2000년 들어와 경남여성장애인연대를 만들어 인권운동을 시작하셨는데요. 그 2년 사이에 어떤 특별한 계기가 있었던 겁니까?
"저는 결혼할 때까지만 해도 현모양처가 꿈이어서 임신하고도 너무 좋았어요. 난 임신을 못할 줄 알았거든요. 부모님도 결혼을 반대했던 이유가 '남의 집 대 끊는다'는 거였거든요. 그런데 임신을 했고, 병원도 의사 시키는 대로 충실히 다녔어요. 그런데, 어머니가 아이를 지우자고 했어요. 그땐 충격이었는데, 애라도 생기면 어떻게 감당할까 걱정하셨던 것 같아요. 저도 임신하고 고민을 많이 했는데, 장애인으로서 제 삶을 되돌아봤어요. 그런데 장애인으로서 제가 살아 있는 게 좋았어요. 그래서 혹여나 애가 장애인으로 태어난다 해도 오히려 내 경험으로 잘 키울 수 있겠다 싶었어요. 엄마도 잘산다, 너도 잘할 수 있을 거다 라고 말할 수 있을 것 같았죠. 그래서 낳겠다고 했죠."

그런데 후천 장애잖아요. 그런 경우에도 아이가 장애인으로 태어날 가능성이 높은 건가요?
"실제론 그렇지 않죠. 그런 사회적 편견이 쌓여 있고, 그런데다가 제가 어릴 적 장애다 보니 골반이나 하체가 약한 상태예요. 그러니까 애 낳다가 잘못될 수도 있다는 걱정이었죠. 하지만 제왕절개가 있으니까 그럴 위험도 없는 거죠."

아이를 출산하고 장애인 인권에 눈을 뜨다

그런데 그게 인권운동에 뛰어든 것과 어떤?

"아, 그래서 아이를 낳고 나서 저는 밀알선교단에서 휴직을 했고, 남편은 신학대에서 생활하고 주말에만 집에 오는데, 생활이 어려워 빨리 젖을 떼려고 분유를 먹일 때였는데, 어느날 분유가 떨어졌어요. 집이 내서 상곡이라고 처음 들어선 임대아파트였는데, 집에서 슈퍼마켓까지 가는데 경사진 길이었어요. 당시만 해도 휠체어를 1층에 두고 저도 집에선 기어서 생활할 때였는데, 모든 생활도구를 낮춰둔 상태라 아이를 혼자 두고 나가긴 너무 위험했어요. 애가 배고파서 자지러지는데, 요즘처럼 휴대전화가 있는 것도 아니고 정말 난감하더라고요. 한참 생각 끝에 쌀을 갈아서 먹였어요. 그러고 나서 정말 많이 울었어요. 아이에게 죄를 짓는 것 같아서…. 그날 밤 잠을 못자고 고민했어요. 그러다 '아, 나 같은 여성장애인을 도와주는 제도가 있을 것이다'라는 생각이 들었죠. 동사무소에 전화를 했죠. 생활보호대상자냐고 묻더라고요. 그런데 남편이 비장애인이라 생활보호대상자가 안 됐어요. 아니라고 하니 '그러면 도와줄 방법이 없다'더라고요. 그러면서 시청에 전화해보라더군요. 시청에 전화해보니 오히려 저를 이상하게 생각하는 거예요. '중증이라면서요. 그런데 어떻게 애를 낳았어요?'하며 되묻는 거였어요. 중증장애인은 애를 못 낳는 거라고 생각하는 공무원이 사회복지과에 앉아 있더라고요. 경남도청에도 전화를 했는데 역시 그런 제도는 없다더군요. 이건 뭔가 문제가 있다는 생각을 했죠. 언론에는 장애인에게 각종 혜택이 있다고 광고하면서 삶에 절실히 필요한 여성장애인의 출산과 육아를 위한 아무런 지원제도가 없다는 게 이해할 수 없었어요. 그때부터 여성장애인들의 모임이나 단체가 있는지 알아보기 시작했죠. 그때 서울에 '빗장을 여는 사람들'이라고 장애여성들의 모임이 있더군요. 거기서 나온 책들을 구해 읽기 시작했어요. 여성장애인들이 자기 이야기를 써놓은 책이었는데 다들 나랑 비슷한 거예요. 결혼할 때 고민, 애 낳으면서 고민, 학교 가면서 고민, 아 이렇게 많은 사람들이 똑같은 고민을 하고 있다는 것은 뭔가 문제가 있다는 생각을 했죠. 그러고 나서 저도 이런저런 문제의식을 이야기했더니 인권에 관한 책들을 읽어보라고 하더라고요. 그때부터 마구잡이로 막 주는 대로 읽기 시작했죠. 메일로 보내주는 각종 토론회 발제문이나 그런 것도 닥치는 대로 읽었어요. 그러는 과정에서 '여성의 전화'라는 단체에 찾아가 이경희 대표를 만났고, 그렇게 하여 여성장애인연대라는 단체를 만드는 걸로 이어졌죠."

그런데 지금까지 송 대표님이 쓰신 글을 보면 단순히 장애인 문제뿐 아니라 사회구조적인 모순이라든지 그런 전반적인 지식의 바탕이 없으면 쓸 수 없는 글들을 많이 쓰셨잖아요? 어떻게 그런 공부를 하신 거죠?
"그런 글을 어디서 보셨어요?"

우리 경남도민일보에도 많이 쓰셨잖아요.(그는 2002년부터 몇 년간 경남도민일보에 칼럼을 썼다.)
"아, 칼럼 쓸 때요? 사실 어릴 땐 텔레비전과 라디오뿐이었고요. 이후 토론문이나 자료집 같은 걸 보면 많은 사람들이 사회구조적 문제를 압축적으로 쓴 글들이 많더라고요. 또 그런 글에서 추천한 참고서적도 찾아보고 그런 거죠. 그때가 2000년 즈음이었는데 정신없이 책을 읽었던 것 같아요."

그때쯤 이경희 대표를 만났고, 그게 여성장애인연대 결성 계기가 된 건가요?
"그건 아니고, 제가 읽던 책 중에 〈여성학〉 책이 있었는데, 그 내용을 보니 여성을 장애인으로 바꾸면 처지가 똑같은 거예요. 그래서 제가 여성의 전화에 찾아갔었죠. 이런 일을 해보려고 하는데 좀 도와주십시오 했죠. 그때 몇몇 여성장애인들 모임을 하고 있었어요. 그 모임에 강의를 해달라고 부탁했고, 그때 이경희 대표께서 흔쾌히 우리 모임에 와서 강의를 해주셨죠. 그리고 그때 또 많이 도와주셨던 분이 MBC 임나혜숙 국장이었어요. 이분은 진짜 우리 단체가 똑바로 설 수 있게 물심양면으로 다 도와주셨죠."

초창기에 모였던 몇몇 분들은 어떻게 알게 되신 거죠?

"밀알선교단을 통해 알게 됐던 분들, 그리고 다리 건너 이런 문제를 고민하고 있는 분들을 소개받기도 하고, 또 저 외에 이런 모임을 준비하고 있는 분들이 이미 있었어요. 다섯 명인가 되는 분들인데, 어떻게 해야 할지 몰라서 3년째 준비모임만 하고 있었다더라고요. 그 팀을 만나게 되고…."

영화 비평을 쓴 후 '논객'으로 등극하다

임나혜숙 국장은 어떻게 만나게 된 건가요?

"우리가 여성장애인연대 창립과 관련해 방송국에 홍보를 좀 하려고 안내지를 보냈어요. 그런데 전화가 왔더라고요. 그 분이 임나혜숙 국장이었어요. 사무실이 어디 있냐? 보고 싶다. 그래서 만났는데 무슨 일을 하려느냐고 물었어요. 그래서 취지를 이야기했더니 홍보도 해주시고 여러 가지로 도움을 주셨죠."

그래서 경남여성장애인연대가 출범하게 된 거로군요. 제가 송정문 회장을 확실히 기억하게 된 건 2002년 9월 10일 자 경남도민일보에 기고한 '영화 〈오아시스〉에 담긴 장애인 편견'이라는 글이었는데요. 공개적으로 언론매체에 글을 쓴 것은 그게 아마 처음이었죠?

"네. 사실 저도 그 글이 신문에 실리고 사회적인 반응이 워낙 커서 부담이 될 정도로 깜짝 놀랐어요. 난리가 났었죠. 글이라는 게 이렇게 무섭구나 하는 걸 알았어요. 이창동 감독도 어떤 자리에서 제 글을 거론했다고 하더라고요. 그 글을 도민일보에 보내라고 추천한 사람도 임나혜숙 국장이었어요. 도민일보는 실어줄 것이라고 했죠. 그때 우리가 급여도 없을 때여서 임 국장이 밥 사주러 왔는데, 영화를 보고 와서 흥분해가지고 막 이야기를 하니까 그걸 정리해서 글을 써오래요. 그래서 글을 써서 가져갔는데, 기고를 하라고 해서 자의 반 타의 반으로 도민일보에 보낸 거죠."(당시 그 글은 파격적으로 1면에 실렸다.)

그 글 이후 자연스럽게 경남도민일보 칼럼위원이 됐잖아요.

"네, 그게 저에겐 너무 귀한 행운이었어요. 글을 체계적으로 쓰게 된 첫 번째 계기가 도민일보 칼럼이었죠. 처음엔 칼럼 부탁을 할 땐 두 달에 한 번 쓰라고 하더니 나중엔 3주에 한 번씩 쓰라고 하여 부담이 좀 되었지만, 1년 정도 쓰면서 많은 생각과 공부를 하게 됐고, 제가 성장하는 데 많은 역할을 했었죠. 요즘도 글을 좀 써보려 하는데 그게 잘 안 되네요. 그때처럼 강제적이지 않으니까.(웃음)"

여성장애인연대 초대 회장을 맡았는데, 몇 년 하신 건가요?

"임기가 3년이에요. 준비기간 1년까지 합쳐서 총 4년을 했는데, 너무 지쳤어요. 단체 하나를 만들어서 꾸려간다는 게 예삿일이 아니더라고요. 그래서 임기 마치고 그만뒀죠."

그러고 나서 당시 마산MBC에 '아구할매' 작가로 들어가셨죠?

"네. 그때 임나혜숙 국장이 우리 단체 이사님이었는데, 총회 직전에 임기 마치고 좀 쉬려 한다고 했더니 '뭘 해서 먹고살려고 하느냐'고 묻더군요. 그래서 아무 생각 없이 좀 쉬고 싶다고 했죠. 그랬더니 '본인이 몰라서 그러는데 갑자기 쉬면 심리적으로 자괴감에 빠질 거다' 하시더니, 며칠 후에 전화가 왔어요. '아구할매' 작가로 일해 보면 어떻겠느냐. 그래서 자연스럽게 그 일을 하게 된 거죠."

여성장애인연대 활동에서 특별히 기억에 남는 것은?

"여성장애인들, 아니 남자 여자 할 것 없이 장애인들이 거리로 나와 시위를 한 것은 2003년 여장연 시위가 처음이었어요. 그때 요구안들이 장애인 이동권이었죠. 저상버스 도입, 장애인 콜택시 도입, 여성장애인 출산비 지원, 여성장애인 운전면허 비용 지원, 산후도우미 제도 도입 등이었어요."

그게 다 관철이 되었나요?

"산후도우미는 국가적 차원에서 다음 해 해결됐고요. 김혁규 도지사 말기였는데 모두 다 해주겠다는 약속을 받아냈어요. 그 다음 도지사가 김태호였는데, 약속 지키겠다 했는데, 여성장애인 관련 약속만 해주고 나머진 안 해줬어요. 저상버스는 5년 안에 100대 도입하겠다고 해놓고선 네 대인가밖에 안 해줬죠."

여성장애인연대 회장은 월급이 있나요?

"네 있어요. 처음에는 없었는데, 나중에 성폭력상담소를 하면서 후원회가 생기고 후원금이 좀 들어오면서 그때 돈으로 60만 원을 월급으로 책정했죠."

그것 갖고 아이 키우면서 어떻게 생활했나요?

"정말 하고 싶은 일이었으니까요. 우리 딸이 어느 날 사고가 생기면 여성장애인이 되는 거잖아요. 나처럼 살아선 안 되겠다 싶어 60만 원을 받고도 정말 밤이고 낮이고 열심히 일했던 것 같아요. 그러고 나서 임기 마치고 나니까 1000만 원 빚이 남더라고요."

그 빚은 어떻게 했나요?

"방송작가 하면서 다 갚았죠. 그때 임나혜숙 국장님이 배려해줘서 '아구할매'뿐 아니라 다른 프로그램도 맡고 하면서 제법 많이 벌었죠. 갑자기 많은 돈을 벌게 되니까 웬 횡재인가 싶더라고요.(웃음)"

아마도 임 국장이 〈오아시스〉 영화평부터, 그 후 써온 칼럼까지 죽 보시면서 작가로서 자질 같은 걸 관찰해오다 발탁한 것 아니었을까요?

"그건 모르겠는데요. 방송작가로 들어가서 제가 가장 많이 들었던 게 '너 성명서 쓰니?'라는 말이었어요. 여장연 활동하면서 계속 강력한 글만 쓰다 보니 그렇게 굳어졌나 봐요. 들어가서 3개월 정도는 작가수업만 받았어요. 그런데 그때도 임 국장님이 개인적으로 챙겨줬는지는 모르겠지만 돈이 들어왔어요. 그건 지금도 말을 안 하시니 몰라요.(웃음)"

방송작가 하면서도 많은 공부가 되었겠군요.
"우선은 사람을 설득하는 방법이 다양하다는 사실을 배웠고요.(웃음) 많은 공부를
했죠."

교수가 꿈이었던 대학원생, 학교와 싸움을 벌이다

그 시기에 대학원 진학도 했죠?
"예. 경남대 사회복지학 석사과정에 들어갔는데요. 2005년에 입학해서 2009년에 졸
업했어요."

그때도 조용히 공부만 하지 않고, 대학을 상대로 싸움을 벌였잖아요.
"장애인 편의시설 소송을 했죠. 명색이 장애인운동을 한 사람이 부당한 걸 보고 그
냥 있을 순 없잖아요. 우선 엘리베이터가 없었어요. 입학하자마자 대학 측에 요구
를 했는데, 돈이 없다느니 건물이 노후하다, 새로 지을 계획이다 하면서 1년이 지나
도 감감무소식인 거예요. 리모델링할 계획이라 하여 행정실장도 만나고 했는데 안
되더라고요. 그래서 박재규 총장 면담을 요청했더니 답변이 왔는데 '총장실에 계단
이 있어 만날 수 없다'며 거절했어요. 결국 해결이 안 되기에 소송을 내기로 했어요.
그런데 그땐 장애인차별금지법이 제정되기 전이어서 소송에서 이길 수 있는 근거법
이 없다더군요. 그래서 변호사에게 말했죠. 나는 분명히 학습권 침해를 받았다. 강
당도 못 가고, 도서관도 못 간다. 결국 민사로 손해배상 소송을 했고, 일부승소 판
결을 받아냈죠. 그때 학교 측은 건물을 리모델링할 때 엘리베이터를 설치하겠다고
했어요. 그런데 얼마 전 리모델링을 했는데 엘리베이터 설치가 안 됐더라고요. 아마
다른 학생이 또 문제제기하겠죠."

지금은 장애인자립생활센터협의회 대표로 계신데. 거긴 월급이 좀 있나요?

"네. 있어요. 월 150만 원 정도."

그걸로 생활하는 데는 괜찮나요?

"엔지오 단체에서 그 정도도 많죠. 딸하고 둘이 사니까."

임기가 언제까지인가요?

"회장 임기가 3년인데, 한 번 연임 중이에요. 아직 2년 남아 있는데, 세 번 연임은 안 할 생각이에요. 한 사람이 너무 오래하는 게 별로 좋지 않고요. 일자리도 부족하고 한데, 다른 일을 또 만들어야 하고…."

다른 플랜이 서 있는 건가요?

"저는 사실 꿈이요. 다른 사람들은 정치가 꿈이냐고 묻던데, 사실은 교수가 되는 게 꿈이었어요. 그 꿈을 가진 건 여성장애인연대 첫 데모할 때였어요. 그땐 우리 세력이 너무 약했어요. 100명 남짓밖에 안 됐거든요. 그래서 사회복지관 등에서 일하는 사회복지사들에게 도움 요청을 많이 했는데요. 호응도 좋았는데, 단 한 명의 사회복지사도 데모하는데 안 나타났어요. 그때 생각했죠. 도대체 대학에서 사회복지사를 어떻게 가르쳐서 양성하기에…. 그래서 생각했어요. 내가 교수가 되어서 제대로 된 교육을 하고 싶다고."

그 플랜을 지금 가동 중인가요?

"제가 석사과정 때 학교 쪽하고 소송을 했잖아요. 그래서인지 박사과정에 안 뽑아 줘요. 미달이 되어도…. 이런 상황에서 교수가 될 수 있는 길이 없잖아요. 재밌는 이야긴데, 제가 정치를 하는 것도 그걸 하면 교수가 될 방법이 있을까 해서 하는 이유도 있어요.(웃음) 정치인이 되면 박사과정에도 뽑아 줄 것 아니냐는 기대가 있죠. 저는 시간강사도 관계없어요. 학생들을 가르칠 수만 있다면."

40대 이후 송정문의 '인생 3막'은?

그는 최근 조례 제정을 목표로 하고 있는 거주시설 장애인 인권 문제에 대해 할 말이 많았다. 그가 말하는 인권침해 사례만 해도 앞의 인터뷰 분량보다 많을 듯했다. 결국 그 문제는 다른 지면에서 별도로 다루기로 하고 인터뷰는 여기서 정리하기로 했다.

지면 관계상 다루지 못한 게 또 있다. 민주노동당과 진보신당에서 정당 활동하던 이야기, 총선 후보로 출마했을 때의 이야기도 흥미진진했다. 그는 이야기꾼이었다. 딱딱하고 어려울 수 있는 내용을 쉽고 재미있게 풀어낼 줄 알았다. 오롯이 자신의 경험과 고민 속에서 나온 솔직한 이야기라 더 생생했다.

그는 2014년 현재 만 42세가 되었다. 그의 삶을 되돌아보면, 20대 이전까지는 좌절과 포기의 세월이었고, 20대 이후에는 도전과 투쟁의 연속이었다. 40대 이후의 송정문은 또 어떤 '인생 3막'을 만들어갈지 기대된다.

김
주
완
이

만
난

그는 10년 동안 20억 원을 어디에 썼을까

이재욱 노키아티엠씨 명예회장

인터뷰 약속 시간은 오후 2시였다. 혹시 늦을세라 빗길을 서둘러 달린 결과 창원시 마산합포구 진북면 영학리 학동마을 저수지 윗자락에 위치한 그의 집에 도착한 시간은 1시 45분.

이재욱(1941년생) 회장은 이미 와이셔츠에 넥타이를 단정하게 매고 우리를 기다리고 있었다. 우산을 들고 마중을 나온 그는 물레방아가 돌고 있는 정자 봉림정(鳳林亭)과 농기계 창고 등을 보여주었다.

"아픈 다음부터 여기에 통나무집을 지어서 살았어요. 그러다가 나중에 통나무집을 저기 아래로 옮기고 본채를 새로 지었지요."

그는 2000년 후두암 수술을 받았다. 그때부터 이 마을에 거처를 정하고 2002년 지금의 2층 집을 지었다.

이제는 완치 판정을 받았지만, 그때 수술로 인해 발음이 잘 되지 않는데다 오랜 시간 말을 하기 어렵다. 1시간 30분 정도가 한계라고 한다. 오늘 인터뷰를 앞두고 최상의 컨디션을 위해 여러 가지 사전 준비를 했다고 한다. 일흔두 살의 나이, 일선에서 은퇴한 지 10년이 다 됐지만 여전히 자기 관리가 철저하고 매사에 빈틈이 없어 보였다.

그는 1986년부터 핀란드 최대의 다국적 기업 노키아의 한국 법인인 (주)노키아티엠씨(NOKIA tmc) 대표이사를 맡아 2004년 1월 은퇴하기까지 연간 3조 7000억 원이라는 매출과 종업원 1인당 매출 42억 원이라는 신화를 만들어낸 사람이다. 그가 사장과 회장으로 있던 18년간 (주)노키아티엠씨는 100배 성장을 이뤘다.

그는 10년 전 은퇴 축하연 자리에서 자신의 퇴임을 '새로운 도전'이라고 말했다. 경영 일선에서는 물러나지만 그동안 꾸준히 해왔던 사회사업들을 본격적으로 해나가겠다고 선언했다.

"우리 사회에는 높은 자리에 있다가 은퇴하면 여기 저기 놀러 다니거나 명품 구입을 즐거움으로 삼는 사람이 많아요. 나는 스스로에 대해 만족하고 희열을 느낄 수 있는 일을 계속하고 싶어요. 남을 돕는 게 결국은 나를 돕는 것이거든요."

명함에 박힌 여섯 가지 직함

그로부터 10년 후 받아본 그의 명함에는 '노키아티엠씨 명예회장', '사단법인 대한검도회 명예회장', '치릴로장학회 이사장', '재단법인 봉림 이사장', '사단법인 경남동그라미회 이사장', '사단법인 한국지속농업 이사장', '사단법인 날개 이사장'이라는 여섯 개의 직함이 빼곡히 적혀 있었다. 한눈에 봐도 '돈을 버는' 직함이라기보다 '돈을 쓰기 위한' 직함들이었다. 이런 법인이나 단체에서 어떤 일들을 해온 것일까?

본채 1층 접견실로 꾸며놓은 방에서 이야기를 시작했다. 방에는 어릴 적부터 현재에

이르기까지 각종 사진과 상패, 기념패, 감사패, 훈장 등이 잘 진열되어 있었다. 훈장은 남색 양복 상의에 마치 유럽 왕실의 대례복처럼 장식되어 있었다. 노태우·김대중 대통령으로부터 받은 은탑산업훈장과 금탑산업훈장, 핀란드 대통령으로부터 받은 사자훈장, 그리고 대한적십자사에서 받은 금장·은장훈장 등이었다.

저 옷에 있는 건 그동안 받은 휴장이구유

"1년에 한 번 중요한 행사에는 이렇게 입고 나가요. 훈장은 죽을 때 관 앞에 놓으라는 게 아니거든요. 살아있을 때의 명예니까요. 그 명예에 부끄럽지 않은 사람이 되어야지요. 그런데 주위 사람들은 그렇게 입고 나가는 걸 말려요. 부끄럽다고, 자랑하는 것처럼 보인다고… '우리나라에서는 자랑을 하면 안 됩니다'라는 말도 해요."(웃음)

아까 보니 정자 현판이 '봉림정'이던데, 봉림이 회장님 아호죠?
"내 별명이죠."

왜 별호를 봉림으로 했나요?
"30년 전 노키아티엠씨 사장으로 창원에 왔을 때 내가 살던 데가 창원대 앞에 있는 롯데아파트였거든요. 근처에 조그만 밭을 하나 사서 일구어 왔는데, 도로가 없어서 차가 못 들어가는 곳이었어요. 그 뒷산 이름이 봉림산이었어요. 그 산에 내가 정을 주었고, 그래서 산 이름을 딴 거죠."

1986년 대한전선(현 동부대우전자)에서 마산자유무역지역에 있던 노키아티엠씨 사장으로 스카우트되어왔을 때 봉림산 아래 600평 정도의 밭을 샀고, 거기서 무 배추 시금치 상추 등 채소를 키웠다. 그는 어린 시절 경작할 논이나 밭이 없어 겪었던 서러움 때문에 특히나 논밭에 대한 애정이 깊은 듯했다

부모님 고향이 함경남도 북청이죠?

"네. 북청물장수로 유명한 그 북청. 일제 때 서울로 오셨죠."

'북청물장수'라는 말은 어디서, 왜 나온 거죠?
"서울의 역사와 지리를 알아야 해요. 서울의 부자들은 중앙청 오른쪽 북천마을에 많이 살았어요. 청일전쟁 나기 전에도 우리나라 산에는 나무가 거의 없었어요. 동학란이 났을 때도 나무가 거의 없었어요. 농민반란, 홍경래의 난이 났을 때도 그랬죠. 우리나라가 다들 못 먹고 살던 시절이었는데, 부자들이 사는 북천마을에 청계천이 있었지만 물이 더러웠어요. 거기서 빨래하고 다 하니까. 그래서 부자들에게 가장 필요한 게 깨끗한 물이었어요. 이걸 함경도 북청에서 온 사람들이 알게 된 거예요. 북청 출신으로 서울에 와서 아는 사람도 없고, 오로지 나무 땔감이나 물을 길어서 부잣집에 갖다 파는 일을 한 거죠."

그런데 당시 서울에 전국 각지 사람들이 몰려들었을 텐데, 유독 함경도 북청 사람들만 물장사를 했다는 게 이해가 안 되네요.
"경상도나 전라도는 사돈의 팔촌이라도 서울에 있었죠. 그런데 함경도는 아무런 연고가 없으니까 물장사 나무장사라도 한 거죠."

그렇군요. 회장님 쓰신 책 〈노키아와 영혼을 바꾸다〉에서 보니 1950년 전쟁 중 부산에서 아버지가 돌아가셨다고….
"1·4 후퇴 때 피란지 부산에서 돌아가셨죠. 제 나이 열한 살, 초등학교 4학년 때였죠. 어머니는 서른 살 젊은 나이에 홀로 되셨고…."

돌아가시기 전에 아버지는 어떤 일을 하셨나요?
"어떤 회사를 다니시기도 하고, 이것저것 하신 것 같은데, 제가 워낙 어릴 때여서 정확히는 몰라요."

원래 고향인 북청에 계실 때 선대 할아버지는 농사를 하셨나요?

어린 시절.

(인쩨누디)학창시절, 어머니의 함께 떠학교 졸업식 날.

"농사를 지었죠. 거긴 모두 농사였어요. 우리 고향 할아버지·할머니 사시던 곳 앞에 개천이 흐르는데, 그걸 남대천이라고 해요. 한국에서 원자력발전소를 이북에 세우려 한 데가 바로 거기예요. 우리가 잘 알고 있는 이준 열사, 그 분이 바로 그 남대천 건너 산 너머에 사셨어요. 이준 열사는 워낙 학문이 높으시고 벼슬도 하시고 헤이그에 밀사로 파견되셨죠. 그래서 저도 이준 열사 기념사업에 참여하고 있죠."

'북청물장수'의 타고난 성실성과 향학열

그런데 왜 부모님이 서울로 이사하신 걸까요?

"인구는 많고 땅은 좁아서 농사만 해 갖고는 살 수 없으니까, 젊은 사람들은 대개 서울로 왔어요. 그래서 물장수도 하고…. 그래서인지 북청 사람은 우리나라에서 향학열은 넘버 원이에요."

북청 사람들의 향학열이 특별히 높은 배경이 있을까요?

"옛날부터 그랬어요. 공부를 안 하면 살 방법이 없었어요. 함경남도 장학회가 있는데, 군 단위, 면 단위 장학회까지 있어요. 저도 대학 다닐 때 2학년 때부터 졸업할 때까지 함경남도 장학회에서 장학금을 받았죠. 아무리 못사는 마을이라도 공부 잘하는 아이는 지원을 해주었거든요. 그런데 제가 마산에 와서 성공했잖아요. 돈도 명예도 모든 걸 여기서 얻었거든요. 그래서 여기서 열심히 장학재단을 만들고 지원을 하는 거죠."

봉림재단은 언제 만들었나요?
"장학사업은 그 전부터 해왔지만, 봉림재단은 2003년 여름에 만들었죠."

저희 경남도민일보를 통해 지급되는 장학금 말고도 다른 경로로 지급되는 장학금이 많더군요.
"한 군데에 줘서 운영하게 하는 건 효율적이지 않다고 봐요. 필요한 곳에 필요한 장학금이 지원되어야 하거든요. 그래서 경남신문을 통해서도 삼영장학회라고 하여 매년 얼마씩 기금을 조성했죠. 그러다가 나중에 경남도민일보를 통해서도 지원하게 된 거죠. 그 다음에 피폭력 여성을 위해서도 지원을 하고 있어요."

어떤 여성들인가요?
"가정폭력 피해자들이죠. 그런 피해 여성들을 위한 피난처가 있는데, 나라에서 도와주는 것은 6개월뿐이에요. 여섯 달 후에는 그 여성이 어딜 갈까요? 그래서 6개월 동안 독립하지 못한 여성을 더 머물 수 있게 해주고, 기술을 배울 수 있도록 교육도 시켜주고, 또 아이를 데리고 나온 여성은 그 애들과 함께 머물도록 하면서 아이들 학교 교육도 시켜주고, 그런 지원이 필요하다는 요청이 와서 도와주고 있어요. 그리고 몸 파는 10대 여성들, 나라에서 붙잡아 오는데, 그 아이들을 소년원에 보내면 더 악화되겠죠? 그래서 그 아이들을 돌봐주는 단체가 있어요. 거기 있는 아이들 중·고등학교, 전문학교, 대학교에 진학할 경우 교육비도 지원하고 있죠. 인원 제한 없이 누구든지 학교 진학하면 도와주고 있어요. 그 애들이 부모도 못 믿고 사회도 못 믿고, 우리 봉림재단만이라도 믿을 수 있게끔 하는 거죠."

그게 어디에 있는 단체인가요? 범숙의 집?

"네. 그곳이에요. 그리고 고아원도 많잖아요? 그런데 거기 있는 아이들도 고등학교 졸업하면 떠나야 해요. 그러면 그 애들이 어딜 가요? 어디 가서 먹고살아요? 그런 아이들 중 대학 진학하는 아이들에게도 장학금을 지원하죠. 전액은 아니지만. 그렇게 지원받은 아이들 중 둘에 하나는 성공을 해요. 그리고 삼진(진전·진북·진동 면) 지역 아이들도 면장에게 추천해달라 하여 매년 20명, 30명씩 기인을 해주고 있어요. 이쪽에 고등학교가 딱 한 군데 있는데, 그동안 좋은 대학을 들어간 적이 없어요. 7~8년 전부터 특수반 운영비를 지원해주고 있어요. 제가 이렇게 말했어요. '조건이 있다. 나는 객지 사람이다. 내가 낸 만큼 지역사람들에게도 거둬라.' 이렇게 지역에서 호응이 안 되면 어느 순간 다 끊을 거예요. 북청군 출신이 피란 와서 만든 장학회만 스무 개가 넘어요."

"객지 사람도 하는데, 이 지역 사람은 왜?"

이 대목에서 그가 갑자기 목소리를 높였다. 지역사회에 꼭 하고 싶은 이야기가 있다는 것이었다.

"오늘 제가 인터뷰에 응한 것은 사실 불만이 있어서예요. 10년 동안 장학회를 운영해왔는데, 나는 경남 사람 아니거든요? 여기서 학교도 안 나왔어요. 이렇게 객지 사람이 이 지역에서 장학회를 하고 있는데, 이 지역 사람들이라면 10분의 1이라도 따라와야 하는 게 당연하지 않나요? 그러지 않아서 불만이에요. 안 따라오는 이유 중에 돈이 없다고도 하지만, 난 그건 아니라고 봐요. 함경도 북청 사람들은 어딜 가든 제일 먼저 하는 일이 장학회부터 만들어요. 그리고 묘역을 조성하기 위한 땅을 사죠. 3000평이든 5000평이든 임야를 사서 산소를 마련하죠. 그런데 이 지역은 어떻게 된 게 객지 사람이 와서 이렇게 판을 치는데, 왜 이 지역 사람들이 자기 지역을 위한 행위를 하지 않느냐는 거예요. 객지 사람들이 이러면 여기 사람들은 향토애 때문에라도 마을마다, 면 단위마다 장학회를 만들어야 하는데, 아무도 그러지 않죠. 난 그걸 이상하다고 봐요."

단단히 작심하고 하는 이야기 같았다. 봉림재단 사무국을 통해 지난해까지 10년간 지원 금액을 알아봤다. 18억 3500만 원이었다. 이번 인터뷰를 마친 직후인 6월 20일에도 진전·진북·진동면 등 삼진지역과 구산면의 초·중·고·대학생 50명에게 3400만 원의 장학금을 전달했다. 이처럼 올해 상반기에 지원했거나 하반기에 지원될 금액까지 합치면 20억 원이 넘을 것이다.

직함에 보니 '치릴로장학회'도 있던데, 그건 뭔가요?
"치릴로라는 신부가 있는데, 신부가 돈을 만들 줄을 모르니까. 몇 년간 짚세기로 뭔가를 만들어 팔아도 보고 했는데, 여성의 집 아이들 가르치려고 신부님이 열심히 했어요. 그래서 안 되니까 나에게 좀 도와달라고 했어요. 당신 이름으로 하든 뭐로 하든···. 그래서 치릴로 장학회가 되었죠."

어느 여성의 집을 말하는 겁니까?
"창원여성의 집."

사단법인 날개는 뭡니까?
"집창촌에는 안 들어갔지만, 부모는 싫고, 길거리에 나와서 돌아다니는 여자애들이 꽤 있어요. 나라에서 그 아이들을 잡아서 부모에게 보내면, 또 뛰쳐나오고··· 들어가면 두들겨 맞으니까. 이런 아이들을 보호해줄 곳이 필요하다고 하여 경남도에서 어느 단체에 요청을 했어요. 그 단체에서 저에게 다시 도움을 요청했죠. 여성의 집과 비슷한데, 타락하기 직전의 아이들이죠. 도에서 인건비는 나오고, 진해에다가 집을 얻어서 직원 채용해서 운영하고 있죠. 대학도 갈 수 있고, 필요하면 유학도 갈 수 있고, 지금 5명 있는 걸로 아는데, 아마 더 늘어날 거예요. (흐뭇한 표정으로 웃으며) 한 아이는 무조건 공부만 해요. 얼마 전 고입 검정고시 거쳤고, 금년 안에 대입 검정고시도 칠 거예요. 나라에서 하긴 어렵고, 이 지역에선 해줄 사람이 없고…. 요즘 뉴스를 보니 아이들 수당 나오는 걸 갈취하는 곳도 심지어 있더군요."

동그라미회도 이사장을 맡고 계시죠.
"동그라미회도 제가 은퇴 직전에 만든 건데, 은퇴를 2003년 말, 2004년 1월에 했으니까…."

당시 기업은행 마산지점장과 함께?
"박종권 지점장이 있을 때 박 지점장과 몇 사람이 추진을 했어요. 환경운동하던 백운길 그 사람 하는 일을 제가 도와줘요. 그 사람 하는 단체가 너무 열악하고, 좋은 일 많이 하는데, 그 사람이 박종권 지점장과 같이 와서 하는 말이 좋은 일 하는데 참여해달라고 해요. 설명을 주~욱 하는데 너무 좋은 일이라 이건 개인이 하기엔 너무 크다. 노키아가 개입을 해야겠다. 노키아 사장 입장에서 참여하겠다고 하여 활성화시켰죠. 언청이 수술이 지금은 많이 없는데, 지금은 그 수술도 나라에서 해주는데, 10년 전엔 그걸 동그라미회가 해준 거죠. 지금은 다른 것도 많이 해줘요. 주종을 바꿨어요. 불법체류자들 많잖아요. 그런 어려운 이들 도와주고…. 2~3년 안 하다가 다시 들어가서 기금을 튼튼하게 했죠."

노키아의 쇠락, 그러나 서서히 올라갈 것

1941년생이니까 올해 일흔둘이시죠? 여전히 너무나 열정적으로 사시는 것 같네요.
"재작년부터 내가 말한 것에 대해 책임 안 져요.(웃음) 약속을 해놓고 저녁에 돌아오면 후회해요. 힘도 없으면서, 내일 아침에 죽어 있을지도 모르는데. 제가 뭘 할 때 온몸을 다 바쳐서 하거든요. 그렇게 하다간 지금은 죽을지 모른다는 생각도 들어요. 제 책 제목도 〈노키아와 영혼을 바꾸다〉이잖아요. 온 육체와 두뇌를 다 동원해서 일으킨 회사거든요. 8시간 근무가 아니에요. 18년 동안 풀타임이었어요. 그러니까 회사가 되지."

그렇게 키워온 회사인데, 가슴 아프시겠지만, 공교롭게도 회장님 퇴임 후에 노키아가 쇠락하고 있잖아요.

"사람에게도 수명이 있죠. 유아기, 장년기, 노년기가 있죠. 나라도 초기, 중기, 말기가 있고, 민족도 흥망성쇠가 있잖아요. 기업도 마찬가지예요. 물론 예외도 있긴 있어요. 하지만 50년 역사로 봤을 때 아마 다섯 개도 안 될 거예요. 노키아로 따지면 역사가 약 150년 내지 200년 돼요. 그동안 굴곡이 있었어요. 2차 세계대전 때도 그랬고, 그리고 제가 들어올 때가 노키아로선 가장 나쁠 때였어요. 경영 결과가 나빠서 회장이 연초에 자살을 했어요. 출근해서…. 도저히 안 되니까…."

그게 1986년?

"제가 와서 4~5년 뒤였으니, 아마 1990년 전후였죠. 당시 노키아의 주종은 전화기가 아니었고, 전선(와이어)과 텔레비전 모니터 이런 거였는데, 경영이 나빠져서 90년이 되었을 때 자살했고…. 제가 사장으로 있던 마산만 괜찮았어요. 세계 시장에서 전화기가 1%도 안 될 때 제가 왔거든요. 노키아가 다른 건 다 안 됐는데 마산에서 이것만 잘되니까 다시 올라간 거예요. 그러니까 전화기가 노키아를 살린 충신이죠. 그 중심에 한국의 노키아가 있었던 거죠. 그렇게 하여 20년 동안 잘했거든요. 이제 한 번 내려와야죠. 지금 내려가는 중이에요. 너무 급히 올라갔기 때문에 내려올 때도 급히 내려오게 되는 거죠. 그런데, 제 육감으로 봐서는 아마 문은 안 닫을 거예요. 다시 올라갈 거예요. 그러나 예전에 제가 있을 때처럼 그렇게 급히 올라가진 않아요. 이제는 완만하게…."

그러면 80년대 말, 90년대 초반에 그 전에는 텔레비전 모니터, 전선 이런 거 하시다가 전화기 사업을 시작한 곳이 한국 노키아였던 건가요?

"제가 오기 2년 전에 핀란드에서 시작은 했죠."

그걸 한국 마산에서 성공을 시킨 거로군요.

"네. 핀란드 사람들은 손도 바이킹이에요. 여자 손도 그래요. 손이 크다는 말이죠. 잽싸지가 않아요."

섬세한 작업을 못하겠군요.

"그리고 우리나라 문화를 잘 몰랐어요. 아시겠지만 한국인은 얼마나 머리가 빨라요? 문제 생기면 퇴근도 하지 않고 달려들죠. 그러나 선진국은 문제가 쌓여 있어도 퇴근 시간 되면 그냥 집에 가죠. 지금은 우리나라도 그렇지만…."

그러면 노키아의 휴대전화 신화는 한국 마산에서 비롯되어 전 세계 노키아로 확산되어 간 거로군요.

"네. 그렇죠."

1986년 대표이사·사장으로 왔다가, 99년 회장으로 승진하셨는데, 어쨌든 오너는 아니고 CEO였잖아요? 월급만 받나요? 아니면 배당을?

"월급."

월급 받아서 재산을 그렇게 많이 불릴 수 있나요?

"재산? 저 재산 많지 않은데요? 제가 외환위기 전까지는 경남에서 제일 많이 봉급을 받았으리라고 봐요. 그런데 외환위기 이후부터는 저보다 많이 받는 사람들이 많았어요. 우리나라 기업이 어떻게 된 건지 적자를 그렇게 냈는데도 월급이 많아요. 시시한 회사 임원도 월급이 저보다 많더라고…. 그래서 그때부터 월급 이야기를 안 해요."

이렇게 장학사업도 많이 하려면 재산이 좀 있어야 하지 않나요?

"재산이 있긴 있죠. 그러나 생각보다 많지는 않고 여러 군데서 지원을 받죠. 제가 뿌려놓은 씨앗들이 있으니까."

지금도 회장님을 지원해주는 곳이 있나 보네요?

"그럼요. 노키아가 아니라 노키아에 근무했던 사람들."

1986년도에 대한전선에 계시던 중 노키아에서 회상님의 존재를 어떻게 일고 사징으로 스가우트하려는 생각을 했을까요?

"당시에도 전자산업에서는 저를 많이 알았어요. 여기선 잘 몰라도 중앙에서는…. 대한전선에서 컬러텔레비전을 제가 제일 먼저 했어요. 샤프라는 일본 회사와 제휴해서 만들었죠. 우리나라에서 전자레인지도 처음으로 만들었고…."

대한전선에서 최종 직급이 뭐였나요?

"공장장. 공장이 구미에 있었죠."

아. 거기서 공장장 겸 이사로 계시다가 노키아로 스카우트되신 거군요.

"네."

대한전선이 지금 대우전자죠?

"대우전자의 일부가 되었죠."

대한전선 이전에 계셨던 대한광학은 어떤 회사였나요?

"카메라하고 쌍안경 만들고, 방위산업에서 쓰는 대포의 조준경 그런 걸 만드는 회사였죠. 제가 7년 있었는데, 저 나오고 7년 만에 문 닫았죠."

대한광학 7년, 대한전선 11년, 노키아에 사장으로 오실 때 나이가 마흔다섯밖에 안 됐잖아요. 그렇게 젊은 나이에 사장이 된 경우가 회장님 말고는 거의 없는 것 같은데?

"지금은 많죠. 지금 전자산업에서는 쉰이 넘으면 은퇴, 퇴물 취급을 받거든요. 삼성의 사장들도 다들 50대 초반이에요. 젊은 사람은 경험과 기술이 모자라는 대신 젊음과 열정이 있잖아요. 한국 사람이 열정을 가지면 안 되는 게 없거든요. 나쁜 일도 안 되는 게 없지만 좋은 일도 안 되는 게 없잖아요."

노키아 회장 월급은 국영기업체의 3분의 1

책을 보니 대한전선에 계시다가 노키아 사장으로 스카우트되실 때 대한전선에서 받던 월급이
3배를 주겠다는 제의를 받았다던데, 그 3배의 월급이 당시 돈으로 얼마였나요?
"연봉으로 9000만 원 정도. 그런데 환율이 1300원대에서 800~900원대로 떨어지는
바람에 30% 이상 깎인 셈이 되었죠."(웃음)

노키아 본사에서는 핀란드 말을 쓰나요?
"아뇨. 다국적 기업이기 때문에 핀란드 사람도 있고 미국 사람도 있고, 여러 나라 사
람들이 있기 때문에 영어로 쓰죠."

기업 내 공식 언어는 영어로 쓰는군요. 그러면 회장님이 구사하는 외국어는 영어와?
"일본어도 하죠. 일본 기업들과도 상대해야 하니까. 대한광학 다닐 때부터 영어와
일본어 공부를 했죠."

2004년 1월에 은퇴를 하셨으니까 1986년부터 18년 세월을 노키아와 함께하셨는데, 은퇴는
회장님이 결정하신 건가요?
"제가 2000년 말에 수술을 했어요. 그때 사실 죽은 거나 마찬가지였는데, 운이 좋
아 다시 살아났고, 그때부터 일을 줄여왔죠. 그리고 본사에서도 대화가 안 되니까.
한국말도 이렇게 발음이 어려운데…. 제가 회의하는 상대는 한국 사람이 없어요. 전
부 핀란드 사람들이에요. 그런데 매년 3조 원 매출을 올리니까 본사에서도 그만두
라는 말을 못해요. 그런 상황에서 2004년 그만둔 거예요."

사장으로 들어왔다가 나중에 회장으로 승진하셨는데, 회장 연봉은 얼마나 되었나요?

"음. 많지 않아요. 많지 않았어요. 아까도 이야기했듯이 다른 기업 임원들 연봉을 보고 창피해서…. 핀란드 기업을 보호하기 위해 발표하면 안 되겠다 생각했을 정도니까. 한때 전산 문제가 발생하여 내부 컴퓨터에서 내 월급 명세서가 공개된 적이 있었는데, 그때 우리 직원들이 '어! 회장님 월급이 이것밖에 안 돼?' 하고 놀랐던 적도 있었어요. 20분 만에 회수하긴 했는데 그 때문에 간부들은 알고 있었지. 그런데 그 월급이 우리나라 기업 사장이 받아야 할 적정 월급이라고 생각해요."

그게 얼마나 되었나요.
"국영기업체 사장의 3분의 1 정도였어요. (국영기업체 사장들이) 일도 안 하면서 그렇게 많이 받는 것은 문제가 있죠."

어머니가 59세에 돌아가셨다고 하셨던데. 그러면 78~79년 그때쯤 되겠군요. 회장님이 대한전선에 계실 때였는데. 노키아 사장으로 오시는 걸 못보고 돌아가셨군요.
"그렇죠. 원래 하느님이 그렇게 만들잖아요. 자식들이 성공하는 걸 못보고 돌아가시게…."

그것도 회장님께 한이 많이 되셨겠습니다.
"아니, 하느님이 시키신 건데 뭐."

어머니가 참 고생을 많이 하셨겠습니다.
"내가 사진을 엄청나게 많이 갖고 있어요."(어머니 사진을 하나하나 보여줬다.)

이게 대학 졸업하실 때 사진인가요?
"네. 졸업 때…. 이건 내 돌, 그리고 초등학교 때."

남대문초등학교였죠.
"네. 부산 피란지에서 남대문초등학교. 그리고 이건 고등학교 때."

휘문고등학교?

"그렇죠."

서울대 전자공학과를 나오셨는데, 요즘은 전자공학이라는 분야가 일반적이지만 1965년도에 전자공학이면 새롭고 생경한 분야가 아니었나요? 그럴 때 어떻게 전자공학과를 가려고 생각을 하셨습니까?

"여러 가지 생각을 했었는데, 당시 통신공학과를 전자공학과로 바꾼 후 인재를 모으던 시기였어요. 그래서 거기 가게 됐죠."

원래 꿈은 농과대학이나 의과대학을 가려고 했었다면서요?

"하도 배가 고픈 시절이었으니까 농과대학에 가서 농업혁명을 일으키자고 생각했죠."

그때 농과대학에 대한 미련이 남아서 지금도 이렇게 농사일을…?

"그것도 많은 관계가 있죠. 우리나라가 앞으로 살아갈 방법은 농업이라기보다는 농업이 기초가 된 좋은 환경, 좋은 물, 좋은 산, 들, 바다, 강 이런 모든 자연이 우리가 먹고살 진짜 재산이라고 저는 봐요. 중국은 크지만 사람 살 만한 데가 별로 없어요. 개들이 관광을 가서 가장 좋아할 곳이 어디냐? 대한민국 전체 어디에 데리고 가도 개들은 다 좋아해요. 중국에는 이런 데가 없어요. 있다면 황산이라고 요만큼 있고, 태산이라고 요만큼 있는 것뿐이에요. 우리나라는 저 앞에 저수지 있어. 개울 있어. 봄 여름 가을 겨울 다 있어. 이게 재산이에요. 그래서 우리 산업은 소프트웨어 쪽으로 가야 해요."

혼자되신 어머니 밑에서 대학 다니는 것도 쉽지 않았을 텐데, 대학에서 아르바이트도 많이 하셨겠네요.

"서울대는 등록금이 싸요. 게다가 장학금을 받았으니까. 제가 가정교사로 과외를 하면서 벌었죠."

ROCT 학사장교로 군 복무를 마친 것도 어려운 가정형편 때문에?

"그렇죠. 월급 받으면서 군대생활을 할 수 있었으니까."

소위로 임관하셔서 일선 부대 소대장으로 복무하신 건가요?

"아뇨. 제가 전자공학을 했으니까 특수병과였죠. 유도탄 등 병기를 다뤘죠."

장교로 군 생활하셨던 게 이후 사회생활이나 기업 운영에 도움이 되셨나요?

"아주 많이 되었죠. 사람을 관리하는 방법이나 통솔력. 기술 계통이라 부하가 많지는 않지만 하나하나가 다 우수한 인력들이었어요. 그런 친구들을 엉성하게 통솔하면 아무 것도 안 되죠. 잘 해주고 도움 받고… 그런데 재미있는 게 대학동기가 사병으로 들어오는 경우가 있어요. 동기모임에선 친구지만 군대에선 졸병이 된 거죠. 그런데 역시 졸병은 졸병의 역할을 해요. 장교는 장교의 역할을 하고. 바보 같은 놈도 소위 계급장 달면 장교답게 말하고 행동을 해요. 참 이상해. 선생님들도 어디에 교육생으로 가서 학생 자리에 앉으면 그들도 다 꾸벅꾸벅 졸 거예요. "(웃음)

좌우명이 '진인사대천명(盡人事待天命)'이라는데, 무조건 열심히만 하면 된다는 뜻인가요?

"무식하게 말하자면 그게 진리인 것 같아요. 아까도 하느님, 조물주 이야기를 했지만, 살고 죽는 걸 인간의 힘으로 어떻게 막아요? 그건 천명이지. 인간이 할 수 있는 건 열심히 하는 것밖에 없죠."

경영자는 끊임없이 공부해야 한다

그래도 열심히만 하는 것 외에 회장님 나름의 성공 비결은 없나요?

"독서는 기본이고, 많이 읽어야죠. 서울 공대에는 다들 머리 좋은 학생들이 들어오는데, 저는 머리가 좀 덜 좋은 편이었어요. 다른 학생들은 한 번 보면 다 외우는데, 나는 그게 안 되니까 그들이 한두 번 책을 볼 때 나는 열 번 스무 번 본다는 생각으로 했죠. 머리 좋은 그들이 당구도 치러 다니고 이것저것 다른 일을 할 때 나는 오직 한 가지 공부만 했던 거죠. 남들 하는 것 나도 다 하면서 그들을 이길 수는 없으니까요."

이재욱 회장은 2004년에 펴낸 자전적 에세이 〈노키아와 영혼을 바꾸다〉(신원)에서 경영자가 끊임없이 공부해야 하는 이유를 이렇게 설명한 바 있다.

"우선 대기업이든 중소기업이든 간에 경영자는 시대와 시장의 흐름을 읽을 수 있는 지식과 지혜가 필요하다. 오늘날처럼 상황이 급변하는 시대에선 조금만 잘못하면 쉽게 회복할 수 없는 나락으로 떨어지는 경우가 많다. 따라서 경영자는 다양한 경로를 통해서 변화에 대해 공부해야 한다.
그런데 현실적으로 경영자는 신문 하나 제대로 읽을 시간이 없을 정도로 바쁘게 생활한다.
윗사람이 항상 아랫사람 보고 공부해라 공부해라 말로만 하지 말고 자신부터 공부하는 모습을 보여야 한다. 위에서부터 철저하게 학습하는 풍토가 지금처럼 모든 것이 빠르게 변하는 시대에선 기업의 사활을 결정짓는다."

책은 주로 어떤 걸 읽으셨나요?
"주로 역사와 지리."

지리책은 왜?
"지도를 보면서 꿈을 꾸고 미래를 볼 수 있으니까. 예를 들어 북경은 모래바람 때문에 애를 먹고 있는데 100년쯤 뒤에는 사막이 될 거예요. 역사와 함께 지리를 공부하면 알 수 있어요. 또한 사우디아라비아 사하라 사막은 원래 정글이었죠. 거기서 나오는 유물들을 보면 알 수 있죠."

지리와 역사를 알면 미래 예측이 가능하다는 거죠?

"그럼요. 깊이 보면. 스웨덴 노르웨이 덴마크 핀란드, 그리고 발트 3국 이런 나라는 인구가 500만이 안 되거든요? 800만 되는 나라도 있지만, 옛날에는 200만밖에 안 되었겠죠. 그런데 다들 그 나라의 언어를 써요. 그 나라의 문자를 쓰고. 그 나라의 풍습, 음악을 계속 지켜가고 있거든요. 우리나라는 5000년 역사를 갖고 있고, 5000만, 아니 8000만 인구가 있는데, 왜 우리말 중에 외국말이 많아요? 나보다 영어 못하는 사람이 대부분인데, 우리말 속에 영어를 너무 많이 섞어서 쓰죠. 쓰려면 제대로 정확히 쓰든지. 이상한 외국말이 왜 그렇게 많아요? 라디오 텔레비전에서도 다 그래요. 좋은 우리말이 있는데. 500만도 안 되는 나라는 다들 자기 나라말을 쓰고 있는데. 나는 그게 불만이에요. 핀란드 말에는 영어가 안 섞여 있는데…. 음악도 그렇죠. 지금 우리나라 음악이 뭐 있어요? 언어 음악 문화 모든 게 오염이 되어도 너무 되었어요."

우리 고유의 언어와 문화를 지켜야 한다는 거죠?

"지켜야 한다기보다 멋있게 유지해야 하는 거죠. 아까 제가 노키아 사이클을 이야길 했지만, 역사를 보면 중국도 200년마다 흥망성쇠가 있었어요. 그래서 노키아에 있던 친구들이 '창피하다'고 하면 내가 이래요. 네가 회사 다닐 때 네 부서를 더 튼튼히 했으면 이러지 않을 것 아니냐, 어디에 대고 지금 하는 사람 잘못한다고 하느냐. 때가 되어서 지금 이렇게 내려가고 다시 이제 슬슬 올라오기 시작하는데, 그렇게 말하지 마라."

예전에 노키아에서 함께 있던 분들이 그런다는 말이죠?

"네. 만나면 저한테 울면서 그래요. 그리고 우리 민요를 들으면 다들 한(恨)이 서려 있다고들 말하죠. 그런데 저는 그렇게 안 보거든요. 한보다는 신이 나는 게 우리 민요거든요. 밀양아리랑을 불러도 신이 나게 부를 수도 있고, 반대로 부를 수도 있어요. 여기에는 예술가의 책임도 커요. 우리 역사와 문화를 자꾸 어둡게만 만들고 있어요."

요즘 하루 일과는 어떻게 되나요?

"아침 여섯 시에 일어나서 체조와 산책 두 시간 하고, 아홉 시에 밥 먹고 사무실 출근하죠. 봉림재단 사무실. 거기서 두세 시간 책이나 신문 보다 머리 아프면 대우문화센터 갔다가 오후 네 시나 다섯 시 넘으면 체력이 떨어져서…"

집 뒤에 있는 밭은 직접 경작을 하십니까?

"예. 머리 아플 때 흙 만지고 일하면 오히려 머리가 맑아져요. 밖에 있다가도 힘들면 빨리 이 골짜기로 들어와요."

역시 가장 중요한 것은 '사람'

그는 천생(天生) 농사꾼이었다. 경영 일선에서 물러난 후, 지난 2008년에는 고성군 거류면 들판 13.3ha(4만 평)의 논에서 농민들과 함께 '지장(地藏)농법'으로 직접 가꾼 벼를 선보였다. 그리고 이 논에서 수확한 '고아미' 벼를 주원료로 사용해 미세가공(건식, 습식)과 급속 냉동, 냉장의 과정을 거쳐 만든 소면, 잔치국수, 냉면, 자장면 등 4가지 음식을 700여 명에게 맛보여 사람들을 놀라게 했다. 또 그 쌀로 10만 명분 쌀국수 14톤(7000만 원 상당)을 경남도내 118개 초등학교에 급식용으로 기증했다.

연간 2억 원 가까이 들여 하고 있는 장학 사업이나 위기 청소년 돌보기 사업도 '사람농사'의 일환이다. 그는 자신이 돌봐주고 있는 아이들 이야기를 할 때 표정이 가장 밝아 보였다.

그가 노키아에서 일으킨 '신바람 경영' 신화도 따지고 보면 '사람농사'의 한 영역이었다. 그는 책에서 신바람 경영에 대해 이렇게 설명했다.

"신바람 경영이란 말의 핵심은 종업원들에게 '자기가 하고 싶은 것을 자기 방식대로 뜻을 펴서 일할 수 있도록 지원해주는 것'으로 사원들의 아이디어와 뜻을 대부분 수정하지 않고 수용하고 내가 변경하는 것이 아니라 상대가 스스로 변경하도록 지도하여 업무를 추진하는 것이다. 나는 별로 중요한 것이 아니면 일절 언급을 하지 않고 약간의 수정이 필요하면 '내 생각은 이렇게 하면 좋을 것 같다'는 식으로 얘기해주는 것으로 그친다. 요약하면 '네가 하고자 하는 뜻대로 일을 처리해라. 그리고 너의 책임 아래서 일을 마무리하라. 그러나 어려운 일이 있으면 내가 도와주겠다' 하고 말해주는 것뿐이다. 즉 책임보다 권한을 더 많이 주어 일을 찾아서 하게 하는 것이다."

애초 한 시간 반 정도로 예정했던 인터뷰는 두 시간 반을 훌쩍 넘겼다. 그래서인지 이재욱 회장은 연신 물을 마시며 목소리를 가다듬었다.

그와 인터뷰는 나 스스로를 되돌아보는 계기가 되었다. 신문사야말로 '사람'이 가장 중요한, 아니 전부인 조직이다. 그런 신문사의 편집국장으로서 나는 과연 제대로 '사람농사'를 해왔을까 하는 반성이 밀려왔다.

이재욱 회장은 "사람이 가장 중요한 자원이고, 그런 자원을 엮어 하나의 큰 역량으로 만들어내는 원동력은 바로 믿음과 신뢰"라고 말했다. 그러면서 이렇게 덧붙였다.

"나는 열심히 일해서 얻는 물질적 혹은 금전적 성과보다 중요한 것은, 진정 나와 다른 사람을 행복하게 만드는 성취감이며 일에서 얻는 재미라고 생각한다."

그래! 아무래도 나는 마음수련이 더 필요하다. 공부해야겠다.

"개인적으론 이룰 건 다 이뤘지만 그래도 부족하다"

세계 유일의 가곡전수관 조순자 관장

세계에서 유일한 가곡전수관이 경남에 있다는 것을 아는 사람은 많지 않다. 이 가곡(歌曲)이 우리 전통의 노래라는 걸 아는 사람도 많지 않다. 대개 가곡이라 하면 '그리운 금강산'이나 '선구자' '가고파' 등을 떠올린다. 하지만 그건 서양음악이다.

진짜 가곡은 문화재청에 의해 중요무형문화재 30호로 지정되어 있는 우리나라 전통 노래이며, 2010년 유네스코도 그 가치를 인정해 인류무형유산으로 등재했다. 이 또한 모르는 사람이 많다.

〈피플파워〉 2013년 10월호 표지 인물로 소개된 '호호국수' 송미영 씨가 새 삶을 찾은 계기가 된 스승이 바로 이 가곡 예능보유인 조순자(1944년생) 가곡전수관장이다. 그는 누구인지, 그가 보유하고 있는 유네스코 인류무형유산 가곡은 과연 어떤 음악인지 알고 싶었고 기록해 둘 만한 가치가 있다고 생각했다. 그 정도로 중요한 인류의 유산이라면 우리가 마땅히 알아야 하고 기록·전승은 물론 널리 보급해야 하는 게 우리의 의무이기도 하기 때문이다.

창원시 마산회원구 회원2동 산복도로 변에 있는 가곡전수관을 찾았다. 관장이라는 직함이 있지만, 내 마음으로는 선생이라는 호칭이 더 좋은 것 같아 그렇게 통일했다. 인터뷰는 지금껏 잘 알려지지 않았던 조순자 선생의 가족사와 성장과정, 그리고 객지 마산에서 국악계의 대가로 뿌리내리기까지 인생사를 더듬어 그의 진면목을 찾아내고, 일반인이 잘 몰랐던 인간문화재의 세계를 이해하는 데 주력했다.

조순자 선생은 일흔이라는 나이가 믿기지 않을 정도로 고운 자태를 유지하고 있다. 목소리나 말투, 표정이나 인상도 반듯하고 단아하다. 하지만 그런 그도 수틀리면 '한 성질'하는 사람이란 걸 기자는 알고 있다. 4년 전부터 같은 아파트 단지에 살고 있는데, 어느 날 평소답지 않게 흥분한 목소리로 전화가 걸려 왔다. 지금의 아파트 주민자치위원회에 문제가 많으니 개혁해야 한다는 것이었다. 바쁘다는 핑계로 관심을 끄고 살아왔던 나로서는 그저 "예, 그런가요? 알겠습니다"는 정도로 나름 예의를 갖춰 응대한 후 전화를 끊었다. 나에게도 그 일에 관심을 갖고 참여해달라는 요청이었지만, 그 후에도 역시 같은 핑계로 부응하진 못했다.

이후 엘리베이터나 게시판에 붙는 공지를 통해 선생의 활약상을 짐작할 수 있었다. 기존의 주민자치위원들과 한때 힘겨운 투쟁을 벌이는가 싶더니 새롭게 동별 위원 투표가 진행됐고, 그는 비상대책위 임시의장이 되었다. 한동안 상호 비방과 소송이 오가는 것 같았으나 어느덧 평정되었고, 주민자치회는 새로운 위원들로 모두 교체됐다. 평소 몰랐던 그의 다혈질적 면모를 보게 된 계기였다.

전수관 건립은 제자들의 힘이었다

"찾아오는 게 힘들죠? 차 댈 곳도 부족하고…, 열 대밖에 못 세우니까. 공연이나 행사가 있을 땐 정말 불편하죠. 전수관이 바닷가 쪽에 있었으면 정말 좋을 텐데…"

그러게요. 지금 해안도로 마산음악관 자리 정도라면 참 좋은데….
"그래도 이게 있다는 게 어딥니까? 그때 윤병철이랑 그런 친구들이 '선생님에게 가곡전수관을 지어드리자'며 도민일보에 기고도 하고 그랬잖아요? 그래 가지고 이게 지어진 겁니다."

작곡가 윤병철(1960년생) 씨는 당시 경남도민일보 객원 음악전문기자로 활동하면서 200여 건의 기사를 썼다. 2003년 2월 5일 자에 실린 '조순자 가곡전수관 만들자'는 칼럼도 그 중 하나였다. 하지만 안타깝게도 윤병철 씨는 뇌출혈로 쓰러진 후 지금껏 회복하지 못한 채 투병 중이다.

그게 2003년도죠?
"네. 그 글이 계기가 되었죠. 물론 그 전에도 물밑에선 경남대 음악교육과 졸업생 제자들이나 창원대(당시 마산교대) 음악교육과 졸업생들, 그리고 학교 교사들 사이에서 그런 말이 있긴 했지만, 도민일보에 공식적으로 윤병철의 글이 실리고 난 뒤부터 정치하는 분들도 관심을 갖기 시작했고…"

윤병철 씨가 선생님의 제자였나요?

"그렇죠. 경남대 음악교육과…. 송철식(작곡가·음악 교사)과 동기예요. 둘이서 단짝으로 붙어 다녔습니다. 그런데 어떻게 그리 되어서…. 아직도 회복을 못하고 있네요."

송철식 씨 형제들도 다들 음악을 했죠?

"그러니까 철식이부터 제가 가르친 게 인연이 되어서 동생 철민, 철훈, 철규 모두 2006년도에 여기 함께 있었죠. 그러다가 개별적으로 다 나가고…."

나가서 지금은 다들 뭐하죠?

"철민이는 대금을 했는데 경북대를 나와 지금 경남국악관현악단 '휴' 단장으로 있고, 철규는 경북도립관현악단 대금 주자로 있죠. 철훈이는 피리를 했는데, 지금은 악기제조업을 하고 있어요. 그리고 이경원, 이은아, 성의신 등 좋은 제자가 많은데, 성의신은 해금 주자죠. 그때 해금이 뭔지도 모를 때였는데, 마산여중 출신으로 국악고등학교와 서울대 국악과를 나와 KBS 국악관현악단 초창기 멤버로 지금 최고의 해금 주자가 되어 있습니다. 지금 숙명여대 대학원에서 교수하고 있고요. 그 제자가 진해 출신으로 김애라라고 해금하는 아이가 있어요. 그리고 노무현 대통령 장례식에서 해금을 연주한 강은일 서울예술대 교수도 있고, 김성아 한양대 국악과 교수도 있어요."

그러니까 강은일, 김성아는 성의신의 제자이고, 성의신은 선생님 제자시고?

"네, 그렇죠. 그렇게 제자가 제자를 키우면서 저변을 넓히고 있죠. 김애라 이런 아이들은 정말 국악계에선 싸이 정도로 엄청나게 유명한 주자예요."

그게 1970년 결혼 후 마산에 와서 경남대와 창원대(당시 마산교대) 음악교육학과 제자들로부터 시작됐다는 거죠?

"그렇죠. 73년부터 거기서 국악개론을 가르쳤는데, 이론만 가르치다 보니 '이건 안 되겠다. 음악교사가 될 사람들이 장단을 알아야 한다' 싶었죠. 그런데 장구가 없잖아요. 그래서 라면 박스를 갖고 장구 치는 연습을 했어요. 비닐우산 대나무 우산대를 다듬어 장구채로 사용했죠. 그런데 73학번 중에서 볼링선수가 된 박세익이라고 있었는데, 그 아버지가 장구를 만들었다는 거예요. 나중엔 그걸 좀 갖고 오라고 해서 장구를 가르치기도 했죠. 그리고 당시만 해도 학생들이 바이올린과 비올라는 구분을 하는데, 가야금과 거문고를 구분 못해요. 그래서 국립국악원에 가서 사진을 찍어 그걸 슬라이드로 만들었어요. 지금도 그 슬라이드가 있어요. 73학번부터 모두 그 슬라이드를 보면서 국악개론 공부를 했죠. 책으로만 봐선 안 되겠더라고요. 그렇게 해서 서로 마음이 통했나 봐요. 그때 학생들이 지금은 오십이 다 넘었는데, 지금도 친하게 지내고 있죠. 가곡전수관 건립도 그때 학생들이 주축이 되어서 각계에 호소도 하고…"

그래서 가곡전수관 건립으로 이어진 거로군요.
"그때 음악교육학과 졸업생들이 주축이 되었는데, 계기는 윤병철이 쓴 도민일보 칼럼이었어요. 그 칼럼을 들고 다니며 교육청과 각계에 이야기를 하게 된 거죠. 그래서 저에게는 경남대학교 음악교육학과 학생들이 지금도 귀해요."

교사가 된 제자들을 다시 가르치다

당시 경남대와 마산교대에서 강의를 맡게 된 건 당시 마산교대 박종원 교수와 인연 때문이었다는 기록이 있던데.
"아! 그분은 서울음대 양악과에서 호른을 분 사람이에요. 그런데 제가 서울대를 안 나왔는데 이혜구 선생님과 장사훈 선생님이 워낙 저를 예뻐하니까 박종원 교수가 저를 본 거예요. 그때 저를 서울음대 선배인 줄 알았대요. 그래서 73학번들 가르쳐야 하는데 국악 가르칠 사람이 없다니 저를 부른 거죠."

이후 국악교육연구회를 만들어 현직 교사들을 가르치기도 하셨다는데?

"나중에 졸업생들을 만났는데, 대학에서 배웠지만 아직도 잘 모르겠다는 거야. 아, 그래서 내가 잘못 가르쳤구나. 그러면 73학번부터 모두 리콜이다 하여 불러 모았어요. 그때 제가 창포 경남아파트 살 때였는데, 아파트가 좀 넓었어요. 거기서 음악교사들을 다시 가르치기 시작했어요. 그랬더니 강만호(현 경남필하모닉오케스트라 상임지휘자) 등 경상대 출신들이 우리도 끼워달라고 하는 거예요. 그때 국악교육연구회 출신 제자들도 가곡전수관을 만드는 데 다들 한몫씩 했죠."

국악교육연구회가 76년에 만들어졌죠?

"75년에 서울에서 장사훈 박사와 함께 만들었죠. 제가 거기 발기인이에요. 그러고 나서 76년에 경남에서 만들 때 제 선생님이었던 이혜구 선생님과 윤태림 당시 경남대 총장님이 '절친'이었어요. 그리고 김종신, 조두남 이런 분들이 고문을 해주셨어요. 이렇게 해가지고 경남국악교육연구회가 발족하게 되죠. 그때 윤태림 총장님을 통해 알게 된 분이 지금 경남신문 회장이신 정충건 교수였죠. 그 분이 지금도 그때 상황을 알고 계세요. 만났더니 참 반갑다고 이야기하시더라고요."

결국 그런 제자들 덕분에 가곡전수관이 마산에 세워지게 된 거로군요.

"그래서 제가 다른 데서 오라고 해도 마산을 떠날 수가 없어요. 가곡은 중요무형문화재 30호이고 개인종목인데, 개인종목을 국가에서 이렇게 해준 건 전무했답니다."

개인종목이라는 말은?

"농청놀이라든지, 종묘제례악이라든지, 밀양백중놀이라든지 그런 것처럼 단체종목이 아니라는 거죠. 이런 종목은 함께 모여서 연습할 데가 없으니까 나라에서 전수관을 지어줬어요. 그런데 개인 종목은 '너희 집에서 해라'며 해주지 않았는데, 실상을 보면 그게 잘못된 차별이죠. 개인종목이 어떻게 보면 더 전문성과 예술성을 갖고 한 사람의 일생을 바쳐야 하는 거거든요. 기예이든, 기능이든, 예능이든 개인종목은 어릴 때부터 평생을 해야 하고, 전수자로 길러내야 하는데…. 그래서 박동진,

강선영 선생도 전수관을 자기 돈으로 지었어요. 하지만 이 가곡전수관은 나라에서 지었지만 소유권은 마산시(현 창원시)로 넘어갔어요. 조순자 개인 것이 아니에요."

여전히 힘겨운 전수관 운영

운영비도 만만치 않을 텐데요?

"처음엔 기본적인 전기세, 물세 보조도 없었어요. 지금은 그 정도 지원은 받지만 인건비가 없어요. 청소하는 사람도 없어서 제가 해야 하고…. 이런 사정을 알고 대우백화점 점장을 하시던 정한동 씨가 깃발을 든 거예요. 사단법인을 만들어서 가곡전수관을 돕는 일을 하자. 2010년 가곡이 유네스코 인류무형유산으로 등재된 뒤였어요. 경남에 많은 예술단체나 예술인이 있지만, 세계유산이 된 건 가곡이 유일하지 않으냐? 그래서 이사를 모으고 '사단법인 아름다운우리가곡'이 만들어진 거죠."

지금 한철수 전 마산상의 회장이 이사장을 맡고 있죠?

"그렇죠. 처음엔 절 보고 이사장을 하라는 거예요. 여러분들이 가곡전수관을 도와주는 법인을 만드신다는데, 내가 거기 있으면 안 된다고 했죠. 나도 거기 십시일반하겠다. 그래서 등기이사들은 1000만 원씩 내더라고요. 저도 1000만 원을 냈어요. 그래서 연주단도 거기서 봉급을 주고 있죠."

그것으로 충분하진 않을 텐데요.

"그래서 끊임없이 사업 응모를 해야 하죠. 그게 참 힘들어요. 가르치고 연주하는 본연의 일에 몰두해야 하는데…. 메세나에서도 지원을 받는데, 한철수 이사장이 해줬어요. 처음엔 예비 사회적 기업도 해봤어요. 고용노동부에서 지원을 해준다고 해서 했는데, 해보니까 도둑놈 취급을 하는 거예요. 별안간에 처들어와서 출퇴근 시간 점검을 한다면서…. 우리는 오전 11시나 오후 1시에 나오거든요. 그런데 오전 9시 출근해서 6시까지는 해야 한다는 거예요. 그래서 제가 그랬죠. 왜 이러느냐, 우리 도둑놈 아니다, 그랬더니 그 분들도 애로가 있더라고요. 유령직원을 이름만 올려놓고 끼리끼리 해먹는 곳이 많다는 거죠. 그래서 안 되겠다 싶어 지원 안 받겠다고 했어요. 조금 어렵더라도 상근으로 있던 연주자를 비상근으로 돌리고, 1시 출근해서 6시까지 하고, 상근은 몇 명만 두고…. 그렇게 바꿨어요."

연주단이 몇 명이나 되나요?
"최소 인원으로 해도 열여덟은 있어야 해요. 가곡을 반주하려면 일곱 명이 있어야 하는데, 한 사람이 계속할 수 없으니까 번갈아가면서 2명씩 복수로 있어야 하죠. 그러면 열네 명에다가 노래하는 사람까지 합쳐서…."

예를 들어 대금 두 명, 뭐 이런 식으로?
"그렇죠. 대금 둘, 피리 둘, 해금 둘, 가야금 둘, 거문고 둘, 장구 둘, 단소 둘 이런 식으로 해서 그렇게 되어야 가곡을 연주할 수 있어요. 거기에다 노래하는 남창, 여창 각 두 명씩이 있어야 하죠."

그러면 지금 가곡전수관에 그 열여덟 명이 항시 있나요?
"그들에게 최저임금이라도 주려면 대체 얼마나 돈이 있어야 하겠어요? 또 4대 보험도 들어줘야 하고, 그런데 그러려면 기업주가 부담해야 하는데, 이게 이익 남는 기업이 아니잖아요. 그래서 18명을 못 채우고 있죠. 그거 다 채우려면 지금 살고 있는 아파트 팔아야 해요.(웃음) 그냥 모자라면 이리저리 돌려가면서 하고…. 이렇게 겨우겨우 운영하고 있는데, 지금 무슨 뭐 도립예술단을 만드니 뭐니 하는 이야기 들으면 기가 차죠. 그냥 아무 말 않고 있어요."

그러면 현재는 몇 분 정도?
"지금 비상근으로 열 명, 상근이 두 명, 열두 명으로 하고 있으니 많이 힘들죠. 사범 두 분이 무료로 왔다 갔다 하면서 해주고 있죠. 그리고 국립국악원과 MOU를 체결해 필요한 게 있으면 와서 해달라고 해서 하고 있는데…."

국립국악원이 서울에만 있는 게 아니고 지방에도 있나요?

"부산에 하나 있고, 전남 진도와 전북 남원에 하나씩 있어요. 그런데 더 많이 생겨야 합니다. 국립박물관은 가는 데마다 있잖아요. 경남에도 있어야 합니다."

가곡전수관이 국립국악원 분원 역할을 한다는 보도를 봤는데요.

"그렇습니다. 그게 MOU 체결 내용입니다. 그 역할을 일부 하는데, 이걸로는 제대로 국악원 역할을 할 수 없죠."

상근 연주자가 2명뿐이라고 하셨는데, 사무실에 있던 분은 누굽니까?

"그들이 연주단원이면서 상근 행정업무를 겸하고 있는 거죠. 사실은 그러면 안 됩니다. 연주자는 연주만 하고, 행정업무는 별도로 채용해야 하는데, 앞으론 그렇게 할 겁니다. 참 그리고 보니 사무국장(신용호)도 연주를 하고 있지만 상근자로 봐야겠네요. 사실상 세 명이죠."

신용호 사무국장은 아드님이죠?

"제 아들이 건축과를 나와서 대학 건축과에 있는 걸 잡아들였어요. 어렸을 때부터 이걸 좋아했었거든요. 그래서 너 좋아하는 걸 지금이라도 하라고 했죠."

아! 어릴 때부터 좋아했군요.

"당연하죠. 뱃속에 있을 때부터 들었는데…. 그런데 우리 시집에서 종갓집 종손이 노래를 해선 안 된다고 해가지고 못하게 했잖아요. 어릴 때부터 트럼펫을 아주 잘했는데, 전공하지 않는 조건으로 사주고 했습니다. 63회 전국체전이 경남에서 열렸을 때 트럼펫 주자로 차출되기도 했어요. 성호초등학교 때였는데, 그때 마칭밴드 리더 역할을 했거든요. 그래서 대학에 있는 걸 데려와서 사무국장을 시켜놨는데, 월급이 안 나오잖아요? 아버지가 월급을 대신 줍니다."

아버지가요?

"내가 신 씨 집안에 시집와서 인간문화재까지 됐으면 이제는 시집에서도 뭔가 해줘
야 하지 않겠느냐. 아들도 하고 싶은 걸 못했는데, 지금이라도 하려고 왔으니까 아
버지가 대신 월급 좀 주라고 했죠."(웃음)

건축과 나와서 뭘 하고 있었나요?
"교수하고 있었잖아요. 울산과학대."

둘째 아들(신용승)은 어디 있나요?

"얘는 수의학과를 나와 미국 와이오밍주립대에 있다가 귀국하여 지금은 수원에 있는 외국계기업 한국지사에 있어요."

서울 토박이가 마산에 뿌리내린 까닭

부군은 지금도 사업을 하십니까?
"안 하시죠. 집세만 받아먹고 살아요. 자기 이야기는 하지 말라고 해요."

부군이 신영준 씨죠? 1970년에 결혼하신 걸로 되어 있던데, 어떻게 만난 건가요?
"마산 사람인데 서울에서 대학 다니다 어쩌다 미팅에서 만났는데, 계속 찾아오는 거예요. 그땐 제가 국립국악원 연주원이면서 건국대 생활미술과 야간을 다녔는데, 계속해서 국악원에 찾아오고, 모르는 사람이 없었어요. 그러다가 군대를 갔죠. 그 후 제가 인천 인화여고 교사로 스카우트되어 갔어요. 거기 있는데 어느 날 그 사람이 학교로 올라오는 거예요. 깜짝 놀라 알고 보니 그 학교 수학 교사로 왔더라고…(웃음) 제가 거기 있다는 걸 친구에게 듣고 알았나 봐요. 그래서 70년에 결혼을 했는데, 곧 마산으로 오게 됐죠."

그러면 일부러 선생님이 있는 인화여고 교사로 온 거네요?
"그렇죠.(웃음) 결혼하자마자 딱 그만두고…"(다시 웃음)

마산으로 오게 된 것은?
"여기 적현동에서 봉암석산을 운영하시던 시아버지가 쓰러지셨어요. 그래서 그 사업을 이어받으려고 불려왔죠."

봉암석산이 골재채취업이죠? 그걸로 돈을 좀 버셨나요? "
"엄청 벌었죠. 그때 수출자유지역 매립을 다 그걸로 했으니까."

그렇게 돈도 많이 벌었는데, 국악을 생계수단으로만 생각했으면 굳이 계속할 필요가 없었을 거잖아요.

"그런데 그 계기가 된 게 경남대 음악교육과에서 강의를 하게 된 거였어요. 기가 찼어요. 음악교사가 될 학생들인데 서양음악밖에 모르고…. 그래서 쇼크를 받은 거예요. 이래선 안 된다는 자극이 됐죠."

그 때문에 또 열 받았군요.

"제가 안 그런 것 같지만, 어떤 계기가 오면 분기탱천하는 그런 성격이 있어요. 그럴 땐 아무도 못 말려요. 아파트 비상대책위도 그래서 했잖아요. 이건 아니다 싶으면 물불을 안 가려요. 그러면 저는 끝을 보는 성격이에요."(웃음)

시아버지는 70년 그때 돌아가시고?

"아니, 그 이후에 돌아가셨죠. 시어머지는 중성동 산촌한정식 뒤 주택에 사셨는데, 아파트에서 사는 게 소원이라고 해서 지금 제가 사는 아파트를 분양받았죠. 그런데 시어머니도 결국 아파트 완공 전에 돌아가셨죠."

그러면 시어머니는 돌아가신 지 몇 년 지나지 않았네요?

"그렇죠. 2010년 입주 전이죠. 저희 시어머니도 유명하신 분이에요. 진주 일신여고(진주여고의 옛 이름) 출신이거든요. 소설가 박경리 선배예요. 저희 시아버지도 유명하셨고…."

친정 이야기도 좀 해보죠. 친정아버지는 경찰관이셨다고요?

"네."

원래 아버지 고향도 서울이었나요?

"서울이죠. 본관은 창녕인데요. 일찍이 서울서 자라셨죠."

6·25 때 목숨을 잃을 위기를 겪었다던데.

"네, 해방되고 어지러웠던 시절에 공안검사 출신 조재천(이후 법무부 장관) 씨가 아버지와 같은 항렬이어서 그 인연으로 경찰에 가셨는데, 6·25 때 거의 죽다 살아났죠. 그래서 저는 지금도 따발총 다 기억하고…."

그때 경찰이라서 인민군에 붙잡힌 겁니까?

"우리가 빨리 피란을 갔어야 했는데, 그때 저희 오빠(작고)가 서울중학교 학생이었어요. 놀다가 초여름 흰 교복에 콜타르를 묻혔나 봐요. 그때 저희 집이 을지로에 있는 2층집이었는데, 우리는 2층에서 생활하고, 1층에 약제실 같은 게 있었는데, 거기서 몰래 알코올로 콜타르를 지우려 했나 봐요. 그때 하필 정전이 되어 촛불을 켜려다 양 다리에 불이 붙은 거예요. 화상을 입은 거죠. 오빠가 독자였거든요. 1남 3녀 중 막내 여동생은 6·25 이후에 태어났고, 그땐 제가 막내였어요. 오빠는 열네 살, 나는 일곱 살이었죠. 그때 기억이 나요. 그 때문에 피란을 못 간 거예요. 그래서 현관문 앞 꽃밭을 파서 항아리 속에 경찰 신분증과 모자 그런 걸 묻었어요."

그래서 온 가족이 다 피란을 못가고 서울에 있었던 거네요? 그러다 인민군에게 붙잡힌 것은?

"그건 도강을 하여, 지금으로 보면 강남이죠. 거기서 잡힌 거예요. 지금 기억나는 건 밥도 안 주니까 우리가 도시락을 싸 갔는데, 아버지가 빈 도시락 속에 메모를 써서 보냈어요. 지금도 잊히지 않는 게 '노동당 위원장 유인모를 찾아가라'고 되어 있었죠. 그런데 상해임시정부 때 무슨 시집 이런 게 있었어요. 시 한 수 쓰고 자기 이름 적고 뭐 그런 거였는데, '그걸 가지고 가서 유인모에게 줘라', 상해에서 같이 하던 친구가 노동당 위원장이 되어서 왔다고 하더라 그런 말이었어요."

그러면 아버지가 상해에서 독립운동을 하셨다는 건가요?

"잘은 모르지만 뭐 그런 단체에 있었나 봐요. 해방 전에 서울에서 간이학교를 만들어 아이들도 가르치고 하셨으니까."

어쨌든 상해임시정부와 관련된 뭔가를 들고 유인모를 찾아가면 아버지를 살려줄지도 모른다 그런 말이네요.

"네. 그래서 어머니가 찾아갔답니다. 그런데 그쪽에서 '사적인 일이냐, 공적인 일이냐' 고 물어서 사적이라고 했더니 문도 안 열어주더랍니다. 그러나 가져간 것은 어떻게 든 전달을 했는데 그냥 가라고 하더랍니다. 그래서 이젠 죽었구나 하고 밤길을 걸어 집에 오는데, 먼동이 틀 무렵 우리 언니 이름을 부르는 아버지 목소리가 들리더라네요. '현숙아, 현숙아' 하면서⋯. 그렇게 우리 아버지가 살아 돌아왔어요."

그건 어머니께 들은 거죠?

"그렇죠. 아버지도 그 말씀을 하시더라고요. 풀어주면서 '내일 모두 도장을 들고 내무서에 모이라'고 했대요. 그런데 아버지는 뭔가를 직감하고 안 가신 거죠. 간 사람은 한 구덩이에 넣고 다 죽였어요. 아버지 혼자만 사신 거죠."

그 후 아버지는 언제 돌아가신 건가요?

"전쟁 끝나고 다른 사업을 하시다가 회갑 겨우 지나고 돌아가셨어요. 어머니는 그보다 먼저 돌아가셨어요. 천생연분이었나 봐. 그 후 저는 엄마 아버지도 없이 자랐죠. 제 결혼 때도 6·25 때 화상 입으셨던 오빠가 데려다 줬죠."

오빠는 이후 뭘 하셨나요?

"서양화가였어요. 홍익대 출신 '장안회' 회원으로 인사동에서 전시를 많이 했죠. 그 오빠 영향으로⋯."

열네 살 소녀, 국악에 빠지다

아, 그래서 생활미술과로 진학하셨군요. 음악에 대한 재능은 누구 영향이었을까요?

"아버지가 가무와 시(詩)를 좋아하셨어요. 기생집에서 노래도 하고 단가도 부르고…. 친구 분들과 노실 때도 처사가도 부르고 퉁소도 부는 걸 봤어요. 아버지가 일제 때 보성전문 출신이셨거든요. 당시 지식계급에 속했던 아버지와 친구 분들이 풍류를 즐기는 걸 보고 자라서인지 국악이나 기생에 대한 거부감이 없었어요. 그래서인지 저도 유치원 때부터 노래하고 춤추는 걸 잘했어요. 아버지와 친구 분들에게 칭찬도 많이 받고 자랐죠."

그 시절에 유치원도 다니셨다고요?
"을지로 6가에 유치원이 있었어요."

아래 여동생은 지금?
"전쟁 통에 태어났는데, 지금 대구에서 목사로 있어요."

졸업하신 명성여고는 어떤 곳입니까?
"지금은 없어졌어요. 동국대 사범대학 부속고등학교였는데요. 영등포국민학교를 거쳐 수도여중을 다녔어요. 그런데 KBS(당시 서울중앙방송) 국악연구생에 지원을 해서 합격을 했어요. 이거 학교에 대한 이야기는 잘 안 하는데…(웃음) 그런데 그 명성이라는 학교가 좀 악명이 높았어요. 4대 극성이라는 말도 들었던 학교였는데, 야간학교였어요. 제가 낮에는 국악연구생으로 방송국에 가야 하니까 야간학교를 가야 했던 거죠."

중학시절 동기들과 함께(왼쪽에서 네 번째가 조순자 관장).

그러면 중학교 마치고 바로 국악연구생으로 지원하신 거네요?

"그렇죠. 중졸 이상 자격이었으니까. 기록에 보니까 국악연구생 2기를 58년에 뽑았더라고요."

열네 살의 나이에 어떻게 국악연구생으로 갈 생각을 했나요?

"앞에서 말했듯이 아버지 영향도 있었고, 사실은 KBS 국악연구생 1기 중에 외사촌 언니가 이영숙이라고 있었어요. 그 언니 하는 걸 보니 너무너무 좋더라고요. 그래서 2기생 공모하는 걸 보고 갔죠. 수많은 사람이 왔는데, 아마 국악원에서 모집했으면 그렇게 많이 안 왔을 거예요. 기생 된다고…. 그런데 방송국에서 하니까."

그러면 선생님이 44년생이니까 그때 같으면 만으로 열네 살인데. 학교를 한 해 일찍 들어간 건가요?

"그랬죠. 고등학교도 한 해 월반을 했어요. 그땐 낙제도 있고, 월반도 있던 시절이니까."

그런데 대학은 왜 음악 쪽으로 안 가고 생활미술과를 갔습니까?

"대학 진학할 때는 또 국립국악원 연구원으로 가게 됐는데, 처음엔 서라벌예대에 가려고 했어요. 그때 우리는 이미 공연도 하는데, 거기 신입생으로 가서 춤만 배워서 뭘 하겠느냐는 생각이었어요. 게다가 거긴 주간이었고…. 그런데 인사동 가기 전 낙원동에 건국대 캠퍼스가 있었는데, 야간인 거예요. 그래서 화가인 오빠의 영향도 있고 거기 생활미술과로 간 거죠. 그런데 생활미술과에 배울 게 진짜 많았어요."

1961년부터 국립국악원 연구원으로 있었는데, 그게 직장 개념도 되는 거였나요?

"그렇죠. 공부하고 연구하면서 공연도 했는데요. 당시 3만 원이면 화폐개혁 이후 상당히 큰돈이었어요."

국립국악원 연구원은 어떤 사람을 뽑았나요?

김무 공연 모습(맨 오른쪽이
조순자 관장).

국립국악원 앞마당에서 대금잡이 세
명(왼쪽이 조순자 관장).

"지금의 국악중고등학교 전신인 국립국악원 부설 국악사양성소라는 게 있었는데, 6
년 과정이었어요. 모두 국비로 교육을 했죠. 1961년에 첫 졸업생이 나왔는데, 그들
중에서 연구원들을 뽑았죠. 저는 국악사양성소 출신은 아니고 KBS 국악연구생 동
기들과 함께 가게 된 거죠."

한 기록에 보니 '오전에는 김천흥에게 춤을 배우고 나면 오후에 성금련에게 가야금병창을 배
우고, 또 이창배에게 경·서도 소리를 배웠다'고 되어 있던데, 이건 국립국악원 때가 아니고?
"KBS 연구생 시절이었죠."

그러면 선생님이 이 분야의 재능을 인정받은 게 KBS 시절이었군요.
"그렇죠. 제가 KBS 연구생 시절 국악사양성소에 가봤더니 민속악을 안 가르쳐요.
조선시대 이왕직아악부에서 있었던 궁중음악만 가르치는 거예요. 아리랑도 못해.
그런데 KBS에서는 민속악과 정악 다 배웠거든요. 그런 저와 제 동기들이 그리로 들
어가니까 국악원이 뒤집어졌어요."

그러니까 당시에는 가곡 하나만 하신 게 아니라 노래와 춤과 악기를 다 하신 거네요?
"그렇죠. 춤도 여러 가지를 해야 하고, 악기도 합주를 해야 하니까 공통필수로 가야

금은 다 해야죠. 병창을 해야 하니까. 일일이 악기에 대한 스킬을 다 배워야 해요."

그냥 장구는 알겠는데, 설장구라는 건 뭡니까?
"서서 설치면서 하는 거라고 설장구라고 하죠. 설장구를 하고 나면 그냥 장구춤은 싱거워서 못해요. 그것도 그쪽의 대가들에게 배웠죠. 설장구는 이정범, 뗑과니나 소고춤은 황재기라들기 이런 내사늘이 강사로 왔습니다. 그땐 인간문화재 무형문화재 이런 개념도 없었고, 그 분들이 참 힘들게 사시던 때였는데, 방송국에서 강사로 초빙했죠."

1964년 일본 공연 계기 가곡의 길로…

그렇게 국립국악원에 67년까지 계시면서 일본 공연, 대만 공연 등을 다니셨죠? 1964년 20세의 나이에 일본에서 이주환과 '태평가'를 불렀다고 하던데….
"사실 그땐 가곡이 싫었어요.(웃음) 판소리나 민요가 좋았고…. 그런데 이주환 선생님이 이걸 하라는 거예요. 엄청 무서운 선생님이셨는데, 1964년이면 한일 국교 정상화(1965년)도 되기 전이었죠. 요미우리신문사 초청으로 갔는데, '춘면곡'이라는 가사를 독창하고, 선생님과 이중창을 하는데 '태평가'를 한 거죠. 잘하지도 못하는데 그런 대가와 함께 했다는 게 저로선 영광이죠. 제 실력에 맞지 않게 그걸로 뜬 거죠."

국립국악원을 그만두고 1968년 인화여고에는 국악교사로 간 건가요?
"당시 인화여고 백인엽 이사장이 1인 1기 교육 이런 걸 많이 시켰어요. 그래서 국악관현악단을 만들었는데, 국립국악원에서 저를 추천해서 가게 된 거죠. 그런데 국악만 할 수 없으니까 미술과목과 음악과목을 함께 맡았죠. 학생은 많고 교사는 모자라고 그러니까 국어를 가르친 적도 있었어요. 정말 눈코 뜰 새 없이 있다가 결혼 후 그만두고 여기로 온 거죠."

이 대목에서 '정가' '정악' '아악' '가사' '가곡' '시조' 등 용어의 개념을 물었다. 이때부터 국악의 역사부터 용어 구분의 문제 등에 대해 약 20분간 '강의'를 들었다. 옮겨 기록해 둘 만한 중요한 내용이었지만 여기선 생략한다. 국악에 대해 더 알고 싶은 분은 가곡전수관에서 하고 있는 대중을 위한 공연에 가보기를 권한다. 나도 따로 시간을 내어서라도 가볼 참이다.

KBS 국악연구생 출신 중에 선생님처럼 국악에 대가를 이룬 분이 또 있나요?
"없어요. 현역엔 저만 남았어요. 인간문화재는 저 혼자 됐고요. 경북대 국악과에 가야금 전공 교수로 한 분 있었는데, 작년에 정년퇴직을 하고 또 접었어요. 참 안타까운 일이죠."

그러면 이걸 전승할 사람도 갈수록 사라지는 것 아닙니까?
"제가 신영준이라는 남자 때문에 이리로 시집와서(웃음) 여기에 뼈를 묻게 됐는데, 이것도 인연이죠. 그런데 저도 이제 소멸되잖아요. 나이가 이제 칠십인데 언제까지 이 목소리가 나오겠는가? 그래서 사실 급해요. 특목고를 만든다, 예술고를 만든다? 그런 것보다 급한 게 이거예요. 제가 잘났다는 게 아니라 그 교육을 받은 게 저 혼자라는 것, 아직 소리를 낸다는 것, 그걸 좀 활용해줬으면 좋겠어요."

영송당(永松堂)이라는 호는 어떻게 지으신 겁니까?
"제가 교원대학교에서 오랫동안 학생들을 가르쳤잖아요. 거기서 저를 좋아하는 사

스승 이주환과 공연하는 모습.

1964년 일본공연 기념촬영.

람들이 모여 제 인터넷 홈페이지를 만들었어요. 그때 숭실대 국문학과에 고대 시가를 전공한 조규익 교수라는 분이, 이거 적으세요. 기록해야 해요.(웃음) 그 분이 시를 한 편 지어주면서 '선생님 이름을 조순자, 조순자 이렇게 부르는 것도 미안해서 호를 만들었다'면서 영송당이라는 호를 지어준 거예요. 제 소리가 솔바람 소리 같다면서 '영송헌시'를 줬는데, 영송헌을 지키는 사람이라는 뜻으로 '영송당'이라 부르겠다는 거죠. 그 시를 교원대 대학원생들이 만든 홈페이지에 올렸는데, 그때부터 홈페이지 제목이 영송헌이 됐고, 제 당호가 영송당이 된 거죠."

유네스코 등재 과정의 비화

2001년도에 여창가곡 예능보유자로 문화재청에서 지정을 받았잖아요? 예능보유자와 인간문화재는 다른 겁니까?

"아뇨. 같은 거예요. 예능보유자가 공식 명칭이고, 인간문화재는 예우하는 차원에서 부르는 명칭이죠."

예능보유자가 되면 국가에서 지원해주는 게 있나요?

"전승지원비라고 해서 매월 100만 원을 주는데 취약종목은 그보다 좀 더 줍니다. 취약종목이 아닌 경우는 좀 덜 주기도 하고…. 그 분들은 인기가 높으니 돈도 많이 벌수 있잖아요.(웃음) 저는 165만 원을 받아요. 그런데 학술원이나 예술원은 더 많이 줘요. 그 때문에 상대적 박탈감도 있죠. 그것도 차별이잖아요."

가곡이 2010년 유네스코 인류무형유산으로 등재됐잖아요. '권고 등재'가 되었다는데, 그건무슨 뜻인가요?

"이번에 아리랑도 유네스코에서 자체적으로 판단하여 권고 등재했듯이 가곡도 그렇게 된 거죠. 저도 사실 2003년 판소리가 유네스코 무형유산으로 등재되는 걸 보고그때 이런 생각을 했어요. 우리나라 3대 성악이 가곡, 판소리, 범패인데 가곡도 세계

2003년 창작가무극 '도화 뜬 맑은물에' 공연 모습.

에 알려야겠구나. 그 후 프랑스도 가고, 미국도 가고 하면서 가곡을 알리는 일을 시작했죠. 그런데 서양음악을 하다가 가곡을 배워 뉴질랜드에서 교수를 하고 있는 제자가 있어요. 그 제자에게 영문으로 가곡에 대한 박사논문을 쓰게 하고 음반을 유네스코 위원들이 있는 대학에 보내기 시작했죠."

그러면 우리 문화재청에서 가곡을 등재해달라고 신청을 한 것도 아닌데?
"그렇죠. 유네스코에서 먼저 알고 권고 등재를 하게 된 거죠. 90년대에 MBC 김사숙 피디와 '가곡의 원류를 찾아서' 프로그램도 했는데, 그런 것까지 자료를 다 보낸 거예요."

유네스코에 이렇게 등재가 되면 거기서 뭔가 지원되는 게 있나요?
"그런 건 전혀 없습니다. 그야말로 명예죠."

하지만 세계에서 인정한 인류유산이니 해당 국가에서 잘 전승 보존하라는 의무감을 부여하는 효과는 있겠네요.
"그렇죠. 그런데 특히나 경상남도에서는 안 하잖아요. 중앙문화재니까 굳이 마산에서 안 해도 돼요. 전주에 국립무형유산원이 생겼잖아요? 전주에서도 오라고 해요. 거기에도 가긴 갈 거예요. 저에게 방을 하나 달라고 해서 거기 가서도 가르칠 거예요. 그런데 어떻게 된 판인지 경남의 권력자들은 문화에 대한 이해와 관심도가 너무 낮아요. 전라도는 판소리 하나 갖고 그렇게 난리를 치는데, 경남은 그냥 내버려두고 있잖아요. 가곡은 판소리까지 다 아우르는데…."

국악으로 인간문화재가 되려면…

가곡전수관에서도 일반인 상대 강습을 하는 프로그램이 있나요?

"가곡만 가르치는 게 아니라 국악 전 분야를 다 가르치고 있죠. 토요일에 영송헌 아카데미라고 해서 일반인들이 오면 아주 실비로 강습을 하고 있어요. 문화강좌 그런데서 몇 십만 원씩 주고 비싸게 배울 일이 아니죠. 여기 오면 되는데…. 여기서도 수료증 주고 다 해요."

문하생, 전수생, 이수자의 차이는 뭔가요?

"문하생은 내가 이걸 계통을 밟아서 이수를 받지 않고 취미로 배우겠다는 사람을 말하는 거예요. 그리고 전수생은 이수를 받아서 예능보유자까지 도전해보겠다는 사람이고요. 전수생으로 있다가 시험을 보겠다고 하면 학위 받는 것처럼 심사위원들 모셔서 이수 발표를 하게 됩니다. 거기서 합격해야 하죠. 5단계 평점이 있습니다."

전수생이 이수자 시험을 칠 때는 누가 심사위원이 됩니까?

"저는 당연히 심사위원이 되고요. 다른 데서도 심사위원들이 옵니다."

그 시험은 문화재청이나 국립국악원에 가서 하나요?

"여기서 해요. 여기 전수관이 있으니까."

그러면 지금까지 선생님이 배출한 이수자와 전수생, 문하생은 몇 분이나 되요?

"(손으로 한 명 한 명을 꼽더니) 이수자는 여덟 명이네요."

그러면 그 분들은 이수를 받고 나면 뭘 합니까?

"여기 와서 일주일에 한 번씩 제 지도를 받고요. 1년에 두 번, 하계와 동계 때 열흘 이상 여기서 숙식을 하면서 집중교육을 또 받습니다. 그리고 여기서 이뤄지는 모든 연주에 의무적으로 출연을 해야 해요. 그런 경력이 쌓이게 되잖아요? 그러면 제가 더 못 하거나 죽게 되면 그런 게 스펙이 되는 거죠. 이 종목에 대한 공헌도도 있어야 하고…. 그게 굉장히 중요합니다. 그리고 노래를 시켜봅니다. 시험을 치는 거죠. 그 중에서 제일 성적이 좋은 사람이 저 다음으로 예능보유자가 되는 거예요."

그러면 선생님을 이어갈 인간문화재는 딱 한 명이 되는 건가요?

"그렇죠. 그런데 제가 문화재청에 이야기한 말이 이수자에게는 그만큼 국가에서 대우를 해줘라. 사실 박사학위를 받아도 실기 지도는 안 되거든요? 그래서 이수자에게도 대학 강의 자격을 달라고 건의를 했는데, 이게 받아들여지게 됐습니다. 문화재청에서 이수 자격을 얻은 사람도 교육부에서 받은 석사학위처럼 대학 출강 자격을 인정해달라는 거죠. 그리고 예전에는 이수자라고 해서 모두 예능보유자 시험을 칠 수가 없었고, 그 중에서도 등급이 있어서 후보자나 교육조교와 같은 극히 제한된 사람만 시험을 칠 자격을 줬는데, 지금은 모든 이수자가 시험을 칠 수 있게 될 겁니다."

선생님 아래에 이수자는 8명인데, 전수생은 몇 명이나 됩니까?

"그게 몇 명 안 돼요. 그게 문제죠."

왜 그런가요?

"이거 해 갖고 밥 먹고 살겠느냐는 거죠. 그런데 이걸로도 밥 먹고 살거든요. 그걸 사람들이 몰라요."

지금 연주단에 속해 있는 사람들은 이수자 단계입니까, 전수생입니까?

"노래하는 사람들은 이수자도 있고 전수생도 있어요. 그러나 가곡을 반주하는 기악은 그것과 전혀 관계없죠."

아. 선생님 문하에선 어쨌든 '가곡' 분야의 전수생과 이수자만 배출하는 거로군요.

"그렇죠. 피리 대금 해금 그런 분야는 또 그 나름대로 있어요. 그런데 문제는 반주자도 가곡을 이수 받게 해야 해요. 승전무도 반주를 지정하고, 판소리도 북치는 사람을 지정하는데, 가곡은 왜 반주자를 지정할 수 없느냐, 일곱 명 한 팀으로 하여 단체종목으로 지정해줘야 해요. 지금 이걸로 투쟁하고 있어요."

지난 〈피플파워〉 10월호에 호호국수 송미영 씨 인터뷰가 나갔는데요. 23년 만에 만난 옛 제자로 다시 선생님 밑에서 배우고 있잖아요. 송미영 씨는 문하생입니까, 아니면 전수생입니까?

"(목소리를 낮추며) 말하지 마세요. (…생략…) 그런데 진짜 열심히 해요."

지난 인터뷰 때 '선생님과 다시 만나 가곡을 하게 되어 정말 행복하다'고 하더군요.

"(흐뭇한 미소)…."

선생님 입장에서는 국악인으로서 이룰 수 있는 꿈은 거의 다 이뤘다고 볼 수 있는데?

"그렇죠. 개인적으로는 인간문화재 이상 더 올라갈 게 없으니까. 그런데 이런 자리를 얻었으니 거기에 대한 의무감이라든가 그런 게 커지는데, 그걸 다 못하고 있다는 생각 때문에 마음이 아프고…. 국비로 모든 가·무·악과 이론을 배울 수 있었던 것도 국민으로부터 혜택을 받은 건데, 받은 만큼의 10분의 1도 못하고 있으니까…."

개인적으론 이뤘지만 사회적으로는 아직 이루지 못한 게 많다는 말씀인가요?

"그렇죠. 그게 내 욕심이 아니라 가곡 속에는 전체 가·무·악과 국악이론이 다 포함돼 있거든요. 가곡은 모든 국악의 바탕이 되는 것이죠. 그리고 우리나라의 정신이 흠뻑 들어있는 게 가곡이에요. 이것도 몇 시간 동안 강의를 해야 할 이야긴데, 이게 사람을 살리는 정신이에요. 그 에너지가 굉장히 큽니다. 넓게 이롭게 하라, 홍익인간의 정신이 다 들어 있는데, 이것만 알면 사회의 모든 갈등도 해소됩니다. 종북도 없고, NLL 분란도 필요없는….(웃음) 저는 그 에너지를 확신하거든요? 이런 걸 끄집어내서 사람들이 쉽게 다가갈 수 있도록 해야 하는데, 저에겐 그게 역부족이죠."

그래도 지금까지 국악인으로 살아오신 삶에 만족하시나요?

"만족해요. 제가 좋아서 한 일이니까. 국악이 참 좋아요."

막상 인터뷰를 마치고 보니 큰 굴곡이나 역경 없이 원하는 걸 다 이룬 인생으로 보인다. 좋은 집안에서 좋은 재능을 갖고 태어나, 일찍 아버지·어머니를 여의긴 했으나 원하는 대로 공부했고, 부잣집 아들과 결혼해 경제적 어려움 없이 좋아하는 음악을 하면서 그 분야의 최고 위치에 오른 사람. 게다가 스승과 제자는 물론 주변 사람들로부터 아낌없는 사랑과 존경을 받고 있는 사람. 이 정도면 모두가 부러워할 만한 삶이다.

그러나 과연 그의 삶이 평탄하기만 했을까? 지금의 성공이 타고난 재능 덕분이기만 했을까? 열네 살 어린 나이부터 대학 졸업에 이르기까지 뼈를 깎는 노력과 의지가 없었다면, 낮에는 방송국과 국립국악원, 밤에는 야간학교를 다니며 버텨낼 수 있었을까? 또한 철저한 자기관리와 인격 수양 없이 그저 주변사람들의 사랑과 존경을 얻어낼 수 있을까?

그래서 마지막으로 살아오는 동안 가장 힘들었던 일이 뭐였냐고 물었다. 그는 "그땐 힘들었는지 모르지만, 지나고 나서 생각하면 힘들었던 것도 아니죠"라며 웃었다. 그래도 하나만 이야기해달라고 보채자 그는 이렇게 말했다.

"제가 이곳에서 나고 자란 사람이 아니잖아요. 문화예술계는 이익을 위해 작당하고 세력을 만드는 일이 많거든요? 그런 지역풍토 속에서 세력도 없이 국악을 한다는 게…"라며 말을 흐렸다.

성공한 사업가가 요리학원 다니는 까닭

최충경 창원상공회의소 회장

'오로지 일에 미쳐 멋과 풍류도 모를 것 같은 사람.'

'사업가' 또는 '기업인'에 대해 보통 사람들이 갖고 있는 선입견은 이럴 것이다. 나 또한 예외는 아니었다. 술을 마시거나 골프를 쳐도 좋아서라기보다 비즈니스 때문일 거라 생각했다. 그러나 한철수 고려철강 대표, 박영빈 경남은행장, 최충경 창원상공회의소 회장 등을 알게 되면서 생각이 달라졌다. 다들 음악에 관한 관심과 사랑, 조예가 남달랐던 것이다.

특히 최충경(崔忠坰·1946년생) 회장은 단순한 애호가 수준을 넘어 색소폰과 클라리넷, 트럼펫, 피아노 4가지 악기를 다루는 전문가급 음악인이다. 그는 1991년부터 창원시윈드오케스트라(전 마산관악합주단) 단원으로 활동하면서 5·6대 단장을 지냈다. 또 1996년부터 경남재즈오케스트라에서도 알토색소폰 연주자로 활동해왔다. 1997년에는 비엔나 국립음대 서머스쿨에서 클래식 색소폰 디플로마 과정을 이수하기도 했다.

부잣집에서 태어나 어릴 적부터 악기를 가까이했다거나 음악을 전공한 것도 아니다. 대학은 행정학과를 나왔고, 석사와 박사과정은 경영학을 전공했다. 학사장교(ROTC) 출신 육군 중위로 전역 후 잠시 외항선 항해사 생활을 거쳐 9년간 삼성전자 영업부에서 일하다 1982년부터 줄곧 철강업에 종사해온 사람이다. 지금 그가 대표이사 사장으로 있는 경남스틸(주)은 냉연강판을 절단·가공하는 철강회사다. 차갑

색소폰 연주를 하고 있는 최충경 회장.

고 강한 철강과 부드러운 음악의 조합이라…. 뭔가 어색하다.

좀 미안한 말씀이지만, 투박한 말투나 외모도 음악적(?)인 것과는 거리가 멀어 보였다. 게다가 그는 요즘 요리학원에 다니고 있다. 조리사 자격증 취득이 목표다. 그걸로 뭘 하려는 것일까?

궁금했다. 그동안 언론에 보도된 그에 대한 기사는 대부분 '기업 이익의 10% 사회환원' 등 기부 활동과 강소기업 경남스틸(주)의 투명 경영과 높은 복리후생 수준에 초점이 맞춰져 있다. 하지만 이번 인터뷰에서는 최충경이라는 사람을 더 깊이 알고자 하는 데 집중했다.

다섯 살 때 아버지를 여의다

태어나신 곳은 대구 동구 입석동이죠?

"네. 거기서 5대째 살았습니다."

아버지께서 네 살 때 돌아가셨다던데.

"정확히는 다섯 살 때였습니다. 제 동생이 두 살 때였으니까, 두 살, 다섯 살, 여덟 살, 열 살, 열세 살…. 이렇게 5남매를 남겨두고 돌아가셨죠."

아버지는 어떻게….

"50년대 금융조합이라고 있었는데, 이후 금융개편 되면서 하나는 기업은행이 됐고, 하나는 오늘날 농협이 되었죠. 그 금융조합에 이사로 계셨어요. 그런데 그 당시에 아마 간디스토마로 돌아가신 것 같아요."

요즘 같으면 돌아가실 병도 아닌데…. 어머니가 참 힘드셨겠네요.

"워낙 낚시 좋아하시고 날고기 좋아하시다 보니…. 돌아가실 때 3남 2녀를 두셨는데, 모친은 서른둘에 청상과부가 되신 거죠. 그렇게 되니 얼마나 어려웠겠습니까. 그래서 모친이 당시 양계도 하고 학교 근처에서 하숙도 쳤죠. 그때는 워낙 물자가 귀하던 50년대니까 학교 공부보다는 우선 먹고사는 게 급한 시절이었죠. 그래도 형은 공부를 잘해 입주과외 아르바이트를 하면서 의과대학을 갔고, 위에 누님은 당시 사범학교에 갔었어요. 그때 사범학교는 들어가면 전부 공짜였죠. 또 다른 누님 한 분은 간호대학에 갔는데, 거기도 또 공짜였어요. 전부 자기가 벌어서 갈 수 있는 데로 갔죠."

그럼 아래 동생은?
"제밑동생은 삼성테크윈에서 부장하다가 퇴직해서 지금 우리 회사에 와 있습니다. 걔는 두 살 때 돌아가셨으니까 아버지 얼굴도 모르지."

최 회장님도 어린 시절이 힘들었을 것 같은데.
"나는 삼덕초등학교를 나왔는데, 최근에 신문을 보니 박근혜 당선인이 그 학교를 나왔더라고요. 큰 '빽' 하나 생겼어요.(웃음) 경북중학 다닐 때 김세철이라는 친구가 있었는데, 이 친구가 나중에 비뇨기과 분야에선 우리나라에서 최고 권위자가 됐죠. 그 친구의 아버지께서 대구상고 교감선생님으로 계셨어요. 김관익이라는 분인데, 그 분이 저를 잘 돌봐주겠다며 대구상고 진학을 권했어요. 그 분이 학교와 관계있는 출판사에 저를 소개해주셔서 거기서 사환으로 아르바이트를 하며 다녔죠."

낮에는 출판사에서 아르바이트를 하고, 야간에 학교 다니고?
"그렇죠. 그때 김관익 선생님이 왜 대구상고로 오라고 했냐면, 상고 나오면 은행에 취직이 되었거든요. 그때도 은행이면 상당히 좋은 직장이었으니까. 그런데 2학년쯤 되니까 대학 갈 학생들만 모은 진학반이라는 게 있더라고요. 그때 선생님이 대학 진학을 권유했고, 그때부터 대학 갈 마음을 먹은 거죠."

3학년 때 진학반으로 들어간 건가요?
"그렇죠. 그때가 1964년이었어요. 당시 대구에는 경주 최부잣집에서 마지막 재산을 털어넣은 대구대학이 있었고, 청구대학이라고 또 사립대학이 있었는데, 청구대학은 증축을 하던 중 큰 사고로 무너진 일이 있었죠. 그래서 도저히 청구대학이 독자적인 운영이 어려워졌을 때 두 대학을 합치게 되었는데, 그 과정에 박정희 대통령이 개입했어요. 그렇게 두 대학이 합쳐서 만든 게 영남대학이죠."

삼성 이병철 회장이 대구대학을 운영하던 시기도 있었잖아요.
"그렇죠. 삼성이 운영하던 기간이 2~3년 정도였는데, 우리가 바로 그때 들어갔어요. 삼성이 대구대학을 인수하면서 삼성장학생으로 뽑히면 4년간 학비 면제에 하숙비와 책값까지 다 대주는 조건이었어요. 졸업과 동시 삼성에 취업도 보장했죠. 그때만 해도 서울 가서 하숙하며 학교 다시는 것은 엄두도 내기 어려웠는데, 그래서 대구대로 간 거죠."

삼성장학생으로 대구대에 입학하다

기록을 찾아보니 경주 최부잣집이 삼성 이병철에게 대구대를 넘긴 건 1964년이었고, 이후 1966년 삼성 소유 한국비료의 '사카린 밀수사건'이 터진다. 곤경에 처한 삼성은 한국비료를 국가에 헌납한다고 발표했고 이어 대구대도 포기하기로 결정한다. 당시 청구대는 이미 박정희 정권의 주요 인사들에게 운영권이 넘어가 있는 상태였고, 박 정권은 1967년 12월 22일 대구대와 청구대를 통합, 영남대를 출범시켰다. 이로써 최부잣집 소유 재산은 모두 영남대 소유로 넘어갔고, 이후 정수장학회로까지 이어진다.

그럼 회장님도 그때 삼성장학생이었겠네요?
"그렇죠. 100% 지원을 받았죠."

대학 다닐 때 공부는 잘했나요?
"그러진 않았습니다. 공부를 잘했으면 행정고시를 했겠죠. 삼성에 입사가 보장되어 있으니까…. 그래서 군대 문제를 빨리 해결해야 했어요. 우리 때만 해도 ROTC를 하면 26개월이었어요. 일반 군인으로 가면 36개월이었는데. 지금과는 정반대입니다. 그래서 먼저 군대에 갔죠."

그래서 69년 입대하여 71년에 전역하셨군요. 어느 사단에서 근무했나요?
"통역장교로 갔는데, 26사단이었어요. 내가 모셨던 분이 유학성 장군이라고 그때 날리던 분이었지. 내가 갔을 때 월남 파병 십자성 부대장을 마치고 26사단으로 왔죠."

당시 군대에서 만나 인연으로 이어진 분들이 많더라고요? 삼현철강 조수익 대표도 그렇고…. 결국 손위 처남이 되었죠?
"그렇습니다. 처남은 연세대학교를 나와서 38사단장 하던 이희성이라고 나중에 계엄사령관도 했죠. 그 양반 전속 부관을 했어요."

어쨌든 그렇게 알게 된 인연이 평생 이어지게 되었네요.
"그렇죠. 처남은 제대하고 포항제철로 들어갔고, 나는 삼성으로 가게 됐는데, 그런 인연이 되어가지고 우리 와이프를 만나게 됐죠. 와이프는 그때 이화여대를 다니고 있었는데, 처남이 소개를 한 거지."

군대에서 만난 사람, 인생 바꾸다

조수익 대표가 최 회장님의 어떤 점이 마음에 들어 자기 여동생까지 소개하게 되었을까요?
"그건 모르지. 처갓집에선 반대를 많이 했죠. 장인어른(조영호·1914~2012)은 작년에 돌아가셨는데, 충북의사회 회장을 했거든요? 99세로 돌아가셨어요. 경북의대 1회 졸업생이고, 의사로서 충북 영동이라는 곳에서 평생을 시골 사람들을 위해 의료봉사를 해오신 분이죠. 봉사를 많이 한 의사들에게 주는 보령의료봉사상 대상도 받으셨죠. 그런 분인데, 사윗감이라고 해서 보니 영남대라는 지방대 출신인데다, 아버지도 없지, 재산도 별로 없는 것 같지…. 찬성할 이유가 사실 없었던 거죠. 그런데 조수익 대표가 '내가 내 동생을 아무데나 추천하겠느냐' 그래서 된 것 같습니다."

그러니까 조수익 대표가 왜 동생을 소개했을까요?
"아! 이제 생각나네요. 통역학교 가기 전에 전주에 있는 35사단에서 기초군사훈련을 4주 동안 받는데, 그때 나는 촌놈이니까 등산도 많이 해봤고 고생도 해봤지만, 조수익 대표는 부잣집 아들이다 보니 맨날 집합할 때도 뒤에 처지고, 짐 메고 가다 천막 치는 것도 쩔쩔 매고…. 그때 내가 옆에서 많이 도와줬고, 그래서 좋게 본 것 같기도 하네요."

그렇군요. 이후 부인과는 연애 기간이 얼마나 됐나요?
"그러고 나서 서울에 있는 통역학교로 가게 됐는데, 이번엔 반대로 제가 촌놈이다 보니 서울에선 갈 데가 없잖아요. 그래서 토요일에 조수익 대표가 자기 집에 나를 데리고 간 거지. 서교동 홍익대 앞에 집이 있었는데, 그렇게 해서 자연스럽게 만나 영화도 보고 당시 동대문야구장에 야구도 보러 가고 그러면서 한 3년간 연애를 하게 된 셈이죠."

조수익 대표는 어떻게 철강회사를 창업하게 된 거죠?
"포항제철에 있던 중 부산과 경남이 분리됐어요. 당시 포철이 판매 강화 센터를 시·도 단위로 하나씩 됐는데, 분리되면서 경남에 센터가 하나 더 생기게 된 거죠. 처남이 당시 박태준 씨 비서실에도 좀 있었고, 그런 인연으로 센터를 하나 따낸 거죠. 그래서 사업을 해보려고 하니까 여러 가지 어려움도 많고 해서 나에게 함께 해보자고 제의를 해왔어요. 당시 나는 삼성에 있을 때였는데, 주식을 30% 정도 할애할 테니까 동업 형식으로 와서 함께 하자고 해서 삼성전자에 사표를 내고 여기 와서 합류를 한 거죠."

항해사 되어 해외 문물에 눈뜨다

결혼은 언제 하신 겁니까? 삼성전자 입사하실 때?

"결혼은 1973년도에 했어요. 삼성 입사는 1974년이었고…."

그러면 71년에 제대하고 삼성에 입사하기 전까지 뭘 하셨나요?

"제대 후 상선을 타고 항해사로 근무한 적이 있었죠. 부산 영도구 동삼동이라고 거기에 해양대학이 있었는데, 당시 해양대학 정원이 200명밖에 안 되었어요. 그런데 해외 나가는 상선이 많았는데, 항해사 수요가 절대적으로 부족했던 거죠. 그래서 박정희 대통령이 묘안을 낸 게, 장교로 제대한 사람들을 대상으로 해양대학에서 1년만 항해사 과정을 수료하면 항해사 자격증을 주도록 했어요. 그때만 해도 항해사가 되면 삼성에서 주는 월급의 열 배를 받았죠. 게다가 상선을 타면 100% 외국에 나가게 되니까, 외국에 대한 선망에다 높은 월급 때문에 장교 출신들이 항해사가 많이 되었죠. 당시 나도 그렇게 1년을 수료하고 갑종 2등 항해사 자격을 땄고, 일본 센다이에서 캐나다까지 오가는 오리엔탈 킹이라는 6만 5000톤 배를 타고 2등 항해사로 근무를 했죠. 원목 실어 나르는 배였는데, 거기서 1년 반에서 2년 정도 배를 탔죠."

삼성보다 월급도 훨씬 많고, 당시로선 가기 힘든 외국도 다니는데, 왜 그만두게 됐나요?

"이야기하려면 좀 긴데….(웃음) 우리 형님이 의사였고 형수는 약사인데, 당시 의사들이 미국 가는 게 유행이었어요. 그래서 미국에 의사 이민을 가게 되었어요. 그러다 보니 딸도 시집가버리고 혼자 계신 모친이 살 길이 없는 거예요. 그래서 나라도 국내에 있으면서 모친을 보살펴야 했고, 그런데다 처갓집에서도 '배를 탄다면 결혼은 곤란하다'고 해서…."

그 시절 외국에 나가본 경험들이 이후 인생을 살아가는 데 도움이 되었겠네요?

"큰 도움이 됐죠. 내가 악기를 하게 된 것도 그게 계기가 됐어요. 원목선을 타고 캐나다로 가는데, 바다에서 23일, 원목 내리는 데 23일이 걸렸어요. 그러니까 23일 동안 뭘 하겠습니까? 배가 딱 도착하면 항해사는 배하고 관계없습니다. 캐나다 온 동네를 돌아다니며 외국의 문물을 익히게 됐죠."

네 가지 악기 익히고, 조리사에 도전

항해사 자격증에 대한 궁금증은 풀렸는데, 요즘은 조리사 자격증에 도전하고 있다는 소문을 들었습니다. 그건 왜 따시려는 겁니까?

"글쎄. 주위 사람들도 그걸 묻던데, 그걸 왜 묻는지 이해가 안 가요.(웃음) 산업인력공단에 (조리사) 시험 치러 갔는데, 공단 지사장이 내 얼굴을 아니까 어떻게 오셨냐고 물어요. 그래서 거짓말할 수도 없고 해서 소문이 났는데, 글쎄요. 나는 배 탈 때도 특별히 좋아하는 음식이 있으면 슈퍼에 가서 재료를 사와가지고 직접 해먹고 했어요. 외국에 다니면서 느낀 것 중 하나가 '악기를 하나 배워야겠다'는 거였고, 또 하나가 요리였어요. 당시 외국의 선교단체 사람들이 선교 목적으로 자기 집에 데려가서 요리도 해주고 하는 걸 봤어요. 그때 보니까 남편이나 아내 가리지 않고 다 같이 요리를 하더라고요. 그것도 그렇고, 평생 마누라한테 밥을 얻어먹었는데, 이제 내가 요리를 배워서 신세를 갚는 것도 좋은 일이고, 친구들이 와도 내가 맛있는 요리도 해주면 좋잖아요. 내가 이화요리학원에 다녔거든요? 다니며 느낀 건데, 조리사 시험이 다섯 가지가 있어요. 한식 중식 일식 양식, 그리고 복어 이렇게 다섯 가진데, 나는 양식을 했는데, 요리 솜씨도 중요하지만 역시 음식은 재료가 제일 중요하거든요. 그런데 이 재료가 좋은 건 비싸요. 음식점에선 비싼 재료를 쓸 수가 없어요. 쓰면 마진이 없고…. 그래서 내가 조리사 자격을 따서 좋은 재료를 가지고 요리를 하면 정말 좋은 음식이 될 수밖에 없잖아요. 마누라한테도 요리로 서비스하고, 자식들 손자들 오면 할아버지가 요리해주고, 친구들도 불러다가 와인 한 잔 놓고 요리해서 즐기면 좋지 않습니까? 그래서 지난번에 우리 상공회의소 회의할 때 직원들 모두 조리사 자격증 따자고 했더니 아직 직원들 반응은 시큰둥하네요.(웃음)"

듣고 보니 그렇네요.

"한 번 두고 보십시오. 내가 25년쯤 전에 악기를 배울 때, 산호동 용마맨숀에서 시끄럽다는 욕을 듣기도 했는데, 주위에서도 '딴따라처럼 나발이나 불고 저러다 곧 사업도 망할 거다'라는 말들이 있었어요. 그런데 한 10년쯤 지나니까 '시간 있으면 저런 취미도 괜찮지' 하는 시선으로 바뀌더니, 지금은 내 주위 우리 또래 사람들이 '지금 내가 배워도 되겠냐'고 물어오는 경우가 많아요. 세상이 비낀 거죠. 요리도 그럴 겁니다. 5년, 10년만 지나면 요리 배우는 남자들이 엄청 많아질 겁니다. 프랑스 사람들의 상류사회 조건에 악기 연주를 할 줄 알아야 하고, 잘하는 요리가 있어야 한다잖아요. 악기나 요리라는 게 나쁠 게 없잖아요."

요리 중 특별히 잘하시는 건 뭔가요?

"뭐 여러 가지가 있습니다.(웃음) 조리사 자격을 치려면 운전면허와 똑같이 먼저 필기시험을 쳐야 합니다. 이것도 굉장히 어렵습니다. 그게 되고 나면 실기시험을 치는데, 서른여덟 가지 요리를 다 할 줄 알아야 해요. 시험 치는 날 제비뽑기를 하여 서른여덟 가지 요리 중에서 나온 두 가지를 각각 30분 동안에 해야 하거든요. 그렇게 해서 합격하려면 그 서른여덟 가지 요리를 적어도 두세 번은 해봐야 할 것 아닙니까? 그런데 필기시험 합격 후 2년 안에 실기 합격을 못하면, 필기부터 또다시 해야 해요. 나는 아직 실기 합격은 못했어요. 세 번 쳐서 떨어지고 네 번째 도전하고 있는 중이죠."

필기 유효기간이 언제까진가요?

"올해 말까진데, 시험 치러 오는 사람들 보면 저 말고는 모두 자격증 따서 취직하려는 친구들이죠. 그 친구들은 목숨 걸고 하는데, 그래도 실기 합격률이 30% 정도밖에 안 돼요. 그만큼 어렵다는 거죠."

이왕 말 나온 김에 악기 배운 스토리도 좀 말씀해주시죠.

"(항해사 마치고 삼성에서 일하다가 조수익 대표가 창업한) 삼현철강이란 회사에 전무로 왔어요. 처음엔 삼현철강이라는 개인회사였고, 내가 온 2년 후에 법인이 되었는데, 아들 두 명 중 큰애가 대원외고로 진학했어요. 초등학교 친구 집에서 다니면 된다면서 보내달라고 해서 보내줬죠. 그런데 동생도 또 대원외고에 따라 간 거예요. 그렇게 되니까 마누라가 '여긴 한 명이고, 서울엔 둘이니까 내가 서울에 가서 아이들 밥을 해줘야겠다'는 겁니다. 사실 내가 당시로선 드물게 국내판 기러기 생활을 12년이나 했어요. 그래서 혼자 매일 밥을 해먹으니까 요리 실력이 늘 수밖에 없어요."

(웃음) 아, 그렇게 된 거로군요.

"먹고살아야 하니까.(웃음) 게다가 토·일요일에 서울 가는 게 어려웠어요. 당시로선 주 5일 근무도 아니고, 왔다 갔다 시간도 너무 많이 걸려서 거의 주말에도 마산에 혼자 있었단 말이에요. 그런데 혼자서 할 게 뭐 있습니까? 그때 서른여덟인가 그랬는데, 나이는 젊지, 전무 정도 하니까 돈도 좀 있지, 그런 상황에서 할 수 있는 게 여자, 노름, 술, 뻔한 것 아닙니까? 그때 목표를 세운 게 '악기를 하나 배우자'는 것 하고, '대학에 가서 공부를 좀 더 하자' 이렇게 두 가지였어요. 그래서 20년 넘은 재즈를 하게 된 계기가 됐고…."

기러기 아빠, 공부가 생활이 되다

맨 처음 한 악기가 색소폰이었습니까?

"아니, 처음엔 클라리넷이었어요. 그 다음이 색소폰이었죠. 그래서 대학원도 진학하게 됐는데, 그 당시엔 대학원이 모두 주간이었고, 야간이나 주말에 하는 대학원은 유일하게 교육대학원이었죠. 대신 학기는 다섯 학기였고. 대부분 거기 오는 사람들은 중고등학교 교사들이었어요. 토요일 열두 시부터 밤 열 시까지 했거든요. 그래서 경남대 교육대학원에 들어가 교육학 석사와 중등 2급 정교사 자격을 땄죠."

프로필에는 보니 '경남대 대학원 경영학 석사'로 되어 있는데요?

"아닙니다. 교육학 석사를 받고, 그 다음에 경남대 대학원 최고경영자 과정을 했죠. 그 다음에 보니 창원대에 노동대학원이 생겼어요. 또 거기 들어가서 1회 졸업생으로 석사를 했죠. 그리고 나서 또 경영학 박사과정을 마쳤죠. 악기도 그렇고, 석사·박사과정을 한 것도 기러기 아빠를 하면서 그렇게 된 거죠."

나쁘게 쓸 수 있는 기회를 좋은 쪽으로 잘 활용하신 거네요? 그렇게 악기를 시작했고, 나중에 비엔나 음대까지 가서 배우셨잖아요.

"나도 한 번 시작하면 끝까지 해보자는 성격이어서 하다 보니까.(웃음) 당시 우리가

항해사로 승선하기 위해 일본행을 앞두고 유재성 태창철강 회장과 동대구 고속터미널에서.

경남재즈라는 보컬을 만들었어요. 멤버는 대부분 프로들이고 학교 음악선생님들이 많았는데, 그 악단을 96년부터 쭉 해오던 중 이왕 하는 것 제대로 한 번 배워보자 해서 97년 여름에 모차르트 탄생 100주년인가 기념으로 재즈 색소폰 과정이 개설되었어요. 2주짜리 디플로마 과정이었죠. 그래서 여름에 휴가를 내고 비엔나까지 가서 배우고 온 거죠."

다시 앞으로 돌아가서, 군대 시절 조수익 대표도 만나게 됐고, 유재성 태창철강 사장도 군에서 사병으로 만났다면서요?

"우리 경남스틸 21년사를 봤나 보군요. 유재성이라는 친구는 어릴 적부터 아는 동네 친군데, 사병으로 입대해 사단장실에 당번병으로 있었고, 처남은 장교로 전속부관을 했고, 그렇게 두 사람이 만나게 된 거예요. 처남 조수익 사장이 철강회사를 하게 된 계기도 유재성이란 친구와 관련이 있어요. 이 친구는 아버지가 왜정 시절부터 대구에서 유명한 철강회사를 하고 있었죠. 그래서 원래 조수익·유재성 두 사람이 처음엔 동업으로 시작했고, 이후 유재성 자리에 내가 들어가게 된 거죠. 유재성이란 친구는 이후 내가 조수익 사장과 아이템을 나눠 독립할 때 담보가 부족해서 사업을 접을까 하던 때에 큰 도움을 줬죠. 그 당시 13억이었으니 지금으로선 100억도 넘지 않겠습니까? 그 친구가 '너는 돈을 떼먹지 않을 것이다'는 믿음으로 그걸 보증을 해준 거죠. 그게 제가 사업을 하는 데 결정적인 디딤돌이 되었죠."

군에서 만난 조수익 대표와 유재성 친구가 최 회장님의 이후 삶을 결정하는 데 큰 도움이 된 거네요.

"어휴~. 상당한 도움이 됐죠."

삼성전자에 들어가서서 자동판매기 프로젝트 때 과장도 하셨던데요. 처음 사원으로서 생활은 어땠나요?

"그땐 삼성전자가 생긴 지 얼마 안 됐을 땝니다. 제일 큰 라이벌이 엘지, 그땐 금성 사였죠. 금성사의 세탁기, 냉장고, 텔레비전에 삼성이 모두 뒤졌거든요. 그래서 비서실에서 '금성사가 하지 않는 아이템을 개발해라'는 오더가 떨어졌어요. 그걸 하기 위한 상품기획팀이 만들어졌는데, 제가 거기로 들어갔죠. 그때 일본을 다니면서 보고 개발한 것이 오늘날 삼성카메라, 자동판매기, 복사기, 태양열 집열판 온수기, 세이코 시계, 그런 것들이에요. 그 팀에서 나는 자동판매기를 맡았는데, 한국에서 자동판매기는 최초로 삼성전자가 만들었어요."

삼성전자에서 초고속 승진하다

그때 마케팅하러 다니면서 설움도 많이 겪었다면서요.

"당시는 금성사가 삼성을 아주 우습게보던 시절이었는데, 삼성은 기술이 없으니까 일본 미쓰비시라든가 소니 같은 데서는 상대도 안 해줬어요. 제일 삼류가 산요라고 있었는데, 그런 회사도 우리 상무를 모시고 가면 그쪽에선 과장 대리 이런 놈들이 겨우 만나줄까 말까 할 정도였어요. 그래도 목마른 건 우리니까 싹싹 빌고, 술 사주고, 도면 같은 거 하나 훔치기도 하고, 그래 가지고 오늘날 삼성전자가 왔는데, 이제 일본 소니와 미쓰비시 등을 훨씬 앞서가고 있으니까 꿈인지 생시인지…. 정말 우리의 저력이 대단한 겁니다."

그때 자판기 마케팅을 하면서 문전박대도 많이 당하고, 그러면서도 성공해 사보에 기고도 하시고 그랬던데.

"제가 경남은행에서 강의할 때도 '지방 출신이라고 기죽지 마라'면서 그 얘길 했는데, 자판기 이전에 쇼케이스라고 우리가 국내에 개발한 게 있었어요. 냉장고 중에서도 금성사가 안 하는 냉장고를 해야 하니까. 가게에서 아이스크림 담아두는 냉장고 있잖아요. 그걸 쇼케이스라 했는데, 당시까지만 해도 금성사는 뚜껑을 열어서 아이스크림을 꺼낼 수 있는 것이었는데, 우리가 일본 산요에 가보니 유리 뚜껑을 써서 투명하게 보이는 쇼케이스가 있는 거예요. 열 손실이 많기 때문에 그런 건 상상을 못했는데, 유리와 유리 사이에 열을 차단하는 냉매를 개발했더라고요. 그걸 산요에서 떡 빌듯이 빌어가지고 로열티 주고 기술을 사와서 그 냉장고를 만들었죠. 당시 그런 쇼케이스를 사가는 회사가 해태 부라보콘과 빙그레 퍼머스트, 그리고 맛으로 보답하는 롯데 아이스크림이었는데, 그 회사 사람들이 어디 만나 주나요? 매일 찾아가서 부탁하고 그랬는데, 위에서 최종 결정을 안 해준다는 겁니다. 당시 신준호라는 롯데 전무의 낙점이 필요했던 거죠. 이 양반이 나를 만나주나요? 그래서 알아보니 아침마다 개를 데리고 산책을 나온다는 거예요. 그래서 매일 그의 산책길로 출근을 했죠. 매일 그렇게 갔더니 마침내 그 분이 부르더군요. 당신 뭐하는 사람이냐고 물어요. 그래서 명함을 드리면서 쇼케이스 이야기를 했죠. 그렇게 해서 마침내 100% 납품이 성사됐던 거죠."

그런 덕분에 초고속 승진을?

"그때 보통 7년 걸리는 과장을, 지방에서 대학 나온 제가 3년 반 만에 했죠. 지금도 안 깨진 기록을 세운 게, 딱 실적이 있으니까. 롯데 100%, 빙그레 70%, 해태 50% 납품하게 됐는데, 그게 처음으로 삼성전자가 금성사를 이길 수 있다는 출발점이었죠. 그래서 그 공로로 마케팅 대상을 받으면서 부상으로 이병철 회장이 입던 양복을 두 번이나 받았죠."

두 번째는 어떤 일로 받았나요?

"하나는 쇼케이스였고, 두 번째는 자판기였죠. 그 양복은 지금도 보관하고 있어요."

지방대 출신이란 핸디캡을 실적으로 극복하신 거로군요.

"촌놈이 서울 갔더니 영남대라는 학교 자체를 잘 몰라요. 해외 출장에서 돌아와 전무에게 보고하러 가면 '자네 어디 대학 나왔나' 하고 물어요. 그래서 '영대 나왔습니다' 하면 연세대로 알아들어요.(웃음) 촌놈이 돈 없지, 동창이나 친구도 없지, 토·일요일이 되어도 갈 데가 없어요. 그래서 1년 365일 중 거의 360일을 출근했어요. 그리고 해가 떠 있을 때 퇴근했던 적이 한 번도 없어요. 그러니 어느 상사가 싫어하겠어요?"

삼성에 있을 때 같으면 결혼 후 신혼 시절인데, 그렇게 휴일에도 출근하면 부인이 싫어하지 않았나요?

"뭐, 할 수 없죠."

넥센타이어 강병중 회장과도 인연이 있더군요. 며느님과 관련해서….

"며느리가 강희진인데, 바깥사돈이 진주 이반성면 강병중 회장, 방송인 강호동 씨 집안이고, 안사돈은 한 씨인데, 강병중 회장 부인의 이반성중학교 제자였죠."

며느님은 지금 뭐 합니까?

"서울대학교 강사하고 있습니다."

아드님도 삼성에 있죠?

"그 애도 나와 똑같은 코스를 밟았네요. 고려대를 나왔는데 ROTC를 했고 삼성전자 동경지점에 근무했죠. 그런데 어차피 이 사업도 누군가는 이어가야 하고 해서 3년 전부터 여기(경남스틸) 와서 서울사무소에 있어요. 그러면서 서울대학교 MBA 경영학 석사를 받았죠. 둘째는 공부하는 타입이에요. 서울 법대 나와 가지고 해군사관학교 교수 하다가 동경대학에서 학위 받고 지금은 명지대학교 교수 하고 있어요."

소대장 시절에 익혔다는 'Follow me!' 정신이란 게 뭔가요?

"나중에 우리 상공회의소 직원들 월례회의 하는 테이프를 한 번 보세요. 하절기는 6시 30분, 동절기는 7시부터 세 시간 동안 합니다. 여기서 한 명은 최근에 읽은 책에 대해 발표하고, 한 명은 서울에서 열리는 유명한 포럼에 1박 2일 공부하러 보내는데 거기서 교육받은 내용을 발표하게 합니다. 또 한 명은 재즈나 클래식 음악에 대해 공부한 내용을 발표합니다. 그리고 저부터 일어서서 '회원사 최우선주의를 지향하는 우리의 다짐'을 선서합니다. 소대장의 역할이라는 것은 결국 솔선수범의 정신, '내가 앞장서 갈 테니 따라와라'는 거죠."

매월 그렇게 월례회 하는 날은 일찍 출근하는 거네요?

"그렇죠. 업무도 해야 하니까, 일찍 와서 세 시간 회의하고 업무에 들어가는 거죠."

이력을 보면 상고를 나왔고, 행정학을 전공했으며, 철강회사를 경영하고 계시는데, 음악과 요리, 그리고 인문학에 대해서도 관심이 대단하다고 들었습니다. 철강이라는 강하고 차가운 이미지와 어울리지 않는데….

"인문학은 누구나 좋아하는 것 아닙니까?"

모두가 좋아하지는 않는 것 같은데요?(웃음)

"창원대 인문학 과정이 좋더라고요. 그래서 창원상의와 업무협약을 체결하고, CEO들의 수강료를 지원하기로 했죠. 과거 5000달러, 1만 달러 시절에는 시키는 대로 열심히만 하면 됐지만, 이제는 깊은 철학에 기반한 창의적인 사고가 필요한 때가 되었잖아요. 깊게 파려면 넓게 파라는 말도 있잖아요. 내가 뭐 인문학에 깊이가 있는 건 아니지만, 직원들에게 강조를 많이 하는 편이죠. 직원들이 많이 힘들어하죠."

직원들에게도 인문학 공부 시키다

직원들에게 어떻게 강조합니까?

"얼마 전 해남 땅끝마을에 워크숍을 다녀왔는데, 다산 정약용의 생애와 사상에 대해 모두 연구해오라고 했어요. 인터넷 검색만 하면 나오는 것 말고, 내가 생각하는 다산의 철학과 사상에 대해 발표하도록 했는데, 발표자는 현장에서 추첨해서 뽑기 때문에 누가 발표하게 될지 아무도 몰라요. 그러니 모든 직원이 다 공부해오지 않을 수 없죠."(모두 웃음)

삼성전자를 그만두고 나와 삼현철강에 합류하셨는데, 그때 현대전자에서 영입 제의가 있었다면서요?

"그건 잘못 알려진 겁니다. 물론 81년 당시 정주영 씨가 현대전자를 만들었고, 제가 멘토처럼 생각하던 남궁석 상무가 삼성에서 현대로 옮겼죠. 나중에 정보통신부 장관도 하신 분인데, 그때 삼현철강 오려고 나도 사표를 내니까 '틀림없이 남궁석이 데려가려는 것'이라고 오해를 한 거죠. 그래서인지 3개월 동안 사표수리를 안 해줬어요. 그래서 월급을 두 군데서 받았죠. 여기서도 받고 삼성전자에서도 받고…'"

1982년 조수익 대표의 삼현철강에서 지분 30%로 동업을 하셨다는데, 그 돈은 어떻게 마련하신 겁니까?
"돈이 없었죠. 삼성에서 받은 퇴직금과 집 한 채밖에 없었는데, 그걸로 30%가 안 되죠. 내 능력을 보고, 앞으로 받을 월급과 수당에서 갚아나가기로 하고 참여하게 된 거죠."

회장님이 참여하신 후 법인이 되고 열 배, 스무 배 성장을 했잖아요.
"삼성에 있던 인연으로 삼성중공업과 거래를 100% 성사시켰죠."

그 후 10년이 지나 경남스틸을 창업하셨죠? 삼현철강은 열연, 경남스틸은 냉연이죠?
"열관압연, 냉관압연이 있는데, 당시 삼현철강은 열연이 1000억이라면, 냉연은 100억으로 10분의 1밖에 안 됐죠. 그래서 내가 냉연을 떼어 독립을 했죠."

그러면 서로 시장에서 충돌할 일은 없겠네요.
"품목이 다르니까. 올해로 22년째인데, 정확히 56억으로 시작했던 냉관은 작년에 3400억 했고, 1200억으로 시작했던 열관은 2600억 했고…"

지금은 경남스틸이 삼현철강을 추월한 거죠?
"외형만 그렇지, 이익은 지금도 훨씬 삼현철강이 많죠. 영업이익은 경남스틸 120억, 삼현철강이 200억 정도."

경남스틸의 경우, 직원들은 물론 직계존비속 모두 무상의료를 실현하고 있고, 유치원부터 대학까지 국·사립을 막론하고 무상교육을 지원하고 있잖아요. 그리고 장제비 300만 원, 취미활동비 연 150만 원, 출산하면 분유값 월 10만 원, 주택구입시 대출금 이자 지원, 3년마다 해외연수 기회 등 복리후생이 잘 돼 있기로 유명한데, 그럴만한 특별한 경영철학이 있나요?

"업계에서도 그걸 묻는 사람들이 있어요. '너희 회사는 논 팔아서 월급 주냐'는 거죠. 저희는 처음부터 그랬습니다. 아예 비정규직은 한 명도 없습니다. 운송하는 사람들에게도 어음 끊어주는 일 없습니다. 100% 현금으로 지급합니다. 그런데 그렇게 해도 실제로 대상이 그리 많지 않아요. 우리 직원이 80명이 좀 넘는데, 대학 학자금 지원 대상은 3명뿐이에요. 물론 부모가 큰 병에 걸리면 몇 천만 원 병원비 나가는 경우도 있긴 하죠. 그러나 그만큼 직원들이 더 회사에 기여를 해주고 있다고 믿고 있어요. 정확히 계량화할 순 없지만, 예를 들면 똑같이 3000억 매출 올리는 회사 직원이 100명일 때 우리는 80명 갖고 그렇게 했단 말예요. 어떤 부서에 가서 이렇게 말해요. 경쟁사 열 명이 하는 일을 여덟 명이 하면, 그 두 명 몫을 당신들에게 나눠주겠다. 다섯 명이 할 일을 네 명이 하면 한 명분을 나눠주겠다고 합니다. 그런데 실제로 다섯 명이 할 일을 네 명이 할 수 있습니다."

충분히 대우해준 만큼 되돌아온다

그렇게 해주면 그만큼 일을 더 하게 된다?

"물론 그러려면 솔선수범도 필요하죠. 지금은 사옥을 새로 지었지만 그 전엔 사장실도 없었습니다. 두 평 되나? 결재? 내가 현장에 가서 결재했어요. 그런 식으로 하니까 다른 회사 열 명이 하는 걸 우리 회사는 여덟 명이 하게 되더라는 거죠. 그 돈으로 주는 거죠. 내가 뭐 떼돈이 남아서 줍니까? 그리고 돈 벌어서 사회에 장학금도 내는데 내 직원 챙기는 건 원칙 아닌가요?"

그렇게 하니 생산성이 올라가는 걸 느끼십니까?

"나는 그걸 선순환이라고 표현하는데, 확신하고 있죠. 2년 전인가? 일요일 밤에 태풍이 세게 온 적이 있어요. 하도 바람이 세게 쳐서 밤 아홉 시쯤 걱정이 되어 회사에 가봤더니 이미 관리직원들이 서너 명 와 있더라고. 그것이 저절로 이뤄지겠냐는 거죠."

노동조합은 없는 거죠?

"노동조합? 그런 건 생각해본 적도 없고, 그런 말이 나온 적도 없어요. 난 노동조합이 있으면 더 좋겠어. 그러면 노동법 기준대로 (복지혜택이) 더 줄어들겠지."(웃음)

성공한 기업가로서 지금까지 살아오시면서 인생의 터닝포인트가 되었던 일이라면?

"아까도 이야기했지만, 담보능력이 없어 사업을 접으려고 했을 때 친구가 선뜻 보증을 서줬던 일이죠. 내가 잘난 것도 있겠지만, 그런 도움 없이 할 수 있었겠냐는 것을 생각하면 사람 관계가 참 중요하다고 보죠. 그리고 또 하나는 공부를 했던 거죠. 제가 국내 중소기업으로선 최초로 2000년에 코스닥 상장을 했는데, 그때만 해도 우리 또래 경영인들은 상장한다는 걸 상상도 못했죠. 또 회사채가 뭔지도 모를 시기에 회사채를 발행했는데, 그렇게 할 수 있었던 건 내가 회사를 하면서도 계속 대학원에 가서 공부를 하고 남의 얘기를 들을 수 있었기 때문이 아닌가 하는 생각을 하죠."

가장 힘들었던 일은?

"내가 지금도 가장 가슴 아프게 생각하는 일은 우리 공장에서 사람 둘이 죽었습니다. 또 한 명은 팔이 잘리는 사고를 겪었죠. 기계가 자동화하지 않은 시대 이야긴데, 그게 참 가슴 아픈 이야기죠. 그 유자녀는 지금도 내가 학비를 대주고 있습니다만…."

그런 위기를 어떻게 넘겼나요?

"사람이 죽었는데 유가족들이 나에게 항의를 하고 먹살을 잡을 줄 알았는데, 오히려 나를 위로해준 일도 있었어요. 총각이긴 했지만 내가 야간대학을 보내줬거든요. 젊은 친구가 야간대학에서 공부하고 낮에 일하고 하다 보니 피곤해서 그런 사고가 난 것 같아요. 그 부모들이 생전의 아들에게 들었다면서 오히려 위로해줬어요. 그런 일

결혼 전 대구 자택에서 형님. 모친과.

을 겪으면서 '아, 내가 돈 벌면 정말 우리 사회에 잘 해야겠다. 내가 잘나서 된 게 아
니라는 생각을 하게 됐죠."

'서울 집중' 해결 못하면 폭동…

그래서 어떤 기업보다도 많은 기부도 하시고, 귀남장학회와 송원장학회를 통해 장학사업도
15년째 해오고 계신데….

"요즘 경제민주화 이야길 많이 하는데, 대기업과 중소기업 상생 되겠습니까? 문제는
기업주들, 자본가들, 특히 대기업 오너들이 생각을 바꿔야 합니다. 지금 대기업 오너
들 모두 2세 아닙니까? 제가 벌었습니까? 저 혼자 번 게 아니라는 생각을 해야죠. 국
민이 낸 세금으로 우리 공장 앞에 길도 내주고 전기도 해주고 수도도 해주니까 공장
이 돌아가는 거지. 기본적으로 이런 생각을 가져야 해요. 저는 누가 뭐라 하든, 내
가 번 돈의 10%는 무조건 사회에 환원한다는 계획입니다. 물론 못 벌면 못합니다. 1
년에 50억 벌면 5억 아닙니까? 주로 장애인 지원, 장학금, 문화예술 이런 쪽을 후원
하고 있습니다만, 앞으로도 그렇게 할 겁니다."

1996년 창신대에 '귀남관'을 지어줬잖아요. 어머니의 이름(정귀남 여사·작고)을 딴 장학관인
데, 어머니와 어떤 인연으로?

"내가 창원으로 왔을 때 홀어머니를 모시고 와서 산호동에서 함께 살았는데, 어머

니가 독실한 기독교 신자예요. 그래서 문창교회를 다니게 됐죠. 문창교회와 창신고가 특별한 관계였거든요. 평소 어머니가 장학사업에 관심이 많았어요. 그런데 그때만 해도 제가 그럴만한 형편이 못됐죠. 그러다가 어머니가 돌아가셨는데, 생전에 어머니가 하고 싶어 하시던 장학사업을 위해 '귀남관' 건립비용을 지원하게 됐죠. 알고 보니 강병도 학장의 고향도 경북 영주더라고요. 그 이후 어머니 서거 10주기 때 '귀남체육관'도 지었는데, 그건 건립비의 3분의 1을 내면 국가에서 3분의 2를 지원하는 방식이었어요. 그 3분의 1에 해당하는 2억 원을 제가 부담한 거죠."

앞으로 꼭 이루고 싶은 꿈이 있나요?

"아유, 내가 뭐. 다른 건 없고 이 지역에 와서 이 지역민들 덕분에 돈을 벌고 있기 때문에 이 지역을 위해 돈을 쓰겠다는 거죠. 내가 영남대를 나왔기 때문에 영남대에 좀 기부하라는 말도 듣지만, 나는 이렇게 말합니다. '그 지역에서 버는 분에게 이야기해라. 나는 이 지역 주민이 나를 밥 먹게 해줬는데, 이 지역을 위해서 쓰는 게 맞다고 생각한다.' 얼마 전 '경남은행 통장 갖기 운동' 행사에서 언론사 사장님들에게도 이야기했지만, 나는 노무현 대통령의 가장 큰 치적을 '지방분권'이라고 봐요. 그 부분에 관한 한 그 분을 존경한다. 역사상 지방분권에 대해 그 분만큼 시도라도 해본 사람이 있느냐. 그러나 현실은 어떻습니까? 지방과 중앙의 양극화가 지금 이대로 간다면 국가의 재앙이 될 거라 봅니다. 폭동이 일어난다고 봐요. 문제는 갈수록 이게 점점 심해지고 있다는 겁니다. 제가 대구에서 학교 다닐 때만 해도 경북대와 부산대는 연·고대 바로 아래 정도였습니다. 특히 의과대학의 경우 경북의대 가지 서울 연대, 고대 안 갔습니다. 그런데 지금은 어떤 줄 아십니까? 우리 아들이 명지대에 있어서 하는 말이 아니라, 요즘은 부산대 안 가고 명지대 간다고 합니다. 이래서 되겠습니까?"

그렇죠. 갈수록 서울과 지방의 격차는 더 벌어지고 있죠.

"그래서 그 자리에서도 이렇게 말했어요. 창원시가, 창원상공회의소가 전국 3위인데, 신문사가 경남신문, 경남도민일보 두 개밖에 없다. 그런데 그 두 개 신문사가 잘 안 된다면 그건 우리 시민들의 책임 아니냐. 광주는 열 몇 개나 된다는데. 이건 기업인들이나 지역민들이 한 번 생각해봐야 할 문제다. 창원대 경남대도 우리가 키워야죠. 내버려두면 누가 챙겨줄 거냐. 경상대병원이 창원에 오는데, 지금 돈깨나 있는 사람들은 건강 검진할 때 서울로 갑니다. 지방 병원은 불신하는 거지. 이래 갖고는 안 됩니다. 그래서 경상대학교 병원 후원회장 맡아달라고 해서 내가 맡기로 했습니다. 그런 차원에서 부산 울산 경남도 뭉쳐야 하거든요. 그런데 신공항 문제부터 서로 찢어져 있는데, 서로 뭉쳐도 될까 말까 한데 이래서 되겠습니까?"

청년이여! 해외로 눈을 돌려라

기업하는 사람도 지방분권에 함께 나서야 한다는 말인가요?

"그렇습니다. '지방분권' '지역균형발전'에 대해선 손을 놓고 있어선 안 된다는 거죠. 아까 지역언론 이야길 했지만, 이대로 가면 서울에 있는 메이저 신문 몇 개밖에 남지 않을 겁니다. 그렇게 되면 메이저 신문이 끌고 가는 대로 여론이 따라갈 수밖에 없어요. 지방은 더 배제되고 여론 다양성은 사라지는 거죠. 그래서 우리 지역민들이 지역 신문, 지역 학교, 지역 병원, 지역 은행 등을 우리 스스로 책임을 지고 키워야 합니다. 나는 그런 운동을 해보고 싶어요."

도지사에 한 번 출마해보시죠.

"(목소리를 높이며) 그런 소리를 할까 싶어서 나서지를 못해요. 그런 운동을 해보고 싶은데…."

지방분권, 지역발전 운동에 대한 구체적인 구상이 있나요?

"그런 아이디어도 좀 있긴 한데, 그러면 '정치하려고 저러는 것 아니냐'는 시선이 부담스러워요. 털끝만큼도 아닌데…. 지난번에도 창원시장 어쩌고 하는 이야기가 나왔거든요. 나는 창원상의 회장과 경남상의 협의회장이 창원시장보다 낮다고 생각해본

적도 없고, 명예가 떨어진다고 생각하지도 않는데, 오해하려는 사람들이 있더라고."

요즘 청년실업 문제도 심각한데, 사회 진출을 앞둔 청년들에게 한 말씀 해주신다면?
"나는 교육에 문제가 있다고 보는데, 남들이 안 가는 길을 가야 하는데 왜 그런 걸 피하는지 모르겠어요. 예를 들어 해외, 특히 미국 영국 같은 데가 아니라 우리보다 한 단계 낮은 동남아라든가 아프리카에 가면 돈 벌이 할 게 많다고 봅니다. 왜 똑같은 공무원 시험에 그렇게 매달리는지 모르겠어요. 심지어 공과대학 학생이란 놈들이 순경 시험공부하고 있더라니까. 이게 오늘날 현실이에요. 절대로 그런 인생은 성공 못합니다. 고생을 무릅쓰고라도 남 가지 않는 길, 남 하지 않는 일에 도전해야죠. 자기에게 불리한 조건을 장점으로 반전시키려는 의지를 가지라는 거죠. 하긴 청년들을 욕할 수만은 없지. 어릴 때부터 교육도 그렇게 받아왔고, 솔직히 말해서 예전에 비해 개천에서 용 나는 게 더 힘든 사회가 되었고…."

회장님도 젊은 시절 항해사로 상선을 타면서 외국의 문물을 접하게 된 게 인생에 도움이 됐다는 거죠?
"절대적인 도움이 됐죠. 마이너는 마이너답게 더 강한 열정을 가져야 하고 더 독한 마음을 먹어야죠. 그리고 나는 정부에도 이런 건의를 하고 싶어요. (조재영 기자를 바라보며) 군대 갔다 왔어요?"

예. 갔다 왔습니다.
"요즘 보니 군대 안 간 사람들 하도 많아서 말이야.(모두 웃음) 우리 때는 군복무 기간이 36개월이었는데, 그쯤 해야 전쟁 나면 제대로 총 쏠 수 있는데, 요즘 18개월 갖곤 웃기는 얘기죠. 그래서 저는 군대를 소수정예로 해서 36개월 시키고, 나머지는 외국 개발도상국 가서 5년 동안 취업해서 근무한 증명서 갖고 오면 병역면제를 해주자는 거죠."

인생의 신조나 좌우명이 있다면?

"화이부동(和而不同)이란 말이 있죠. 논어에 나오는 말인데, 아무하고나 잘 어울리되 자기만의 철학을 가져야 한다는 말이죠. 대통령과도 술 먹을 수 있고, 수위하고도 술 먹을 수 있다. 대통령에게도 기죽을 필요 없고, 수위에게도 거드름 피울 건 없다는 겁니다. 그리고 애들이 초등학교 다닐 때 가훈을 써오라고 해서 만든 건데, '자신에게 엄격하고, 남에게 관대하자.' 쉽진 않은 일이죠."

술을 즐기시나요? 주량은 얼마나 되나요?
"즐기는 편입니다. 소주 한 병, 많을 땐 한 병 반도…."

대학 다닐 때 산악부 활동도 하셨던데. 요즘도 등산 많이 다니시나요?
"잘 못 갑니다. 상공회의소 회장으로 인해 생기는 직책이 서른 가지쯤 되더라고요. 자녀 하나 더 갖기 운동, 자녀 안심하고 학교보내기 운동 등. 온갖 행사 참석해야 하고, 혼사도 많고…. 골프도 한 번씩 치러 가야 하고…. 등산 갈 시간이 없어요."

정확히 두 시간에 걸친 인터뷰가 끝났다. 인터뷰 내내 그의 목소리에는 열정과 의욕이 넘쳤다. 우리 나이로 예순여덟. 칠순을 바라보는 나이지만, 그의 열정은 어떤 청년도 따르지 못할 정도였다. 그러고 보니 탄탄한 몸매나 얼굴, 피부 등 외모로 봐도 인터뷰이가 인터뷰어보다 훨씬 건강하고 활기가 넘쳐 보였다. 그야말로 나이는 숫자에 불과했다. (나이로 치면 나는 그보다 17년이나 젊다.)
갑자기 내가 부끄러웠다. 악기나 요리는 못 배우더라도 바쁘다는 이유로 중단했던 공부나 자전거타기 운동이라도 다시 시작해야겠다는 생각이 들었다.
그는 여러 모로 특이한 기업가였다. 기업 이익의 10%를 사회에 환원하는 사람, 회사를 키우고 돈을 많이 버는 게 목적이 아니라, 번 돈을 어떻게 의미 있는 일에 쓸까를 더 궁리하는 사람, 악기를 연주하고 요리를 즐기며, 지역문화와 예술을 키우는 데 행복을 느끼는 사람. 중소기업 사장이면서도 대기업이나 재벌 오너들에게 "제가 번 돈이냐"고 거침없이 말할 수 있는 사람이었다. 그리고 지역신문 기자로서 무엇보다 고마운 것은 "서울의 메이저 신문 서너 개에 여론시장을 맡길 순 없다"는 말이었다.

김주완이 만난

"국회의원보다 도지사가 더 보람있다"

홍준표 경남도지사

홍준표(1954년생) 경남도지사는 2012년 김두관 도지사의 중도사퇴로 인한 그해 12월 보궐선거에서 당선됐다. 이 인터뷰는 그가 취임한 지 한 달이 지난 2013년 1월 '신년대담' 형식으로 이루어진 것이다. 따라서 현재 시점과는 다소 맞지 않는 질문과 답변도 있지만, 그때 그가 어떻게 말했고, 실제 어떻게 실천했는지를 비교해보는 것도 중요한 의미가 있다고 판단하여 그대로 싣는다.

대개 신년 또는 취임 100일이나 취임 1년이 되면 언론에서는 도지사 인터뷰를 한다. 이런 경우 관례상 미리 서면 질문을 보내고, 공보관실에서 서면으로 답변을 준비한다. 인터뷰를 하는 기자(대개 정치부장급)는 약속된 시간에 도지사를 만나 10~20분가량 차를 마시며 덕담을 나누는 걸로 인터뷰를 대신한다. 그러다 보니 신문지면에는 보도자료나 별반 다를 바 없는 홍보 일색의 도정 시책이나 인사말이 인터뷰로 포장돼 나간다.

나는 오래전부터 그런 식의 인터뷰를 하지 않는 걸 원칙으로 삼고 있다. 그래서 홍준표 도지사 인터뷰도 당초 약속이 두 차례나 변경되는 등 우여곡절을 겪었다.

인터뷰는 55분 동안 진행됐다. 이 시간도 평소 인터뷰에 비하면 짧은 편이어서 과연 제대로 이야기를 들을 수 있을까 걱정했다. 그러나 다행히 홍 지사는 질문의 핵심을 곧바로 파악해 요점을 정리해낼 줄 아는 인터뷰이였다. 빙빙 돌려 장황하게 설명하다가 당초 질문 내용이 뭐였는지조차 잊어버리는 부류는 아니었단 얘기다. 덕분에 다소 짧은 시간이었지만 재미있는 이야기를 많이 들을 수 있었다.

은행 창구에 있는 여직원에 반했다

지사님 만난다며 주위 사람들에게 '궁금한 게 뭐냐'고 물었더니 '부인(이순삼 여사)과 어떻게 만나 결혼했는지 궁금하다' 더군요. (부인이) 은행원이셨다고요?

"예. 군산여상 졸업하고 국민은행 안암동 지점에서 근무했습니다. 1976년도 10월에, 제가 대학 3학년 때 돈 찾으러 갔다가 눈이 맞아 가지고, 그래서 연애를 했습니다."

경남도지사 취임식장에 입장하는 홍준표 지사 부부.

법대 선배가 도움을 주셨다는 얘기도 있던데….

"아니, 도움을 줬다기보다 법과대 저희 선배가 은행 대리로 있었죠."

그러면 지사님이 직접 접근을 했단 말입니까?

"우리 친구들이 갔어요. 친구들이 다리를 놓아줬죠."

몇 년간 연애하고 결혼하신 건가요?

"5년이죠."

그 이후 부인께선 쭈욱 내조자로서만?

"그렇습니다. 지금도 관사에 함께 와 있습니다."

(보궐선거 당시 후보자 홈페이지에 실렸던 사진을 보여주며)
지사님이 우산을 씌워주고 있는 이 할머니는 누군가요? 광
고용으로 촬영하신 건가요?

"아는 사람은 아니고요. 동대문 있을 때 우연히 비 오
는 날 할머니가 비를 맞고 걸어가시기에 제가 우산을
씌워드렸더니 우리 참모가 찍은 모양이에요."

동대문에서 만난 할머니와 함께.

그러면 연출이 아니네요?
"연출은 아니죠."

(태권도복을 입고 찍은 또 다른 사진을 보여주며) 이건 고등학교 때인가요?
"고등학교 2학년 때, 아니 1학년 때죠. 첫 승단 기념사진으로 찍은 사진이죠."

몇 단을 따셨는데요?
"초단이죠. 그것 따고 그만뒀어요."

그 인연으로 지금 대한태권도협회장도 하고 있는 거죠?
"아마 태권도협회장 중에서 초단이나마 저처럼 태권도 유단자인 경우는 제가 처음일 겁니다. 태권도협회장이라고 해서 태권도 경력자가 한 것은 아니니까."

그럼 이 사진은 학교가 아니라 태권도장이겠군요.
"그렇죠. 그런데 그때와 지금은 다르죠. 지금이야 블랙벨트 따는 게 쉽지만, 그때는 체급 무시하고 대련을 해서 세 사람을 이겨야지 블랙벨트를 줬습니다.(웃음)"

스물일곱 번 이사를 다닌 사연

지금도 운동을 좀 하시나요?
"지금은 안 하죠."

건강을 위해 하시는 거라도?
"아, 그거는 등산하고, 골프하고 그러죠."

등산은 주로 어떤 산에 즐겨 가시나요?

"지금은 정병산 다니죠."

몇 번이나 가셨는데요?

"한 번 갔습니다. 정상까지는 안 가고 사격장 쪽으로 중간쯤 올라가다가…. 꽤 높은 산입니다. 처음엔 깔보고 올라갔는데….(웃음) 우리 집사람은 끝까지 올라갔는데, 나는 중간에서 내려와 버렸어요."

(대학생 시절 상의를 벗고 찍은 사진을 보여주며) 지금도 이런 식스팩이 있나요?

48kg이 나갔던 대학 1학년 당시.

"식스팩이 아니고, 그게 잘 보면 얼마나 말랐습니까?(웃음) 그걸 사람들은 식스팩이라 하는데, 못 먹어서 마른 겁니다. 거기 팔 한 번 보세요. 말라 가지고, 이때 몸무게가 48킬로그램이었어요. 그게 대학교 1학년 땐데, 아마 대구 달성공원에서 찍었을 거예요."

(어릴 적 누님과 함께 찍은 사진을 보여주며) 이 분은 몇 번째 누님인가요?

"큰누님이죠. 이제 70이 넘었죠."

어릴 적 큰누나와 함께.

누님이 정말 달덩이 같은 얼굴이군요.

"옛날에는 음…, 참 예뻤죠."

두 분의 누님이 다 서울에 계신가요?

"아니요. 울산에 있습니다. 우리가 74년도에 울산으로 이사를 갔어요."

이사를 정말 많이 다니셨네요. 창녕에서 대구로, 대구서 창녕읍으로, 거기서 또 합천으로, 대구로…(그는 어려운 가정 형편으로 인해 초등학교만 네 번을 옮겨 다녀야 했다.)

"합천서 울산으로… 저 개인적으로는 주민등록을 떼어보니까 스물일곱 번 이사를 했더라고…. 허허허허!"

나중에 어른이 되어 독립하시고도 그렇게 많이 이사를?

"검사 때니까요. 1년 반에 한 번씩 옮겨 다녔으니…. 전세금이 오르면 또 나가야 하니까 또 이사를 가야 하고…. 이번에도 9월 초에는 창녕으로 이사를 왔다가, 나중엔 창원 의창구로 왔다가, 이번엔 또 관사로 옮겼으니까 경남에 와서도 이사를 세 번이나 했죠."

(고등학교 때 친구들과 찍은 사진을 보여주며) 이건 언제인가요?

"이건 고 1학년 때고, 이건 2학년 때고. 이건 대구 청천에 가을소풍 갔을 때고, 이쪽은 학교(영남고)…."

여자 있는 술집에는 안 가는 까닭

지금도 술을 잘 안 하시나요? 과거 검사 시절에 조폭들과 멀리하려고 술을 끊었다던데.

"술을 안 하는 게 아니고, 91년 3월부터 여자가 나오는 술집은 안 갑니다. 그때 강력부 검사로 광주에 갔는데, 지금은 그렇지 않지만 그 당시 광주엔 룸살롱을 거의 건달들이 하고 있었어요. 그런데 검사가 그런 데 가서 술 마시고 무절제한 행동을 하면 건달들에게 약점을 잡히기 때문에 그때부터 소위 호스티스가 나오는 술집은 안 갑니다."

그때부터 관리를 해 오신 거네요?

"관리가 아니고, 그렇게 하지 않으면 내 마음대로 소신 있게 수사를 못하니까…."

그런데 요즘 후배 검사들은 검사스폰서 물의도 빚고 그러는데, 선배로서 어떻게 보시나요?
"검사가 예전과는 많이 달라졌죠. 우선 숫자도 많아지고…. 검사 수가 우리 때보다
세 배 이상 많아졌을 걸요? 우리가 청주지방검찰청에 근무할 때 평검사가 세 명 있
었는데, 지금은 30명이 넘으니까. 검사 수도 대폭 늘어났고, 또 수사능력이나 집념도
옛날 같지 않고, 검사들이 샐러리맨화했다고나 할까? 사실 검사라는 직업은 정의감
이 있어야 합니다. 후배 검사들을 보면 정의감이 좀 옅어지고 그냥 이걸 직장으로
생각하는 그런 경향이 있다 보니까 자꾸 사고가 나는 거죠."

숫자가 늘어나니까 자질도 하향되는?
"자질 문제라기보다 열정이 문제죠. 열정이 없어진다고 봐야겠죠."

흔히 세간에서 이런 이야기들을 하잖아요. 검사나 판사나 이런 분들이 워낙 공부를 많이 해야

되는 직업이다 보니까, 공부밖에 모르고 커서 세상 물정을 잘 모른다고 보는 시각도 있는데.

"꼭 그렇지는 않습니다. 검사나 판사들이 세상 물정을 모른다고 하는 건 잘못 알고 있는 겁니다. 왜 그런가 하면, 특히 검사는 1년에 자신이 직접 처리하는 사건이 2000건이 훨씬 넘습니다. 그 수사기록 속에서 모든 인생을 간접 체험하게 됩니다. 어떻게 보면 실패한 인생이 대부분 검찰청이나 법원에 옵니다. 실패한 인생에 대한 간접 경험만 2000건을 보게 되는 거죠. 그렇기 때문에 검사 몇 년 만 거치면 세상 물정을 누구보다 잘 알게 됩니다."

그래도 임용되기 전까지, 어릴 때 공부할 때까지는 잘 몰랐을 것 아닙니까?

"판검사들은 공부만 잘해야 하는 게 아니고 판단력이 정확해야 하거든요? 공부, 지식은 그 다음 문제고, 판단력이라는 게 머리 좋고 나쁘고 한 문제가 아니거든요?"

어쨌든 세월이 흐를수록 좀 더 깨끗하고 투명한 쪽으로 가야 할 텐데, 갈수록 검사 세계가 더 혼탁해진 것 같지 않습니까?

"그게 아까 지적한 것처럼 검사를 하나의 샐러리맨, 월급 받는 직업처럼 생각하기 때문에 직업윤리가 엷어진 탓이죠."

모래시계 검사와 달리 나는 거칠었다

모래시계(1995년 SBS에서 24부작으로 방영됐던 최고의 인기 드라마)의 모델이 된 검사로 알려져 있는데, 혹시 그 당시 드라마 작가가 직접 찾아와서 취재를 해갔나요?

"작가와 PD가 서너 번 찾아왔어요. 스토리텔링 때문에…. 처음엔 거절을 했는데, 당시 검찰총장님께서 검찰을 아주 정의롭게 그려준다고 하니 드라마 제작에 협조해줘라 해서 스토리텔링을 좀 해줬습니다."

드라마에 묘사된 박상원 씨의 모습과 본인의 모습을 비교하자면?

"많이 다르죠. 박상원 씨는 순한 사람으로 나왔고, 저는 좀 순한 사람은 아니죠."(웃음)

그러면 독하고 거칠었단 말씀인가요?

"제가 했던 게 강력부입니다. 조직폭력, 살인, 납치, 마약 이런 강력사범을 담당했기 때문에 그런 사건을 하는 검사는 배짱도 있어야 했지만 순하면 그건 못하죠. 원래 제가 참 순한 사람이었는데 검사로 들어가서 순하지 않은 사람이 되어버렸어요. 그렇게 하지 않으면 또 검사를 못해요."

여자 있는 술집엔 안 가신다고 했지만, 보통 검사들이 폭탄주 잘 드시잖아요. 폭탄주를 박희태 전 국회의장이 검사 시절 만들었다고 하잖아요.

"네, 그렇습니다."

폭탄주 좀 하십니까?

"저는 폭탄주를, 제 기억에는 두 잔 이상 해본 적이 없습니다. 두 잔 이상은 안 합니다."

특별한 이유라도 있나요?

"술이라는 건 많이 마시면 실수를 하게 되잖아요. 실수를 하고 이튿날 아침 일어나면 얼마나 고통스럽습니까? 그래서 술은 자제를 합니다."

그러면 주량은 소주로?

"양주 한 병 먹을 수는 있습니다. 그러나 양주는 두 잔, 소주도 두 잔, 폭탄주도 두 잔, 맥주도 두 잔, 어느 술이든 두 잔 이상은 잘 안 먹습니다."

요즘도 저녁에 사람을 잘 만나지 않으신다고요?

"안 만나는 게 아니라, 만나자는 사람이 없네요."

왜 그럴죠?

"여기 아는 사람이 없어서 그렇겠죠.(웃음) 사실 공식적인 만남, 그러니까 도단위 기관장 모임이나 기자들과 만나는 자리, 우리 도청 직원들과 소주 한 잔하는 것 이런 것 외에는 저녁모임에 잘 안 갔습니다. 그건 서울에서도 그랬습니다. 가능하면 맘 편하게 살고 싶어서 꼭 필요한 사람은 낮에 사무실에서 만나려고 하죠."

취임 직후 저희 신문사 다녀가시면서 '토호세력과 거리를 두겠다'는 말이 화제가 됐는데….
"토호라는 말보다 정확하게는 토착비리세력이 맞는 말이죠. 사실상 이 지방자치제도가 시행된 이래 자치단체장의 위상이라는 게 과거와 달리 거의 제왕적 위치에 있습니다. 선출직은 주민에 의해 뽑혔기 때문에 누가 해임할 수도 없고 제왕이나 마찬가지예요. 어느 지역이나 토착비리세력이 있는데, 그들이 자치단체장과 결합을 하게 되면 그 부패 고리는 사법기관 말고는 끊을 수가 없어요. 그런데 사법기관도 모든 부패 고리를 다 알 수 있는 건 아니거든요. 열 건 중 한두 건만 드러날 수 있는데, 그것도 그나마 수사가 제대로 안 돼요. 그래서 토착비리세력과는 연결이 되면 안 되죠. 국회의원은 또 다른 문제예요. 그 분들은 실질적인 인·허가권이 없으니까. 그러나 자치단체장은 인·허가권을 갖고 기업에 절대적인 영향력을 미칠 수 있는 위치에 있기 때문에…. 물론 지역에 계신 유지들과는 만나야죠. 그러나 밝은 눈으로 보면 토착비리세력이 보입니다."

지금 그런 세력에 대해 파악을 하셨습니까?
"(단호하게) 그렇습니다."

판표(判杓)에서 준표(準杓)로 개명한 이유

토호세력도 그렇지만, 예년에 보면 지역구 국회의원들도 단체장에게 인사뿐 아니라 여러 가지 청탁을 많이 했잖아요. 요즘은 없습니까?
"당연히 하죠. 국회의원은 원래 청탁하는 게 업이에요. 단지 돈을 받고 청탁을 하면

범죄가 되지만, 돈 안 받고 청탁하는 것은 아무런 죄가 안 돼요."

지사님이 되고 나서 지역 국회의원들이 그런 부탁을 불편해하지는 않나요?
"전혀 그런 것 없습니다. 스스럼없이 합니다. 그러나 청탁한다고 해서 다 들어주면 인사가 되나요? 제가 국회의원 할 때도 부탁을 해봤지만, 합리적인 것 아니면 안 되죠."

청주지검에 계실 때 이름을 판표(判杓)에서 준표(準杓)로 바꾸셨잖아요? 사실 확인 차원에서 여쭤보자면, 이주영 의원이 개명을 권유하셨다던데 맞습니까?
"이주영 의원 권고도 있었지만, 사실 윤영오 청주법원장이 개명을 해줬습니다. 개명 권한은 법원장이 쥐고 있습니다. 피송사건 절차법에 따라서 개명재판을 하는데 재판장이 법원장입니다."

바꾸신 이유는?
"특별한 이유는 없고, 당시 판사도 아닌데 왜 판(判) 자를 쓰느냐? 판(判)이나 준(準)이나 한자의 뜻은 같다. 판단할 판, 법도 준이니까 그렇게 바꾸라고 했어요."

잘 바꿨다고 생각하십니까?
"부르기가 일단 쉽잖아요. 잘 바꿨다고 생각하죠."

검사와 국회의원으로 살아오시다가 지방정부의 살림을 책임지는 자리를 맡으셨는데, 국회의원과 도백(道伯), 어떻게 다른가요?
"우선 국회의원은 실수를 하더라도 바로 만회할 길이 있습니다. 그러나 행정이라는 것은 한 번 실수를 하면 치명적이죠. 그게 본인이나 시민들에게 직접적인 영향이 가기 때문에 국회의원 할 때보다 두서너 번 더 고민을 하죠. 이게 나중에 미칠 파급효과까지 생각을 해가면서 결정을 해야죠."

둘 중 어느 게 더 재미있습니까?

"음, 재미는 도지사가 더 재밌네요. 아직 얼마 하진 않았지만…."

실질적으로 살림을 살 수 있어서…?
"그것보다 제가 도와줘야 할 계층을 제 힘으로도 도와드릴 수 있으니까."

이번에 국비예산이 대폭 증액되었는데, '힘 있는 도지사'의 저력으로 봐도 될까요?
"(손사래를 치며) 힘 있는 도지사라는 건 선거구호입니다.(크게 웃음) 선거가 끝났으니까 이제 그 구호는 잊어버려야죠. 이번에 여러 사람이 고생을 했습니다. 복지예산이 파격적으로 증대하고 다른 예산들은 다 축소되는 상황에서 경남도에 다른 예산들이 많이 배정되었다는 게 의미가 있죠. 특히 3억, 5억, 10억 이런 잔잔한 예산들, 정부 제출예산에는 없었던 것들, SOC 예산의 경우 3억 예산이 나중엔 수조 원이 될 수 있습니다. 그게 처음에 고리를 걸 때 제대로 딱 걸어버리면 나중에 계속 사업으로 가져올 수 있는 것들이 있습니다."

예를 들면?
"도로 건설이나 주로 그런 쪽이죠. 숙원사업 중에 미뤄져 왔던 것이 새로 반영된 거죠. 실시설계비라고… 그게 반영되면 본예산이 따라올 수밖에 없죠."

이 대목에서 정장수 공보특보가 건네준 '국회 증액 주요사업'이라는 목록을 보니 '제2 안민터널(국대도 25호선) 건설 42억 원', '장승포항 친수시설 조성 20억 원', '죽계~진전(국도 14호선) 건설 20억 원', '산청구간 터널(국도 59호, 삼장-산청) 20억 원' 등에 동그라미 표시가 되어 있었다.

재정 건전화 목적은 복지예산 확대

도청에 들어와 보니 가장 시급히 바꿔야겠다. 또는 개혁해야겠다고 생각하신 게 뭔가요?

"부패문제죠. 그 다음에 재정 정상화죠. 부채가 1조 2000억에 달하기 때문에 이 부채를 어떻게 갚을 것인가, 재정을 건전하게 만드는 가장 큰 목적은 복지 예산의 확대에 있습니다. 도정방침을 보신 분들 중 의아하게 생각하는 게 복지예산이 없다고들 하는데, 도정방침 다섯 개가 다 복지예산 확충을 위한 겁니다. 복지 확충을 위해서 재정도 건전화해야 하고, 도정도 깨끗해야 하고, 성장 동력도 확충해야 하고 그런 방침을 걸어놓은 겁니다."

재정 건전화와 함께 균형발전도 강조하셨는데요. 경남에서 균형발전이 필요한, 제일 낙후된 지역이 어디라고 보십니까?
"북부와 서부 쪽이죠."

거기를 발전시킬 복안이 있나요?
"서부경남 쪽은 도청 제2청사와 사천 진주 우주항공산단 유치가 가장 핵심적인 주력분야가 될 것이고, 북부경남 쪽은 재정을 확충해줘야 합니다. 예를 들어 합천의 경우 재산세 전액이 1년에 124억 정도밖에 안 됩니다. 그런 군 재정으로는 버텨내기 어렵죠. 군 재정을 확충할 수 있는 기반을 조성해줘야 합니다. 예컨대 진행 중에 있습니다만, 작년에 현대캐피탈 리스회사가 창원에 있을 때 1000억 이상 도에 세입이 들어오고 시에도 아마 340억씩 세가 들어왔는데, 그 회사가 제주도로 가버렸습니다. 등록지가 제주도로 가버리니 그 세입이 줄었죠. 그래서 그 현대캐피탈 회사에 요청을 했습니다. 제주와 똑같은 대접을 해줄 테니까 다시 경남으로 돌아와라. 합천으로 돌아와라. 합천 재정자립도가 10.4%밖에 안 됩니다. 만일 그 회사가 합천으로 돌아와 리스차량 등록지를 합천으로 하게 되면 재정자립도는 24%로 쑥 올라가게 됩니다. 정상적으로만 하면 1년에 340억 원씩 세수가 들어오니까 합천으로는 허리를 펴게 되는 거죠."

성사 가능성이 얼마나 되나요?
"성사되도록 해야죠. 그런 식으로 각 시·군마다 재정자립도가 낮은 곳은 그 기반을 도지사나 도에서 나서서 마련해주는 것이 옳지 매년 도에서 100억 주고 200억 주고 그런 식으로 하면 그게 소모성 경비가 됩니다. 그래서 그렇게 하지 않고 그 지역에 재정수입을 극대화할 수 있는 사업을 시·군마다 만들어 줬으면 합니다."

인사를 앞두고 공무원들이 상당히 긴장하고 있을 것 같은데, 인사 원칙이나 방향을 살짝 말씀해주신다면?

"여기 와서 인사자료를 보니까 경상남도가 지난 10년간 중앙부처와 전혀 교류를 안했습니다. 폐쇄적인 인적 체제를 갖추고 있다 보니 경남에서 무슨 일을 해보려고 해도 중앙부처에 인적 네트워크가 없어요. 그래서 국책사업 지원을 받거나 예산 확보를 위해 중앙정부의 협조를 받는 게 굉장히 어려워요. 이번에는 우선 중앙정부와 인사교류를 할 수 있는 방안을 만들어보려고 해요. 그게 첫째고, 두 번째는 빈약한 인재풀을 확대하는 방안을 마련하려고 합니다. 그리고 국장책임제를 한 번 만들어보려고 해요. 국장을 먼저 임명하고, 계장 과장은 국장 책임 하에 직접 함께 일할 팀을 만들라는 거죠. 그렇게 만들어서 잘못하거나 문제 또는 비위가 발생하면 공동책임을 지우는 겁니다. 그래서 국장이 계장 과장을 선발하는 그런 체제를 갖춰보려고 합니다."

상당히 획기적이네요?

"네, 그래서 국장과 과장 계장이 서로 마음에 안 들면 업무효율도 오르지 않으니까, 먼저 국장을 임명하고, 그 다음에 협의를 해서 인원을 배치하는 방안을 도입할 겁니다. 다음으로는 비위가 있는 사람은 물론 안 되겠지만, 이번에는 승진의 기회가 많을 걸로 봅니다. 발탁 승진도 좀 있고, 발탁 전보도 있을 겁니다."

출자·출연기관장 인사 때 도의회 사전 평가를 거치도록 하셨는데, 사실상 지방정부에선 처음 있는 일입니다. 인사권을 개방한 조치라고도 할 수 있는데, 이를 수용하신 취지는 뭔가요?

"정책 검증이죠. 도의회의 의견을 미리 듣고 하는 것도 한 방법이죠. 지방공기업법상 청문회는 안 되고, 임명권을 제한하는 것도 아니고, 내정을 한 뒤 도의회에서 정책 검증을 해보고 임명 여부를 결정하는 게 옳지 않을까 하는 거고, 의회와 협력 차원에서도 한 번 도입을 해보려 합니다."

도청 비정규직을 정규직으로 전환할 계획이라던데. 배경과 취지는? 그로 인한 재원 조달 방안은?
"예산이 한 150억 원 정도 더 드는데, 큰 어려움이 없을 것으로 봅니다."

부자에겐 자유를, 가난한 자에게는 기회를

페이스북 프로필에 보니까 스스로의 성향을 '보수주의자'라고 적어놓으셨던데.
"그건 내가 적은 게 아닐 거예요. 아마 선거 때 캠프에서 적어놓은 거겠지."

2010년 한겨레와 대담에서 '부자에게 자유를, 가난한 자에게 기회를!'이란 말을 하셨더군요. 그 말이 스스로의 정치적 지향을 대변한다고 볼 수 있을까요? 지금은 부자에게 '책임'을 좀 더 강조할 때가 아닌가요?
"부자에게 자유라고 했지만, 자유에는 반드시 책임과 의무가 따르는 겁니다. 사람들은 모두 부자가 되고 싶어 하면서도 부자를 너무 죄악시하는 경향이 있어요. 예컨대 부자가 좀 호화주택에 살면 어떻습니까? 해외여행 자유롭게 좀 다니면 어떻습니까? 월화수목금토일 골프 치러 다니면 어떻습니까? 외제차 좀 타면 또 어떻습니까? 세금만 제대로 다 내면 되지. 그런데 한국의 부자들은 눈치 보며 살거든. 그게 나는 마뜩지 않다는 거죠. 세금 내고 자유롭고 당당하게 살 수 있는 풍토를 조성해주자는 거지. 그러나 가난한 자에게 자유라는 것은 굶어죽을 자유를 뜻하는 것이거든요. 가난한 사람에게는 기회를 많이 줘야 한다는 의미예요."

그런데 지금까지 한국의 부자들이 탈세라든지, 책임을 다하지 못한 경우들이 많았기 때문에 그런 것 아닐까요?

"지금은 탈세하고 하면 견디기 어렵죠. 그물망처럼 세금체계가 되어 있는데… 근데 과거에 그런 관행이 있었다고 해서 계속 부자들을 증오하는 것은 마뜩지 않다는 거죠."

같은 인터뷰에서 한국 좌파의 종류를 촐랑대는 좌파, 비아냥거리는 좌파, 얼치기 좌파, 당당한 좌파, 합리적인 좌파로 다섯 가지 분류를 하셨던데, 본인은 어떤 보수로 분류할 수 있을지?
"저는 이념적인 지표를 놓고 보수·진보를 따진다면, 지난번 어떤 신문에서 분류를 했던데, 저는 10을 기준으로 4.6이 나왔더라고요. 또 어떤 신문은 5.3으로 매긴 셋도 있고… 5가 중도고, 5를 넘어서면 보수에 가까운데…. 저는 경제정책을 놓고 보면 진보성향이 좀 강합니다. 토지임대부, 반값아파트 등 지향점이 진보에 가깝죠. 그러나 정치 분야는 보수적 성향을 띠고 있습니다. 최근에 SNS가 발달하면서 보수나 진보나 한국사회 전체를 비아냥대는 풍토가 많아졌어요. 당당하게 말하는 게 아니라 비웃고 비아냥대고 시니컬하게 해야 SNS에서 받아주는 그런 풍토가 문제예요."

말하자면 '나꼼수'도 그런 데에 해당한다고 보시나요?
"나꼼수도 말하자면 비아냥대는 거죠. 김어준 총수와는 개인적으로 안 지 10여 년 됐습니다만, 내가 웃으면서 그런 말을 했습니다. 아마 이것(나꼼수)도 오래가지 않을 것이다. 일과성일 것이라고… 결국 당시엔 그렇게 뜨더니 대선 끝나고 나서는 경향성이 확 달라졌죠."

역시 한겨레 대담에서 '세상에 대한 분노'를 많이 말씀하셨고 '세상을 바꾸고 싶다'는 말씀도 하셨던데, 지사님이 지향하는 세상은 어떤 세상입니까?
"아까 말한 그대로입니다. 부자에게 자유를, 가난한 자에게 기회를."

경남도지사 오래 하고 싶다

장기적으로는 정치적 미래를 어떻게 생각하고 계십니까?

"경남지사를 좀 오래 해야겠다는 생각입니다."(웃음)

취미라든지, 특별히 재미있어 하는 게 있나요?
"저는 바둑 좋아하죠."

어느 정도?
"아마 2단 정도 됩니다."

누구와 주로 두시는데요?
"내 아들 아이디로 컴퓨터에서 합니다. 함께 둘 사람이 없으니까."

아들이 둘이죠? 둘 다 결혼은?
"아직 안 했습니다. 장가를 보내야 할 텐데…."

직장은 다니죠?
"둘 다 한국에서는 최고로 가는 직장에 다닙니다."

어느 회산데요?
"에이~. 하여튼 한국 재계순위 1~2위 기업 해외영업부 쪽에 다 있습니다. 능력이 있어요."

아들 중 한 분은 아버지가 권유해서 해병대에 입대했다는 말도 있던데.
"난 권유한 적 없습니다. 본인이 알아서 갔죠. 와전된 말입니다."

특별히 아끼는 물건은 뭔가요?
(옆에 놓여 있던 만년필을 집어 들며) "물건이라면 만년필 하나 있지."

좋아하는 글귀나 고사성어가 있다면?

"척당불기입니다. (뒷면 벽에 걸려 있는 액자를 가리키며) 저겁니다. 당 대표 시절에 내 방에 걸어뒀던 걸 갖고 온 겁니다."

누가 쓴 글씨인가요?

"제 고등학교 동기입니다. 한국 추사체의 대가입니다."

'척당불기(倜儻不羈)'를 찾아보니 '뜻이 크고 기개가 있어서 남에게 얽매이거나 굽히지 않는다'는 의미의 고사성어였다. 액자의 낙관 옆에는 유곡 이남호의 이름이 적혀 있었다. 척당불기의 뜻 그대로 그의 말에는 거침이 없었다. 표정에도 자신감이 넘쳤다.

그의 도정 슬로건은 '당당한 경남시대'다. 취임사에서 그는 "관행의 틀을 깨고 새로운 길, 가보지 않은 길을 함께 개척해나가자"고 말했다.

이후 그는 진주의료원 폐업과 문화예술 관련 기관 통폐합 등을 밀어붙였고, 이로 인해 경남도정은 하루도 조용한 날이 없었다. 그는 이 또한 '척당불기'의 실천이자 '당당한 경남시대'의 실현이라고 생각하는 것일까?

홍준표 지사가 2009년에 쓴 〈변방〉(형설라이프)이라는 책에는 이런 구절이 있다.

"도시락을 싸가지 못한 나는 점심시간이면 우물가에서 물로 배를 채우고 학교 뒷산에 늘 올라갔다. 점심시간이 지나고 교실로 들어오면 반찬 냄새와 밥 냄새 때문에 배고픔의 고통이 더 심했다."

"영하 15도나 되는 전하동 백사장에서 모닥불을 피워 놓은 채 밤새 쪼그리고 앉아 경비를 서는 늙으신 아버지를 먼발치에서 보고 피눈물을 흘렸다."

그랬다. 이처럼 그는 정말 가난한 집안에서 태어나 어렵게 자랐다. 그러나 독하게 공부해 검사가 됐고, 4선 국회의원을 거쳐 경남도지사를 하고 있다.

그래서일까? 자신만큼 어려운 환경에서 성공하지 못한 사람을 인정하지 않는 특유의 에고이즘(egoism)과 '독고다이'라는 별명으로 나타나고 있는 것은 아닐까?

그는 〈변방〉에서 자신이 꿈꾸는 대한민국을 이렇게 표현한 바 있다.

"가진 자가 좀 더 양보하는 세상!

가지지 못한 자에게 좀 더 많은 기회를 주는 세상!

그리하여 정의가 강물처럼 흐르는 바른 세상, 세계 중심국가를 한 번 만들어보고 싶다."

그의 이 말이 한갓 정치인의 레토릭이 아니라면 척당불기의 자세보다는 반대편까지 아우르는 화합과 관용의 자세가 더 필요하지 않을까 싶다. 더욱이 지금 서 있는 자리가 더 이상 '변방'은 아니지 않은가?